마니에르 드 부아르

주소 서울특별시 마포구 양화로 1길 83 석우빌 1층
홈페이지 www.ilemonde.com | 전화 02-777-2003

Chief editor 이종훈
Art designer 조한아
Communication manager 조은수
Proofreading 이재민
Translators 김루시아 김윤형 김은혜 김은희 김자연 안해린
이연주 이주영 이푸로라 조민영 조은섭 허보미
Editing Committee 안치용, 김민정, 양근애, 서곡숙
Publisher 성일권
Manière de voir vol.18 copyright© All rights reserved.

MANIÈRE DE VOIR(한국어판) vol.18
인간붕괴, 지구의 위기

발행일자 2025년 2월 6일
등록번호 마포, 바00189
등록일자 2020년 9월 10일
발행처 (주)르몽드코리아
인쇄처 디프넷
홈페이지 www.ilemonde.com | 이메일 info@ilemonde.com
대표전화 02-777-2003 | 팩스 02-333-6767

MANIÈRE DE VOIR
Édition Française

Édité par la SA Le Monde diplomatique
1, avenue Stephen-Pichon, 75013 Paris
Site Internet: www.monde-diplomatique.fr

Directoire:
Benoît BRÉVILLE, président, directeur de la publication
Anne-Cécile ROBERT, directrice adjointe
Autres membres:
Vincent CARON, Élodie COURATIER, Pierre RIMBERT
Conseiller éditorial auprès du directeur de la publication :
Serge HALIMI
Conseiller en finance et développement auprès du directoire :
Bruno LOMBARD
Secrétaire générale : Anne CALLAIT-CHAVANEL
Directeur de la rédactio n : Benoît BRÉVILLE
Rédacteur en chef: Akram BELKAÏD
Rédaction : Martine BULARD, Philippe DESCAMPS,
Renaud LAMBERT, Evelyne PIEILLER, Hélène RICHARD,
Pierre RIMBERT, Anne-Cécile ROBERT, Grégory RZEPSKI
Cartographie : Cécile MARIN
Site Internet : Guillaume BAROU
Conception artistique :
Nina HLACER, Boris SÉMÉNIAKO
(avec la collaboration de Delphine LACROIX pour l'iconographie)
Rédacteur documentaliste : Olivier PIRONET
Archives et données numériques :
Suzy GAIDOZ, Maria IERARDI
Mise en pages et photogravure :
Jérôme GRILLIÈRE, Patrick PUECH-WILHEM
Correction: Dominique MARTEL, Xavier MONTHÉARD
Directeur commercial et administratif : Vincent CARON
Directrice des relations sociales : Élodie COURATIER
Responsable du contrôle de gestion : Zaïa SAHALI
Fondateur : Hubert BEUVE-MÉRY.
Anciens directeurs : François HONTI, Claude JULIEN,
Ignacio RAMONET, Serge HALIMI

Vol.18

인간붕괴, 지구의 위기

차례

차례

인간이 문제인가, 인류애가 부족한 것인가?

필리프 데캉 Phillippe Descamps

〈르몽드 디플로마티크〉 편집위원, 철학박사. 저서로 『Un crime contre l'espèce humaine? : Enfants clonés, enfants damnés 인간에 대한 범죄인가?: 복제된 아이와 저주받은 아이』(2009) 등이 있다

적어도 21세기에는 세상의 종말이 오지 않을 것이다. 재앙적 종말을 예언하는 일은 사람들의 마음을 사로잡고 맹목적 신념을 키우는 수단이 되기도 하지만 종종 이성적 판단을 가로막는다. 인류는 예언에서 인구통계학으로 넘어가며 통계의 영역에 발을 들였고, 이는 과거를 이해하는 데 많은 통찰을 주지만 미래 예측과 관련해서는 종종 오류를 범하기도 한다.

매우 특별한 동물이자 슈퍼 포식자인 인간은 지구상의 모든 생명체를 지배했다. 하지만 많은 시간이 흘렀고…, 최초의 '인구 폭발'은 1만 년 전 중동에서 농경과 목축이 시작되면서 일어났다. 후기 구석기 시대(BC 11세기)와 신석기 시대(BC 2세기) 사이에는 유럽 인구가 100배가량 증가했다. 인구 증가와 문명의 발전은 서로 맞물려 움직여왔고, 빙하기가 끝난 뒤 발생한 인구 증가는 경제 체제 변화의 원인이자 결과가 됐다. 19세기 산업혁명 이후의 새로운 '인구 폭발'은 인간 사회를 근본적으로 변화시켰고, 이는 또 다른 역사적 혁명으로 평가된다.

농업의 기계화는 이농과 전통 농민 사회의 붕괴로 이어졌고, 백신과 항생제 개발 덕분에 유아 사망률과 전염병이 크게 줄어들었으며, 심혈관 질환 치료를 통해 노인 사망률이 감소했고, 현대 기술을 통한 출산 계획으로 출산 혁명이 일어났다. 그 결과, 1800년 10억 명이던 지구인의 수는 2019년 77억 명으로 늘어났다. 이러한 기하급수적인 인구 증가는, "모든 사람을 어떻게 먹여 살릴 것인가?"라는 오래된 두려움을 다시 끄집어냈다.

실제로 아프리카인 5명 중 1명, 아시아인 10명 중 1명이 여전히 영양실조 상태에 있다. 하

0
연대

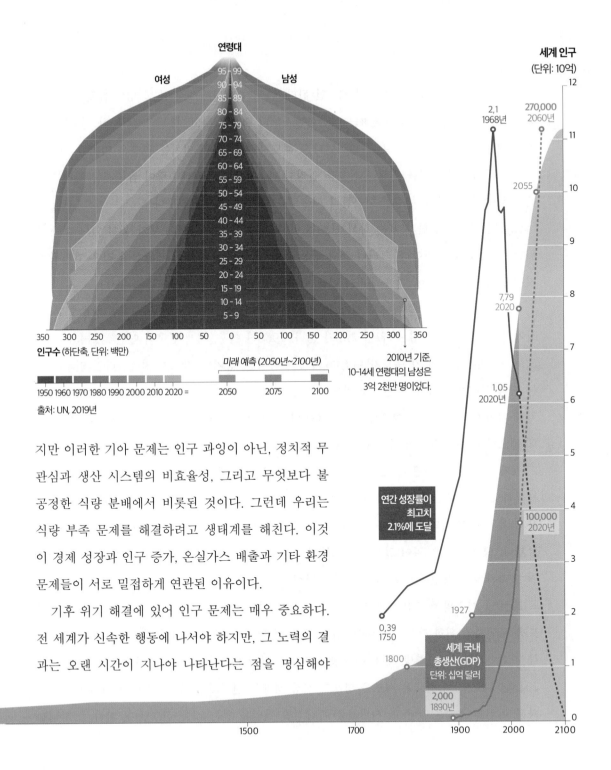

연령대

여성　95 - 99　남성
90 - 94
85 - 89
80 - 84
75 - 79
70 - 74
65 - 69
60 - 64
55 - 59
50 - 54
45 - 49
40 - 44
35 - 39
30 - 34
25 - 29
20 - 24
15 - 19
10 - 14
5 - 9

350　300　250　200　150　100　50　0　50　100　150　200　250　300　350

인구수 (하단축, 단위: 백만)

미래 예측 (2050년~2100년)

1950 1960 1970 1980 1990 2000 2010 2020 =　　2050　2075　2100

출처: UN, 2019년

2010년 기준,
10-14세 연령대의 남성은
3억 2천만 명이었다.

세계 인구
(단위: 10억)

2,1
1968년

270,000
2060년

2055

7,79
2020

1,05
2020년

연간 성장률이
최고치
2.1%에 도달

100,000
2020년

1927

0,39
1750

1800

세계 국내
총생산(GDP)
단위: 십억 달러

2,000
1890년

1500　1700　1900　2000　2100

지만 이러한 기아 문제는 인구 과잉이 아닌, 정치적 무관심과 생산 시스템의 비효율성, 그리고 무엇보다 불공정한 식량 분배에서 비롯된 것이다. 그런데 우리는 식량 부족 문제를 해결하려고 생태계를 해친다. 이것이 경제 성장과 인구 증가, 온실가스 배출과 기타 환경 문제들이 서로 밀접하게 연관된 이유이다.

　기후 위기 해결에 있어 인구 문제는 매우 중요하다. 전 세계가 신속한 행동에 나서야 하지만, 그 노력의 결과는 오랜 시간이 지나야 나타난다는 점을 명심해야

서문

한다. 또한, 문제의 핵심을 혼동해서는 안 된다. 아프리카 니제르 국민 한 명이 배출하는 이산화탄소는 미국인 한 명이 배출하는 이산화탄소보다 200배 적고, 중국인 갑부 한 명보다 1만 배 적다. 니제르의 인구가 열 배 늘어난다고 해도 온실 효과에 미치는 영향은 미미한 셈이다. 가난한 국가들의 발전을 위해 출산율을 관리할 때, 이산화탄소 배출량이 급증하는 발전 방식은 피해야 한다. 사실, 부유한 나라들의 배출량을 줄이는 것이 급선무다.

오늘날 가장 중요한 목표는 화석 연료 소비를 늘리지 않으면서 모두가 품위 있는 삶을 영위할 수 있게 하는 것이다. 그러나 품위 있는 삶을 살기 위해 무엇이 필요한지 깊은 고민을 하지 않는다면, 이 문제에 대한 대비가 절대 쉽지 않을 것이다.

인구 통계학자들이 중요하게 생각하는 연령 피라미드의 비밀은 인구 구조변화에 있고, 그 장기적인 영향은 예측할 수 없는 경우가 많다. 1968년 이후, 세계 인구의 연간 증가율은 절반으로 줄었다. 인구 증가 속도가 여전히 빠르긴 하지만, 증가율 감소가 지속한다면 인구 구조는 결국 안정될 것이다. 연령 피라미드는 차츰 탑 형태를 띠고, 일부 국가에서는 고령 인구가 가장 많아져 역피라미드 형태를 띠게 된다. 이미 93개 국가에서는 출산율이 세대를 대체하는 데 필요한 수준 이하로 떨어졌다.

정치·사회적 혼란을 겪고 있는 일부 국가(파키스탄, 이집트, 이라크, 알제리, 예멘 등)를 제외하고, 출생률 조절이 사하라 이남 아프리카에서는 중요한 문제다. 느린 속도지만 출생률은 점차 감소해 사망률 수준에 가까워졌고, 거의 모든 곳에서 이러한 인구통계학적 전환이 완료됐다. 앞으로 무슨 일이 일어날까? 인구통계학자들이 다가올 미래의 인구 추세를 예측하려면 오래된 이론 모델이 아닌 새로운 접근 방식이 필요하다.

2050년 이후의 예측은 대부분 어려움을 겪고 있는 국가의 지도자들이 올바른 행동을 하도록 조언하기 위한 추측일 뿐이다. 인구 구조 변화는 경제적·사회적 선택을 가까이 들여다볼 기회이기도 하다. 희망 자녀 수(프랑스 기준 평균 2.3명)와 실제 출산 자녀 수(프랑스 기준 2018년 1.83명)의 간극은 새로운 형태의 시장 경제와 연결돼 있다.[1] 오늘날의 경제 시스템은 빠른 이익에 초점을 맞추고, 사람들은 즉각적인 이익을 얻는 것을 선호한다. 따라서, 자녀를 낳아 기르는 장기적인 '투자'를 선택한 이들에게는 적절한 지원이나 보상이 주어지지 않는다.

독일 통일 이후 중부유럽과 동유럽에 닥친 인구 붕괴는 "인구 증가의 겨울"이 어떤 모습인지 잘 보여준다. 가난과 인구 고령화가 심화되는 가운데, 작은 마을과 소도시들은 공동화되고, 더 나은 미래를 찾아 떠나는 인구 이동 현상이 나타나고 있다. 유럽 연합 내에서 노동자들의 자유로운 이동이 낳은 결과도 주목할 만하다. 남반구 국가와 동유럽 국가에서는 숙련된 인력들이 자국을 떠나고, 서유럽의 부자 국가들에는 인력과 부가 집중된다. 독일의 경우만 하더라도, 1989년 이후 순 이민자 수가 1,000만 명을 넘어섰다.

주요 국제 회담에서 결정되는 인구 정책은 그 파급력이 막대하다. 출산 제한이나 장려 정책에 따라 수백만 명의 인구 변동이 일어날 수 있기 때문이다. 인구 증감에 따라 발생하는 새로운 과제와 필요성에 대응하기 위한 공공 정책의 변화를 요구하는 "창의적 압박"은 지구인의 수에 비례해 나타난다. 지난 두 세기 동안 인구수가 여덟 배 증가했음에도, 교육, 안전, 건강은 최고 수준에 이르렀다는 점을 보면 알 수 있다. 1950년 이후, 인간의 평균 수명도 25세 늘어났는데, 예멘, 튀니지, 한국, 부탄 등 전혀 예상치 못한 곳에서도 평균 수명이 대폭 늘어났다

글 · 필리프 데캉 Phillippe Descamps

번역 · 김자연

1   Peter McDonald, 「Les politiques de soutien de la fécondité : l'éventail des possibilités 출산 지원 정책, 가능성의 범위」, 〈Population〉, vol. 57, n° 3, Paris, 2002.

문제는 휴머니즘!

성일권

〈르몽드 디플로마티크〉 한국어판 발행인. 일간 신문 기자로 10여 년 활동하다가 지적 한계를 느껴 파리로 건너가
유럽 정치사상 연구로 정치학 박사학위를 받은 뒤 2008년 10월 국제월간지 〈르몽드 디플로마티크〉
한국어판(www.ilemonde.com)을 창간해, 지금까지 발행인을 맡고 있다.

더 이상 아이 울음이 들리지 않습니다. 젊은 부부의 유모차엔 아이 대신에 털복숭이 강아지가 귀여움을 독차지하고 있습니다. 거의 누구에게나 본능적인 부성애와 모성애가 남아있으나 아이를 낳아 기르는 것은 참으로 어려운 입니다. 오죽하면 아이를 낳는 게 애국의 길이라는 말까지 나올까요? 특히 우리나라는 세계에서 가장 낮은 출산율로, 일론 머스크마저 인구 소멸 가능성이 높은 대표적인 국가로 지목할 정도입니다.[1] 적지 않은 여성들이 비(非)연애·비(非)성관계·비(非)결혼·비(非)출산 등 4B운동을 벌이며 전통적인 가부장제에 저항하며 결혼이나 출산뿐만 아니라 이성과의 연애, 성관계까지 거부하고 있다는군요.

인구 소멸이 특히 심한 일부 지자체들은 결혼 중매에다가 아이를 낳으면 수천만 원의 격려금과 주택보조금, 아이의 학자금 지급 등을 약속하지만, 출산율은 좀체 올라가지 않습니다. 반면에 유치원과 초등학교가 급속도로 사라지는 것과 달리, 평균수명의 놀라운 연장으로 인해 노인들을 위한 요양원과 요양병원의 시설은 급증하는 추세입니다. 일손이 부족해 외국인 노동자들을 대거 들이지만, 궁극적인 인구소멸의 해결책이 될 순 없습니다.

인간다움, 인구변동 시대에 가장 잊지 말아야 할 본질적 가치

반면에 중국, 인도 등 거대국가들은 물론, 중남미, 아프리카 등 신흥개발국들은 보건 및 삶의 질 향상으로 높은 출산율과 수명 연장으로 인해 인구가 날로 늘고 있습니다. '폭발'에 가까운 인구 과밀로 인해 이들 국가는 보건, 교통, 실업, 환경 등 여러 문제를 안고 있습니다. 물론

전쟁과 전염병, 기후환경의 저주, 굶주림의 고통 속에 사람들이 대거 이주하면서 인구가 날로 급감하는 나라들도 있습니다.

아프리카 험지에서 대륙을 횡단한 뒤 유럽에서 난민의 지위를 얻기 위해 북아프리카에서 수십 명이 고무보트를 타고 지중해를 건너다가 익사하는 사건이 거의 매일 끊이지 않습니다. 경제·사회적으로 좀 더 나은 일자리와 좀 더 나은 삶의 질을 찾아 이주하는 사람들도 많이 늘고 있습니다. 바야흐로 우리 인류는 한쪽에서는 인구소멸, 다른 쪽에서는 인구폭발, 그리고 또 다른 쪽에서는 도처로 흩어지는 디아스포라 같은 인구 변동를 겪고 있습니다. 인류가 지금처럼 '변동'의 시대에 산 적이 있을까요? 급격한 인구변동의 시대에 가장 잊지 말아야할 본질적 가치는 인간다움입니다. 테마 계간지 〈마니에르 드 부아르(Manière de voir)〉 한국어판 18호의 주제는 『인간붕괴, 지구의 위기』입니다. 지구본을 돌려보면서 전문가들의 글을 읽다보면 왜 우리가 인구변동에 관심을 가져야하고, 휴머니즘을 잃으면 안되는지 알게 됩니다. 궁극(窮極)의 지식의 장을 지향하는 〈마니에르 드 부아르〉에 독자 여러분의 변함없는 성원과 격려를 기원합니다.

글 · 성일권

1 〈동아일보〉 2024년 12월 9일

Manière de voir

VOL.1 예술가는 무엇으로 사는가?

지금 정기구독을 신청하시면 편리하게
MANIÈRE DE VOIR를 만나실 수 있습니다.

책을 내며

01 봄, 인류가 적정인구를 상실했을 때

1968년 5월, 곤충학자 폴 에얼릭(Paul R. Ehrlich)은 『인구폭탄(The Population Bomb)』을 출간하며 센세이션을 일으켰다. 신맬서스주의 이론을 주창하며, 그는 식량 대재앙을 피하기 위해 급진적인 출산 억제를 주장했다. 그 해, 세계 인구 증가율은 정점에 도달했고, 이후 서서히 감소하기 시작했다. 인구문제가 여전히 주요 과제로 남아있지만, 예상했던 '인구폭탄'의 재앙은 일어나지 않았다. 다만 오늘날에는 기아보다 비만으로 고통받는 인구가 더 많다.

아프리카 다산(多産)의 위기, 피임이 해결해줄까

앙리 르리동 Henri Leridon

콜레주 드 프랑스 교수를 지냈으며,
저서로는 『인간의 불임: 기본 구성 요소』(1977) 등이 있다.

유엔(UN)은 통상적으로 아프리카 인구가 지금부터 2050년까지 두 배 증가하여 24억 명에 달할 것으로 전망했다. 하지만 유엔[1]은 2011년, 그 수치를 40억 명으로 늘려 잡지 않았던가? 인구수치가 경제성장 수치와 맞물려 돌아간다는 점을 감안하면, 유엔이 작성한 이 같은 인구통계는 아프리카 대륙 발전의 전망을 뒤흔들게 될 것이다.

사실, 아프리카경제의 미래[2]에 대한 아프리카 개발은행과 경제협력개발기구(OECD) 그리고 유엔개발계획(UNDP)의 보고서들은 지난 4년 동안 아프리카에서 관찰된 4~5%대의 국내총생산(GDP) 평균 성장률이 2015년과 2016년에도 유지되는 것으로 전망했다. 우선 이 같은 성장률은 유로존(2014년 기준, 0.9%의 성장률 기록)과 중남미(1.7%의 성장률 기록)에 비하면 훨씬 높고, 동남아시아(7%의 성장률 기록)에 비해서도 준수한 편이다.

그러나 아프리카대륙의 국민 1인당 소득증가율은 하락했다. 유로존 및 중남미와 아시아의 국민 1인당 소득증가율은 각각 0.4%, 0.6%, 6%대로 감소한 반면에, 사하라사막 남쪽 아프리카의 국민 1인당 소득증가율은 1.6%로 뚝 떨어졌기 때문이다. 다른 측면에서 보면, 아프리카의 인구증가는 향후 수십 년 동안 현지 국민의 삶의 여건을 개선하는데 장애가 될 수도 있다. 이런 전망 때문에 긴급조치가 필요하지만 별다른 대책이 강구되지 않고 있다.[3]

현재 세계인구의 연간 증가율은 1.2%인데 반해, 아프리카는 2.5%의 증가율을 유지하고 있다. 한편 유럽의 인구 증가율이 답보상태를 보이고 있는 가운데, 중남미와 아시아는 세계 인

〈사람과 사람들〉, 2018 - 아드비예 발 ▶

구증가율과 궤를 같이하고 있고, 북아메리카는 이보단 낮은 수치(0.4%)를 보이고 있다.

따라서 아프리카는 이런 인구전환기의 큰 움직임(사망률과 출산율이 동시에 하락하는 상황) 속에서도 인구변동에 둔감한 셈이다. 이건 단순한 시간 차이에 불과한 것일까? 사실, 인구통계학적 전환기에는 흔히 사망률 저하가 출산율 하락보다 먼저 진행된다.

따라서 (인구통계학적 측면에서 볼 때) 급속한 인구증가단계는 곧 불안정한 인구전환기 기간(출산율 하락에 앞서 사망률 저하가 먼저 진행되는 기간)을 의미한다. 이 기간이 길어지면 길어질수록 인구도 덩달아 증가하게 된다.

또, 수십 년간 꾸준히 2% 이상의 연간 인구증가율을 보인 중남미와 아시아의 인구는 1950년과 2050년 사이에 각각 지금보다 4.7%와 3.7% 더 불어날 것으로 보인다. 사하라 사막 이남 아프리카의 연간 인구증가율은 60년 전에 이미 2%대를 넘어섰다. 이 같은 증가세가 앞으로도 수십 년간 지속될 전망이다.

2050년경에 이르면 이 지역의 인구는 분명 지금보다 11% 이상 증가하게 될 것이다. 예컨대 2050년 이후에도 인구증가가 꾸준히 진행될 수도 있다. 사하라 사막 이남 아프리카는 북아프리카와 현격히 다른 특이한 인구변화를 보이고 있다.[4]

이는 지속적으로 높은 출산율의 산물이다. 인구전환기 초기, 사하라 사막 이남 아프리카의 출산율하락 속도는 중남미와 아시아에 비해 더디게 진행되었다. 따라서 현재 이 지역의 출산율은 다른 두 지역의 40년 전의 출산율과 맞먹는다.

하지만 이 같은 인구증가율은 사망률하락에서 비롯된 바가 크다. 1950년 이후 아프리카인의 기대수명은 36세에서 57세로, 20년 이상 늘어났다. 물론 이는 세계 평균 기대수명(2010~2015년 사이, 세계 평균 기대수명은 70.5세)과는 큰 차이가 있다. 예컨대 사망률(전체 인구 대비 사망자 수) 저하가 출산율 저하 여파로 인해 발생되는 자연인구증가율 감소를 저지하고 있는 셈이다.

현재 국제 인구통계학자들은 이 같은 현상 때문에 혼란스러워하고 있다. 유아 또는 청소년의 사망률 하락은 종종 출산율 하락에서 비롯된다. 그러나 사하라 사막 이남 아프리카인들은 뒤늦게, 즉 자녀들이 다 장성한 이후에야 비로소 이들 대부분이 살아남은 것을 깨닫는 경향이 있다. 1950년 이후, 사하라 사막 이남 아프리카의 유아 및 청소년 사망률은 3분의 1로 하락했지만, 여전히 출산율에 아무런 변동이 없는 것도 그런 이유에서다.

결혼이나 사회가 인정하는 각종 형태의 결합으로 자녀를 출산하는 아프리카에서는 결혼 나이가 핵심적인 역할을 할 수 있다. 참고로 튀니지에서는 높아진 결혼 적령기가 급격한 출산율 하락에 기여했다. 하지만 2003년 사하라 사막 이남 30개국에서 진행된 연구에 따르면, 아직도 이들 지역에선 조혼[5]이 남아있다.

이들 국가들 중 3분의 2에 해당하는 20여 개국에서 인터뷰에 응한 20세에서 25세 사이의 여성 중 절반 이상은 20세 이전에, 그리고 다른 7개국에선 75% 이상의 여성이 20세 이전에 결혼한 것으로 드러났다. 사하라 사막 이남[6] 34개국의 결혼적령기를 비교 연구해 2013년에 발표한 자료를 보면, 이들 지역의 결혼연령이 단지 0.3년 높아졌음을 알 수 있다. 예컨대 결혼연령이 더디게 높아지거나 심지어 일부 국가에선 이에 대한 변화가 전혀 없는 셈이다.

한 국가의 출산율은 종종 그곳 국민이 원하는 자녀수와 거의 일치한다. 물론 중국이나 인도에서처럼 출산율 억제정책 때문에 원하는 만큼 아이를 가질 수 없는 예외가 있긴 하지만, 대부분의 선진국에서는 갖고 싶은 자녀수가 2~3명으로 감소했다.

하지만 아프리카에선 이 수치가 아주 높다. 2010년 연구 자료에 따르면[7], 아프리카 26개국 중 18개국의 기혼 여성들이 원하는 "이상적인 평균 자녀 수"는 5명 이상이었다. 이 중 2개국 여성들은 평균 8명 이상의 자녀를 원했다. 이들 국가의 거의 모든 남성들 또한 대부분 5명 이상의 자녀를 원했으며, 이중 6개국의 남성들은 8명 이상을 바랐다.

특히 차드 남성들은 13.7명을 원해 이들 국가 중 신기록을 세웠다. 부모, 특히 가장이 대가족을 원하는 것은 자녀들이 일종의 재산이기 때문이다. 자녀들이 어려서는 밭일을 돕거나 가축을 돌보다가 커서는 도시에 나가 소소한 일자리라도 찾아 돈을 벌기 때문이다.

물론 출산율 하락을 위해서는 그에 맞는 방법이 동원되어야 한다. 하지만 아프리카에서는 피임이 거의 쓰이지 않고 있다. 반면에 2013년 조사에 따르면, 파트너와 함께 사는 15세에서

봄, 인류가 적정인구를 상실했을 때

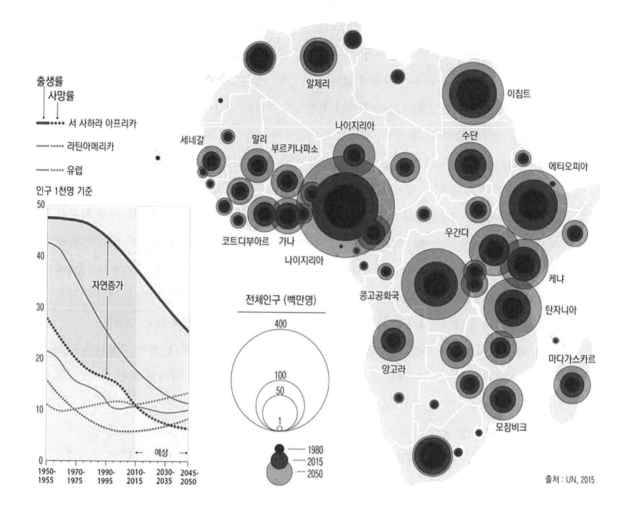

출생률
사망률

●●●● 서 사하라 아프리카

──── ●●●● 라틴아메리카

──── ●●●● 유럽

인구 1천명 기준

자연증가

← 예상 →

알제리
이집트
나이지리아
수단
세네갈 말리 부르키나파소
에티오피아
코트디부아르 가나
나이지리아
우간다
전체인구 (백만명)
케냐
콩고공화국
탄자니아
앙고라
마다가스카르
모잠비크

1980
2015
2050

출처 : UN, 2015

49세 사이의 세계 여성 중 63%가 피임방법을 이용하고 있으며, 이중 57%는 현대적인 방식 (피임약, 피임기구, 불임수술)을 쓰고 있다.

그러나 사하라 사막 이남 아프리카 여성들은 20~25%만 피임을 하고 있고, 중앙아프리카 와 서아프리카에선 이보다도 더 낮은 수치를 기록하고 있다. 차드, 기니, 말리, 에리트리아에서는 10% 미만의 여성들만 피임을 하고 있는 상태이다. 이는 높은 출산율을 지지하는 이들 정부와 보건당국이 이 문제에 전혀 관심을 보이지 않고 있기 때문이다.

아프리카에서 "피임 혁명"이 이루어진다면

유엔 인구국의 정기 설문조사에 따르면, 말리와 니제르를 포함한 모든 서아프리카 국가들은 출산율을 줄이기 위해 유엔이 진행하는 가족계획에 "적극가담"하겠다는 의지를 표명했다. 하지만 이러한 의지가 현실로 이어지진 않고 있다.

이는 피임방법을 찾는 게 아직 용이하지 않기 때문이다. 아프리카 개발연구소(IRD)의 명예 소장, 장 피에르 귀앙강은 "인구성장이 시장 확대와 국력에 이바지한다고 생각하는 사하라 사막 이남 아프리카 대부분의 정치인들은 아직도 빠른 인구성장을 국가의 번영의 요인으로 간주한다"[8]라고 지적했다.

하지만 이 같은 상황은 서서히 바뀌고 있다. 2011년, 서아프리카 9개국을 비롯한 유엔인구기금(UNFPA)과 프랑스 개발청 그리고 많은 민간 재단들은 가족계획을 돕기 위한 이른바 "와가두구 파트너쉽"을 체결했다. 현지에서도 이를 위한 가시적인 움직임이 시작되었다. 2007년, 니제르의 민간단체 아니마-수투라는 공동체 라디오 방송을 창설해 20여 마을을 대상으로 방송을 시작했다.

이 채널은 위생, 영양, 보건, 전염성 성병, 가족계획 등에 대해 상담을 하고 있다. 이들 마을 여성의 피임률이 아직 낮긴 하지만(대략20%), (방송이 시작한 이후) 이들은 도시 여성의 피임률을 많이 따라잡았다. 한편 여권신장을 위한 단체(APFG)는 부르키나파소 남부의 한 마을, 가와에서 문맹 퇴치 및 가내공업 기술과 가족계획을 보급하며 사회통합 활동에 힘쓰고 있다. 물론 세계 과학계도 이런 문제에 관심을 갖기 시작했다.[9]

그러나 인구통계학적 문제는 강한 관성을 지녔다. 따라서 프랑스 국립인구문제연구소(INED)가 발표한 2050년 세계 예상 인구 수치는 비교적 신빙성이 있다. 이 수치는 유엔이 최근에 발표한 가설의 평균 수치, 즉 향후 한 세대만 지나면 평균 출산율이 5명에서 3명으로 감소할 것이라는 주장에도 부합한다.

만약 유엔의 주장대로 출산율 하락이 빠르게 진행되어 2050년 출산율이 2.6명으로 떨어진다 해도, 아프리카 인구는 단지 INED가 발표한 수치보다 대략 10% 줄어든 22억3천6백만 명을 기록하게 된다. 그러나 2100년에 이르면, 출산율은 (2050년에 비해) 40% 정도 하락하게 될 것으로 예상된다. 물론 장기적으로 의미심장한 변화를 달성하기 위해서는 행동 양식을 조기에 바꾸는 게 절실하다.

알제리를 비롯한 이집트와 모로코 그리고 튀니지의 국민들은 일찍이 자신들의 행동 양식을 바꾸었다. 현재 이들 국가의 여성 1인당 출산율은 2~3명이며, 피임률도 60~68%를 기록 중이다. 현대적인 피임방식 사용률도 52~58%로 세계의 평균 수치를 따라잡았다. 사하라 사막 이남 아프리카, 즉 서아프리카의 여성들도 저들 국가의 여성들과 동일한 수준의 피임률(피임 여성 중 대략 60%가 현대적인 피임방식을 쓰고 있음)을 보이고 있는 가운데, 말라위와 케냐의 피임률은 46%대를 유지하고 있다.

따라서 아프리카 국민들에게 피임사용을 확산시키는 게 불가능한 일은 아니다. 하지만 현지의 특이성을 고려하지 않은 채 도입된 국제기구의 프로그램들은 한계가 있다. 물론 가나와 케냐에서처럼, 이들 프로그램이 여성 1인당 출산율을 4~5명으로 고착시키는데 기여한 경우도 있긴 하지만, 정계와 종교계 그리고 오피니언 리더들이 피임확산에 앞장서야 한다. 이들이 직접 나서서 피임을 선전할 필요는 없다. 이들은 단지 알제리와 이란에서 그랬듯, 민간단체와 사회단체가 자유롭게 행동하도록 놔두기만 하면 된다.

최선의 방법은 여성들이 직접 나서는 것이다. 그러기 위해서 사람들은-여성의 교육 수준을 높이는 게 만병통치약은 아니지만-일반적으로 여성의 교육 수준을 높이는 게 필요하다고 말한다. 그러나 2010년 기준, 20세에서 39세 사이의 서아프리카 여성의 대략 46%(남성의 31%)[10]은 그 어떤 교육도 받지 못했다.

아프리카인들은 인구 감소를 통해 자신들의 삶의 질을 합법적으로 개선하고 싶어 한다. 교육에 대한 투자와 여성의 지위 개선이 "피임 혁명"으로 이어진다면, 이로 인해 발생되는 이익을 산아제한정책이나 다양한 보건 부분에 투입할 수 있지 않을까.

글 · 앙리 르리동 Henri Leridon

번역 · 조은섭

1 「2015 Revision of World Population Prospects」, United Nations Population Division, http://esa.un.org/unpd/wpp/

2 아프리카개발은행과 OECD개발센터 그리고 유엔개발계획이 발표한 「2015년 아프리카 경제전망(Perspectives économiques en Afrique 2015)」

3 격월간지 〈마니에르 드 부아르(Manière de voir)〉 프랑스어판, n° 143, 「아프리카, 지옥인가? 엘도라도인가?(Afrique. Enfer et eldorado)」, 10~11월호, 2015년.

4 「사하라 사막 이남 아프리카, 폭발적인 인구통계학적 변화(Afrique subsaharienne : une transition démographique explosive)」, 〈Futuribles〉, 제 407호, 파리, 2015년 7~8월호.

5 「Trends in marriage and early childbearing in developing countries」, 〈DHS Comparative Reports〉, n° 5, Usaid, 워싱턴 DC, 2003년.

6 「Indicators of trends in fertility in Sub-Saharan Africa」, 〈DHS Analytical Studies〉, n° 34, 2013년.

7 「Desired number of children, 2000-2008」, 〈DHS Comparative Reports〉, n° 25, 2012년.

8 Jean-Pierre Guengant, 「인구통계학적 수혜를 어떻게 볼 것인가?(Comment bénéficier du dividende démographique?)」, Institut de recherche pour le développement et Agence française de développement, 파리, 2011년, www.afd.fr.

9 John Bongaarts, 「Africa's unique fertility transition」, intervention devant l'Académie américaine des sciences, 워싱턴 DC, 2015년 6월 14일.

10 Wittgenstein Centre Data Explorer, 2014, www.wittgensteincentre.org.

봄, 인류가 적정인구를 상실했을 때

대학살 비극의 데칼코마니, 아르메니아와 팔레스타인

라즈미그 크셰얀 Razmig Keucheyan

파리대학교 사회학 교수. 저서에 『Les besoins artificiels : Comment sortir du consumérisme
인공적 필요: 소비주의에서 벗어나는 법』(La Découverte, 2019), 『La nature est un champ de bataille. Essai d'écologie politique
자연은 전쟁터. 정치생태학 에세이』(2014) 등이 있다.

콩고민주공화국부터 가자지구를 거쳐 시리아에 이르기까지 여러 분쟁과 몇몇 폭압적 독재 정권이 자행한 반인도적 행위에 대해 '제노사이드'라고 규정짓는 상황이 늘어나고 있다. 1944년 만들어진 '제노사이드'라는 단어는 이 단어가 생성된 지 오래된 만큼이나 어떤 사건이 제노사이드인지에 대한 논쟁도 오래됐다. 그리고 이는 법률가와 역사가들이 흥미로워하는 주제이다. 이들 덕분에 현재와 과거의 비극, 특히 오스만 제국 시민이었던 아르메니아인들의 비극을 명확히 이해할 수 있다.

1904년 일어난 헤레로족과 나마족 제노사이드와 더불어 1915년 일어난 아르메니아인 제노사이드는 20세기 초 발생한 제노사이드 중 하나다. 그리고 2023년 말 우리는 21세기 첫 번째 제노사이드라 일컬을 수 있는 사건을 목도하고 있다. 그것은 바로 가자지구에 거주하는 팔레스타인인 섬멸이다.

팔레스타인인 섬멸을 제노사이드라 '일컬을 수 있다'고 했던 표현을 보면, 무엇이 제노사이드인지를 규정하는 일이 복잡하다는 사실을 알 수 있다.[1] 법적으로 봤을 때 1948년 국제 연합(UN)이 채택한 제노사이드 범죄 예방 및 저지를 위한 협약은 제노사이드에 대해 '국민, 민족, 인종, 종교 집단 전체 또는 일부를 파괴할 의도로 저지르는' 모든 행동이라고 규정한다.

하지만 역사와 사회학 분야에서도 제노사이드를 어떻게 규정해야 할지에 대한 논쟁이 있다. 1950년부터 2000년 사이에는 '제노사이드 연구'에 대한 학문 간 연구에서 '반인류 범죄'가 논

〈사람과 사람들〉, 2020 - 아드비예 발 ▶

의 주제로 부상할 정도였다. 이 주제에 대한 연구 활동 중 하나는 이 반인류 범죄들을 세밀히 이해할 수 있도록 각 범죄를 비교하는 일이었다. 모든 제노사이드에는 독특한 특성이 있지만 유사성도 관찰된다. 반인류 범죄가 여럿 나타나는 경향을 보이는 전쟁 상황에서 특히 그렇다.

제노사이드를 법적으로 규정할 때 객관적인 기준을 근거로 한다지만 정치적 측면 또한 배제할 수 없다. 역사가 페리 앤더슨이 말했듯 국제법은 '강자의 법'이다.[2] 국가 행위자(국가)와 비국가 행위자(비정부 단체)는 대규모로 벌어지는 범죄가 제노사이드로 전개되는지 여부에 자신들이 관심을 가질 때에야 법률가나 역사가와 마찰을 빚으며 그 일이 제노사이드인지 규정하는 절차에 돌입한다. 알아두어야 할 점은 1948년 제정된 제노사이드 협약은 제노사이드가 일어나거나 지속되지 못하도록 행동에 나서는 데 목적이 있었다는 사실이다.

튀르키예 민족주의 세력, 아르메니아인들을 대학살

제노사이드로 보이는 새로운 케이스가 발생할 때마다 과거에 발생한 제노사이드 사건들과 비교할 부분이 많아진다. 현재 신규 사례는 가자지구에서 일어난 일이다. 비교를 통해 우리는 현재 진행 중이지만 애초부터 제대로 파악하기 어려운 사건을 이해할 수 있다. 그렇다고 사용되는 용어들이 비슷비슷하다고 볼 수는 없다.

아르메니아의 경우 제노사이드로 인해 사망자가 약 150만 명 발생했다. 1915년부터 1923년까지 오스만 제국에 거주했던 아르메니아인 2/3가 사망한 것이다. 게다가 아르메니아인을 대상으로 한 강간, 노예 삼기, 유아 유괴, 강제 개종 등도 일어났다. 프란체스카 알바니스 점령지 담당 유엔 보고관은 이스라엘이 가자지구에서 작전을 개시한 이래 6개월간 이스라엘군은 팔레스타인 3만 명 이상을 살해했으며, 7만 천 명을 다치게 했다.[3] 이것이 다가 아니다. 아이들 만 3천 명 이상이 사망했고 이스라엘은 가자지구 시민 80% 이상을 다른 곳으로 강제 이주시켰다.

1908년 쇠퇴해가는 오스만 제국에서 정권을 장악한 청년 튀르크당과 파시스트 성향의 장관들로 구성된 인종 민족주의 세력—이후 무스타파 케말 튀르키예 초대 대통령이 아르메니아인 제노사이드를 완수한다.[4]—이 아르메니아인들에게 집단 폭력을 자행함으로써 이들을 몰아내고 튀르키예 민족을 건설했다. 이스라엘 정부는 요르단과 지중해 연안 사이 영토를 되찾자는 대이스라엘(Greater Israel) 프로젝트(성경에 쓰여 있는 이스라엘 영토를 회복하자는 운동-역주)를 진행하고 있다.

아르메니아의 경우 민족 국가 설립으로 가는 과도기에 제노사이드가 일어났다. 아르메니아인이 당한 폭력은 오스만 제국에는 튀르키예인이 아닌 민족들에게 제국의 문호를 개방한 시기가 지난 뒤, 청년 튀르크당이 장악한 정부가 무슬림이라는 단일 민족의 정체성 위에 정부를 세우고자 하는 의지로 인해 일어났다. 오스만 제국 내 타민족 추방은 아시리아인, 그리스인, 유대인에게도 각기 다른 형태로 일어났다.

대이스라엘 프로젝트, 파괴적인 인종 청소 작전으로 이어져

팔레스타인은 이스라엘인들이 이주해 사는 식민지, 즉 정착형 식민주의에 속한다. 이는 19세기 말부터 현재까지 계속되고 있다. 폭력은 시온주의, 즉 대이스라엘 프로젝트 안에 이미 존재하는 요소다. 2023년 10월 시작된 이스라엘의 공격은 오랜 기간 연이어 발생한 인종 청소 작전 중 가장 파괴적이었다. 역사가 라시드 칼리디는 이스라엘이 팔레스타인 민족을 대상으로 "백년 전쟁"을 개시했다고 말했다.[5] 이것을 빼놓고는 하마스가 10월 7일 저지른 이스라엘 침공을 설명하는 것이 무의미하다.

아르메니아에서도 이주 문제가 있었다. 그렇지만 아르메니아인 제노사이드의 경우에는 '인구 공학'적인 측면이 있다. 오스만 제국은 발칸 반도에서 일어난 전쟁에 패한 바 있는데 이때 튀르키예 정부는 다른 지역, 특히 발칸 반도에 거주하던 무슬림들을 오스만 제국 동쪽에 위치한 아르메니아 지방에 정착하도록 했다. 오스만 제국 말기를 연구한 역사가들은 이것을 내부의 식민지화라고 말했다.(6) 이는 곧 지역 내 아르메니아인 절멸을 뜻한다.

"개", "돼지"로 불린 아르메니아인, "인간 동물"로 비하된 팔레스타인인

대다수의 사람들은 아르메니아인 제노사이드의 시작을 1915년 4월 24일로 기억하지만 아르메니아인을 대상으로 한 다른 대규모 범죄들은 19세기 후반 이미 벌어졌다. 예를 들면 1894년부터 1897년까지 자행된 '하미디예' 대학살(오스만 제국의 압둘하미드 2세가 자신의 이름을 따서 만든 '하미디예' 기병대를 보내 아르메니아인들을 학살한 사건-역주)과 1909년 일어난 아다나 대학살(오스만 제국의 아다나 주에서 아르메니아인들이 학살당한 사건)을 특히 꼽을 수 있다.

역사학자들은 이렇게 대규모로 벌어지는 살인과 엄밀한 의미에서의 아르메니아인 제노사이드 사이의 연속성을 짚었다. 어쨌든 폭력은 지속됐다. 아르메니아인 제노사이드가 일어나고 한 세기가 흐른 2022년 9월 튀르키예가 지원하는 아제르바이잔은 나고르노카라바흐 지역에서 아르메니아인 12만 명을 추방했다.

또한 두 경우 모두 이들이 인간임을 부정하는 단어를 통해 이들을 공격하는 분위기가 조성됐다. 아르메니아인들은 "개", "돼지"로 불렸지만, 요아브 갈란트 이스라엘 국방부 장관은 팔레스타인인들을 "인간 동물"이라 불렀다. 대학살 이전에 인간임을 부인하는 행위가 선행되는 것이다. '탄지마트'라는 이름으로 19세기 중반 오스만 제국에서 시행된 개혁에도 불구하고 아르메니아인들은 2등 시민에 머물렀다. 여러 국제단체는 21세기 초 이스라엘에서 아파르트헤이트가 지배적이었던 상황에 대해 알렸는데 특히 국제 인권 단체 휴먼 라이츠 워치와 국제 앰네스티, 이스라엘 인권 단체 베첼렘은 민족과 종교에 따라 개개인의 권리가 차등됐다는 사실을 밝혔다.

아르메니아와 팔레스타인, 대학살로 못 이룬 독립의 꿈

그렇지만 아르메니아인과 팔레스타인인 간에는 두 가지 차이점이 있어 더 자세히 볼 필요가 있다. 먼저 오스만 제국에서는 아르메니아인들이 민족으로서는 2등 시민이라 하더라도 일부는 엘리트 계층, 특히 경제적으로 상류층에 속했다. 둘째로 아르메니아인들이 겪은 공간상의 분리-아파르트헤이트는 '분리'를 의미한다-는 팔레스타인인들에게 가해진 상황과 같지 않았다. 팔레스타인인들이 거주하는 요르단강 서안지구에는 분리 장벽이 있고 가자지구는 지붕 없는 감옥이다.

　　민족의식의 부상은 두 민족의 상황에 대해 알 수 있는 중요한 정보다. 먼저 아르메니아인들은 오스만 제국과 러시아 제국 안에서 자신들의 여러 권리와 안전을 보장해 줄 것을 요청했다. 이들은 두 제국에 살았으며 추후에는 독립을 요구했다. 팔레스타인의 정체성은 오스만 제국 시절의 행정 구역인 팔레스타인 지역에 거주하는 지식인 사이에서 19세기 말부터 형성됐다.[7] 그런 뒤 시온주의(유대인들이 자신들의 조상의 땅인 팔레스타인에 유대 민족 국가를 건설하려는 민족주의 운동-역주)와 대립하며 강해졌다. 아르메니아인과 팔레스타인인 모두 대학살로 인해 독립이라는 열망을 실현시키지 못한 것이 분명하다.

독일, 튀르키예의 아르메니아인 학살에 방조 책임 인정

　　비슷한 게 또 있다. 국제 사회가 두 비극에 아주 수동적인 입장에 있었다는 점이다. 역사가들 사이에서는 제1차 세계 대전 당시 튀르키예 정부가 아르메니아인을 섬멸할 때 튀르키예의 동맹국이었던 독일 제국이 정확히 어떤 역할을 했는지에 대해 의견이 분분하다.[8] 어떤 이들은 독일 관리들이 직접적으로 참여했다고 하는 반면 다른 이들은 그들이 최소한 제노사이드를 막는 데 일정 부분 일조했을 수 있다고 주장한다. 2016년 6월 독일이 오스만 제국의 아르메니아인 학살을 제노사이드로 인정했을 때 독일 연방 의회 결의안에는 "유감스럽게도 오스만 제국의 주요 동맹국이었던 독일 제국은 …… 이러한 반인류 범죄를 중단시킬 어떤 행동도 하지 않았다."라며 잘못을 인정했다. 이어 "독일 제국은 이 사건들에 일정 부분 책임이 있다.[9]"라고 덧붙였다. 가자지구에서 일어난 학살 또한 국제 사회의 지원이 있었다. 그 중에도 미국은 최일선에서 거의 무조건적으로 무기와 탄약을 공급하고 외교적으로 방패막이 돼 주고 있다.

제노사이드는 상징적 인간성 말살을 넘어 상당히 물질적인 과정에 속한다. 튀르키예 중산층은 아르메니아인의 토지 및 통장을 강탈함으로써 부상할 수 있었는데 이렇게 부상한 튀르키예 중산층은 케말주의 체제(튀르키예 초대 대통령인 무스타파 케말의 사상에 따라 이슬람주의가 아닌 세속주의를 표방함.-역주)의 기반을 다지게 된다.[10] 이스라엘과 팔레스타인 간 분쟁은 이스라엘이 팔레스타인 영토에 자국민을 이주시킬 목적뿐 아니라 그 땅의 경제적 가치를 보고 이스라엘이 팔레스타인 영토를 차지했기 때문에 일어났다.[11] 1993년 체결한 오슬로 협정 전 요르단강 서안지구에 거주하던 이스라엘인 인구는 11만 명이 되지 않았는데 현재는 거의 71만명에 달한다.

국제사법재판소가 인정한 가자지구 제노사이드

이스라엘의 경우 종교적 논리로 유대인들이 팔레스타인에 거주할 권리를 주장한다. 아르메니아인 학살을 설명하는 데에도 종교가 포함되지만 확실히 팔레스타인 분쟁만큼 핵심적인 이유는 아니다. 역사가들은 모두 아르메니아인 학살에 대해 팔레스타인 분쟁만큼 종교에 큰 비중을 두지 않는다. 아르메니아의 경우 대학살에 있어 '현지' 자원을 사용했다는 점을 무시할 수 없다. 청년 튀르크당과 연계된 무장 단체 중 하나-특수 조직-는 보통법을 위반한 범죄자들이나 아르메니아인들을 제거하도록 선동된 비정규군 (특히 쿠르드족)을 이용해 아르메니아인들을 집단 학살했다.

팔레스타인의 경우 가자지구에서는 이스라엘군이 무차별 폭격을 퍼붓는 반면, 요르단강 서안지구에서는 자국의 비호를 받으며 급진적으로 행동하는 이들이 있었다. 즉 이스라엘 정착민들이 저지르는 권력 남용 또한 현지 자원을 이용한 측면이 있다.

1915년에 튀르키예에서 벌어진 제노사이드는 아르메니아인 엘리트층 숙청에서부터 시작됐다. 아르메니아 공동체의 지도층을 제거하는 일은 곧 그들의 공동체를 파괴하는 것이었다.

그렇게 함으로써 나머지 아르메니아인들을 제거하는 일이 더 쉬웠다. 이스라엘은 가자지구에 총공세를 펼쳤지만 팔레스타인 지식인들 또한 타깃이 된 것도 사실이다. 이는 2023년 12월 6일 팔레스타인인 시인 레파트 알라리르가 이스라엘군에게 살해당한 점, 기자 125명이 사망했다고 알바니스 보고관이 집계한 점, 가자지구 내 12개 대학교가 파괴됐다는 점을 보면 알 수 있다.

1세기 만에 세계가 인정한 아르메니아 대학살

점점 많은 국가, 국제 시민 사회 단체, 전문가가 가자지구에서 벌어지는 일을 제노사이드로 보는 의견에 대해 진지하게 받아들이고 있다. 이스라엘 역사학자 자르 세갈이 이 의견을 10월 13일 처음으로 표명한 듯하다.[12]

그리고 얼마 지나지 않아 이스라엘 출신 미국인이자 홀로코스트 전문가인 오메르 바르토브는 이스라엘이 의도를 가지고 제노사이드를 자행하려 한다며 자신의 생각을 밝혔다.(13) 또한 이스라엘의 제노사이드 혐의에 대해 남아프리카 공화국이 국제 사법 재판소에 제소한 바 있는데 2024년 1월 말 다수 판사들이 이스라엘의 가자지구 공격에 대해 실질적 위험이 있다고 밝혔다.

여러 사건이 벌어지고 한 세기 만에 '국제 사회'가 아르메니아인 대학살을 인정했다. 우리 세상은 크게 진일보한 것이다. 그럼에도 튀르키예는 여전히 아르메니아인 학살에 대한 책임을 인정하지 않았으며 자신들이 한 행동이 학살이라는 사실도 부인한다. 튀르키예는 제1차 세계 대전이라는 맥락에서의 대학살은 인정하지만 아르메니아인을 섬멸하려는 의도가 있었다는 의견은 받아들이지 않는다.

어떤 사건을 제노사이드로 규정할지에 대해 자주 토론이 있는 이유가 그 일에 의도가 있었는지를 따지고자 함이라면, 제노사이드를 저지른 이들 중 그 의도를 명시적으로 말하는 사람은 거의 없다.[14] 이스라엘 지도부는 '추방'에 대한 표현을 여러 차례 사용했다. 베냐민 네타냐

봄, 인류가 적정인구를 상실했을 때

후 이스라엘 총리는 참모진에 "가자 주민의 수를 최소한으로 줄일" 수 있는 계획을 세우라고 말했다. 이스라엘군은 체계적으로 팔레스타인인들을 살해하기 위해 인공 지능을 이용했다.[15] 팔레스타인인 말살 방법에 대한 자료를 모으는 것은 시간이 걸릴 것이다. 그렇지만 제노사이드를 할 의도가 있음은 행동으로도 확인된다.

아르메니아와 팔레스타인에서 일어난 두 비극이 서로 주고받는 메아리를 인식한 팔레스타인 시인 나즈완 다르위시는 자신의 시에 "누가 아르메니아인을 기억하나?[16]"라는 문장을 썼다. 폴란드 침공 전날 아돌프 히틀러가 던진 질문을 인용한 것이었다. 다르위시는 영국 일간지 〈가디언〉과의 인터뷰에서 이렇게 말했다.

"저는 아르메니아 역사에 대한 시를 썼습니다. 오늘 저는 우리, 팔레스타인인들이 또다시 비슷한 일을 겪는 상황을 보고 있습니다. 여러분은 여기서 역사의 아이러니를 목도합니다. 역사는 우리를 비웃고 있죠. 역사는 우리에게 이렇게 말합니다. '그대들은 과거에 대해 쓴다고 생각하겠지. 하지만 사실 그대들은 그대들의 미래에 대해 쓰는 것이라네.'라고요."[17]

글 · 라즈미그 크셰얀 Razmig Keucheyan

번역 · 김은혜

1 Dominik J. Schaller, 「From Lemkin to Clooney : The development and state of genocide studies」, Genocide Studies and Prevention, vol. 6, n° 3, 토론토, 2011년 11월.

2 Perry Anderson, 「Le droit international du plus fort 강자들의 국제법」, 〈르몽드 디플로마티크〉 프랑스어판, 2024년 2월호.

3 Francesca Albanese, 「Anatomy of a genocide. Report of the special rapporteur on the situation of human rights in the Palestinian territory occupied since 1967 to Human Rights Council. Advance unedited version (A/HRC/55/73)」, 24 mars 2024, www.un.org

4 Raymond Kévorkian, 『Parachever un génocide. Mustafa Kemal et l'élimination des rescapés arméniens et grecs (1918-1922) 제노사이드를 완성하다. 무스타파 케말 그리고 아르메니아인과 그리스인 생존자들의 추방 (1918~1922)』, Odile Jacob, 파리, 2023년.

5 Rashid Khalidi, 『The Hundred Years' War on Palestine. A History of Settler Colonialism and Resistance, 1917-2017』, Metropolitan Books, 뉴욕, 2020년.

6 Olivier Bouquet, 『Pourquoi l'Empire ottoman? Six siècles d'histoire 왜 오스만 제국인가? 6세기의 역사』, Folio, 파리, 2022년.

7 Cf. Rashid Khalidi, 『L'Identité palestinienne. La construction d'une conscience nationale moderne 팔레스타인의 정체성. 현대 민족의식의 성립』, La Fabrique, 파리, 2003년.

8 Cf. notamment Stefan Ihrig, 『Justifying Genocide. Germany and the Armenians From Bismarck to Hitler』, Harvard University Press, Cambridge, 2016년.

9 Frédéric Lemaître, 「En réaction à la reconnaissance du génocide arménien par l'Allemagne, la Turquie rappelle son ambassadeur à Berlin 독일이 아르메니아인 제노사이드를 인정하자 튀르키예, 독일 주재 자국 대사 본국 송환」, 2016년 6월 2일 자 〈르몽드〉.

10 Hamit Bozarslan, Vincent Duclert et Raymond Kévorkian, 『Comprendre le génocide des Arméniens 아르메니아인 제노사이드 이해하기』, Tallandier, 파리, 2015년.

11 Cf. Haim Yacobi et Elya Milner, 「Planning, land ownership, and settler colonialism in Israel/Palestine」, Journal of Palestine Studies, vol. 51, n° 2, 워싱턴, DC, 2022년.

12 Raz Segal, 『A textbook case of genocide』, Jewish Currents, 뉴욕, 2023년 10월 13일.

13 Omer Bartov, 「What I believe as a historian of genocide」, 〈The New York Times〉, 2023년 11월 10일.

14 Scott Straus, 「Second-generation comparative research on genocide」, World Politics, vol. 59, n° 3, 볼티모어, 2007년 4월.

15 Yuval Abraham, 「"Lavender" : The AI machine directing Israel's bombing spree in Gaza」, 〈+972 Magazine〉, 2024년 4월 3일, www.972mag.com

16 나즈완 다르위시의 시집 『Nothing More to Lose』의 발췌문, New York Review Books/Poets, 뉴욕, 2014년.

17 Alexia Underwood, 「Palestinian poet Najwan Darwish : "We can't begin to comprehend the loss of art"」, 〈The Guardian〉, 런던, 2024년 1월 4일.

발칸반도를 떠나는 대규모 엑소더스 물결

장아르노 데랑스 Jean-Arnault Dérens, 로랑 제슬랭 Laurent Geslin

〈르 쿠리에 데 발캉〉 기자.

공저로는 『Là où se mêlent les eaux. Des Balkans au Causase, dans l'Europe des confins 강들이 만나는 곳.
유럽의 변경, 발칸반도에서 캅카스까지』(la Découverte · Paris · 2018)가 있다.

유럽연합 가입 여부와 무관하게, 이 대륙의 남동부에 위치한 모든 나라들이 사상 초유의 인구 위기를 겪고 있다. 사망률을 앞지르는 출산율 감소는 물론, 대규모 인구 이탈도 심각한 문제다. 가장 대담하고 활동적인 세대가 대거 고국을 떠나면서 이 나라들의 향후 경제와 정치 전망에 어두운 먹구름이 끼고 있다.

1국 2체제로 분열된 보스니아-헤르체고비나의 세르비아계 자치령, 스릅스카 공화국. 이 공화국의 주요 도시 중 하나인 바냐루카 시 한복판에는 2017년 10월 17일 임시로 '통곡의 벽'이 설치됐다. 올가, 페타르, 마르코, 고란, 스베틀라나…. '통곡의 벽' 위에는 불과 몇 시간 만에 수백 개 이름이 빼곡히 채워졌다. 행사 운영자인 슈테판 블라지치는 단체 '리스타트(다시 시작하라)'가 시민들에게 "더 나은 삶을 꿈꾸며 외국으로 떠난" 친지들의 이름을 통곡의 벽에 새겨줄 것을 호소했다고 설명했다. 27세의 젊은 청년 블라지치는 이미 외국으로 떠난 친구가 얼마나 많은지 이제는 셀 수도 없을 지경이라고 털어놓았다. "고학력자조차도 무슨 일이 됐든 다 고국을 떠날 마음이 돼 있다. 고국에서 400유로를 받고 일하느니 차라리 월 1,000유로를 받고 서구 국가 마트에서 허드렛일을 하는 편이 훨씬 더 낫다고 생각한다." 사람들이 가장 많이 찾는 나라로는 독일, 오스트리아뿐 아니라, 슬로베니아도 손꼽힌다.

엑소더스 물결은 보스니아-헤르체고비나 전역을 휩쓸었다. 25세의 파사 바라코비치는 보스니아-헤르체고비나 연방에 속한 도시 투즐라에 살고 있다('보스니아-헤르체고비나'라는 국가는 두 지역, 즉 보스니아-헤르체고비나 연방(이슬람-크로아티아계)과 스릅스카 공화국(세

▲ 〈사람과 사람들〉, 2018 - 아드비예 발

르비아계)으로 또다시 나뉜다. 보스니아-헤르체고비나 연방 안에는 보스니아인과 크로아티아인이 다수 거주해 비공식적으로 보스니아-크로아티아 연방이라고도 불린다-역주). 오늘날 인구 이탈로 황폐해진 이 대규모 노동자 도시는 그동안 반민족주의 좌파의 보루 역할을 톡톡히 해왔다. 심지어 내전이 절정에 달한 시기(1992~1995년)에도, 이곳에서는 이슬람계 보스

봄, 인류가 적정인구를 상실했을 때

니아인, 크로아티아인, 세르비아인이 평화롭게 모여 살았다. 전후 세대인 바라코비치는 끝이 보이지 않는 '과도기'로 인해 황폐해질 대로 황폐해진 나라에서 성장했다. 사실상 과도기는 민영화라는 허울 좋은 명분을 내세워 조직적인 국가 자원의 약탈을 부추겼다.

발칸 이주자들은 독일과 오스트리아, 슬로베니아 선호해

한편 민주주의라는 미명 아래 각 공동체를 대표하는 민족주의 정당들, 요컨대 민주행동당(SDA, 이슬람계), 독립사회민주당(SNSD, 세르비아계), 크로아티아민주연합(HDZ) 등이 권력을 거의 독점하다시피 했다. 바라코비치는 이미 수차례 프랑스 브장송의 건설 현장에서 불법 노동을 한 경험이 있었다. 때로는 월 300유로를 받고 주유소에서 일하기도 했다. "출퇴근하려면 차에 기름을 넣어야 한다. 점심과 담뱃값을 빼고 나면 사실상 버는 돈보다 쓰는 돈이 더 많았다." 그는 결국 독일에서 정식 노동허가서를 손에 넣기 위한 최고의 왕도로 통하는 사립 의료학교 등록을 결심했다. "학비로 2,600 보스니아 태환 마르크(약 1,300유로, 1유로=약 2마르크)를 지급했다. 독일어 수업료로는 465마르크, 독일어 B2 시험 등록비로는 265마르크가 들어갔다."

그는 현재 뒤셀도르프 병원이 약속한 노동허가서와 비자 발급을 기다리고 있다. 병원은 그에게 처음 몇 달 동안은 월 1,900유로, 이어 2,500유로의 임금을 지급하겠다고 약속했다. 그 정도 수입이면 부인과 6개월 된 어린 딸을 독일로 불러들일 수 있다. 그럼 이제 보스니아-헤르체고비나와는 영영 이별인 것일까? 바라코비치는 초등학교 교사인 어머니와 경찰인 아버지가 퇴직하기 전까지는 계속 고국을 방문할 예정이라고 했다. 하지만 일단 부모가 은퇴를 하면 이들도 함께 독일에 모실 작정이다. 투즐라에 가보면 민간이 운영하는 어학원들이 즐비하다. 외국인을 위한 한 독일어 수업반에는 20여 명의 학생들이 옹기종기 모여 문법 공부가 한창이었다.

"벌써 3년 전부터 보스니아-헤르체고비나 전역에 약 12개의 학원을 운영 중인 바냐루카 글로사 어학원이 투즐라에도 새로 학원을 개원하려고 했다. 내가 기회를 놓치지 않고 학원 사업에 뛰어들었다. 현재 학생 수가 꽤 많은 편이다."

중등교육기관의 독일어 교사이기도 한 알리사 카디치 원장이 만족한 얼굴로 말했다. 독일 국제협력공사(GIZ)와 보스니아-헤르체고비나 연방 정부가 맺은 협약에 따라, 현재 일부 서방 기업은 향후 자사 직원이 될 사람들에게 4개월 반의 집중 어학 코스 수강료를 지원하고 있다. "누이 좋고 매부 좋은 사업이다.

특히 독일 기업의 입장에서도 바람직하다. 현지에서 자사 직원을 직접 교육하려면 그 보다 훨씬 더 큰 비용을 부담해야 하기 때문이다. 사라예보 괴테어학원이나 외스테라이히 (Osterreich) 어학원에는 매월 감독관들이 시험감독차 방문하곤 한다." 물론 희망자들은 때때로 시장 상황에 따라 기대 수준에 못 미치는 월급을 받아야 할 때도 있다. "물리치료사가 간호보조사로 취직해 독일로 가는 경우도 종종 있다. 독일은 간호보조사 전문 자격증을 따로 필요로 하지 않기 때문이다."

주 정부도, 연방 정부도, 이주 현황을 공식 집계하지는 않는다. 이주자들이 정식으로 이주 현황을 신고하는 일이 없어, 역내 모든 나라에서 정확한 통계수치를 집계하기란 쉽지 않은 일이다. 투즐라 주 고용센터의 아드미르 흐루스타노비치 대표는 침통한 얼굴로, 자신은 실업률 통계를 기반으로 나름대로 인구 이탈 규모를 파악하고 있다고 털어놓았다. 그에 따르면, 2017년 투즐라 주의 고용자 수는 9만 8,600명, 실업자 수는 모두 8만 4,500명에 달했다. 그러나 2017년의 실업 수는 과거보다 감소한 결과다. 2016년에는 실업자 수가 9만 1,000명에 달했다.

"사람들은 더 이상 희망이 없다고 여기며 고국 떠나"

"우리 센터는 오스트리아, 슬로베니아와 협약을 맺고 이 나라들을 위해 일자리를 알선해주고 있다. 그러나 지난해 우리가 중개해서 이들 나라에 고용된 사람은 1,500명에 불과하다. 다른 이들은 통계수치에서 확인되지 않는다. 대개는 우리에게 신고도 하지 않고 해외로 이주한 사례에 해당한다. 상황이 이런 데도 정부는 경제가 좋아졌다고만 말한다."

사실 이주 물결은 정치 지도층의 입장에서도 그리 나쁠 것이 없다. 오히려 실업자 수도 낮춰주고, 사회적 긴장도 외부로 배출하는 역할을 하기 때문이다. 대개 해외 이주자들은 선거에서 분노를 표출할 가능성이 큰데, 일단 해외로 나가면 투표에 불참할 가능성이 커진다. 이주 희망자의 면면을 살펴보면, 청년층, 고학력자, 그리고 고국에서도 꽤 쓸모 있는 기술 자격증을 소지한 부류가 주류를 이룬다.

인구학자이자 진보당(보수) 부대표인 알렉산다르 차비치는 다음과 같이 설명했다. "이민자는 모두 세 부류로 나뉜다. 일자리가 없는 사람, 일자리는 있지만 보수가 형편없는 사람, 나름대로 보수가 높은 괜찮은 직종에 있지만 정치적으로 불안정한 고국 상황을 염려하며 보스니아-헤르체고비나 같은 나라에서는 결코 자녀를 키우기 힘들다고 생각하는 부류다."

바냐루카 소재 프리드리히 에베르트 재단의 정치분석가인 타냐 토피치는 보스니아-헤르체고비나의 경우 교육 시스템이 매우 열악한 데다, 돈만 내면 학위를 내주는 사립대학이 만연해 있고, 무슨 일자리든 얻으려면 '돈'과 정치적 인맥이 필수 조건인 현실을 문제점으로 꼬집었다. 사정은 보스니아-헤르체고비나의 두 공화국 모두 비슷했다. 보스니아 좌파의 대표적 인물, 자스민 임마모비치 투즐라 시장은 "예전에는 일당 체제임에도 학위와 능력에 따라 일자리가 배분됐다. 반면 지금은 민족정당이 세 개나 존재하지만, 각자 공동체 내에서 유일 정당처럼 행동하려는 경향이 강하다. 정당을 통하지 않고는 일자리를 얻기가 힘들다"라고 한탄했다.

투즐라 시민재단에서 일하는 야스나 야사레비치는 "사람들은 더 이상 희망이 없다고 여기며 고국을 떠난다. 조금의 변화도 꿈꿀 수 없다고 생각한다"라고 확신했다. 2014년 2월 투즐라 시는 정치인들의 부정부패와 무분별한 민영화를 규탄하는 이른바 '시민의회 운동'[1]의 진앙지가 됐다. 본래 시위는 몇 달째 임금체납으로 노동자들이 고통을 겪고 있는 공장들에서 시작돼, 점차 사회 전체로 확산됐다. 시위는 금세 주 정부 인사들의 퇴진을 이끌어 냈지만, 얼마 못 가 내부 싸움으로 분열됐다.

야사레비치는 다음과 같이 설명했다. "2014년이 분수령이었다. 시민의회 운동이 실패로 돌아가면서 우리가 품었던 모든 희망이 물거품으로 변했다. 5월 투즐라에서 대규모 홍수가 일어나 많은 희생자가 발생했지만, 정부 당국이 속수무책이었다. 사람들은 이런 재앙이 또다시 일어나지 말라는 법이 없고, 그때도 역시 정부 시스템이 제대로 작동하지 않을 가능성이 있다고 여긴다. 대체 그런 나라에 어찌 미래를 맡길 수 있겠는가?"

"우리도 이 땅에서 살고 싶다. 우리는 이주를 원하지 않는다!" 시민의회 운동에 참여한 시위대가 구호를 연호했다. 2017년 4월 세르비아에서도 알렉산더르 부치치 대통령의 부정선거에 반기를 든 많은 시위자들이 이같은 구호를 열창했다. 몇 주간에 걸친 부정선거 규탄 시위는 순식간에 세르비아의 자유주의 전환에 따른 각종 문제점을 규탄하는 시위로 확대됐다. 2016년 마케도니아의 '색깔 혁명'에서도 비슷한 요구가 터져 나왔다. 하지만 모든 나라에서 시위는 실패로 돌아갔다. 결국 이 운동을 주도했던 젊은이들은 앞다퉈 고국을 떠났다. 이들 세대의 이주 행렬은 변화에 대한 마지막 남은 희망마저 사라지게 했다.

발칸반도 내에서 이주의 역사는 매우 유서가 깊다. 사회주의를 표방한 구유고슬라비아 시절에도, 많은 이들이 문자 그대로 '손님노동자'를 뜻하는 'Gastarbeiter'가 돼 독일이나 오스트리아로 이주의 길을 떠났다. 세르비아-크로아티아의 언어로는 'gastarbajter'라고도 옮길 수 있는 이 단어는 훗날 구유고슬라비아 전역에서 '외국인노동자'(이주자)라는 의미로 통하게 된다. 한편 1990년대 내전도 대규모 이주를 부추겼다. 물론 오늘날에도 여전히 보스니아-헤르체고비나는 물론, 심지어 2013년 유럽연합 가입국이 된 이웃국 크로아티아에서도 역시 가족 전원이 함께 이주 길에 오르는 사례가 늘어나고 있다. 크로아티아에서 그나마 사정이 나은 곳은 수도 자그레브와 일부 연안지대, 관광지 정도다. 연안지대에서 수 킬로미터만 내륙으로 들어가도 많은 지역이 인구 이탈로 인한 공동화 현상에 시름 하고 있다. 대표적인 예가 크로아티아 중부와 동부 지역이다.

세르비아행 고속도로를 등지고 자리한 슬로베니아의 소도시 노바 그라디슈카의 한 고등학교는 이주의 심각성을 더욱 적나라하게 보여준다. 2017~2018년 학생 수가 343명을 기록하며, 2012년 465명보다 무려 27% 급감한 것이다. 릴리아나 프타슈니크 교장은 "동네 안에 극장이 1개, 병원이 1개, 유치원도 2개나 있지만, 문제는 일자리가 없다는 것이다"라며 한숨을 푹 내

봄, 인류가 적정인구를 상실했을 때

쉬었다. 도시 안에 새로 조성된 산업단지에는 몇몇 기업이 입주했지만, 임금 수준이 너무나도 형편없다. "유럽연합에 처음 가입했을 때만 해도 상황이 나아지리란 기대감이 있었다. 하지만 이제 청년들은 더 이상 오지도 않을 '더 나은 미래'를 기다리는 데 완전히 지쳐버렸다."

고급인력 해외 이탈, 채용난에 시달리는 발칸 기업들

이 고등학교에서는 학생뿐 아니라 교사들까지 이주 행렬에 가세하고 있다. 프타슈니크 교장은 지난 학기, 한 미술 교사가 남편을 따라 오스트리아로 이주하는 일이 있었는데, "지금도 여전히 새 선생님을 찾지 못해 애를 태우고 있다"라고 설명했다. 노바 그라디슈카의 인구는 1991년 1만7,071명에서 2011년 1만4,229명으로 감소했다. 이어 최근 5년 동안에는 이주 현상이 더욱 심화됐다. 가령 도시에 활기를 불어넣을 활동인구가 줄어드는가 하면, 젊은 층의 대거 이주 가세로 인구의 세대교체도 멈춘 실정이다. 프타슈니크 교장은 "많은 이들이 유럽연합에 가입하면 부동산 매입 열풍이 불어 너무 많은 서구인이 이 땅에 유입되는 것은 아닌지 염려했다. 그런데 오히려 크로아티아인이 대대적으로 고국을 떠나가는 실정"이라고 개탄했다.

반면 슬로베니아의 고숙련 인력과 유구한 산업 전통은 투자자들 사이에서 명성이 높다. 그로 인해 오스트리아, 헝가리, 이탈리아의 중소기업들이 이 지역에 대거 진출해 있다. 한편 이 지역의 경우, 최근 재택근무 일자리가 폭발적으로 증가하기도 했다. 가령 어학 능력자를 대거 필요로 하는 국제 콜센터 조직이 대표적인 예다. 국경 반대편에 위치한 보산스카포사비나주의 상황도 마찬가지다. 가령 스릅스카 공화국에 속한 데르벤타 시는 수년째 높은 기업설립 증가율을 기록하고 있다.

특히 오스트리아, 헝가리, 이탈리아의 많은 섬유업, 자동차 하청기업들이 소규모 단위로 산업체를 이 지역으로 이전했기 때문이다. 이 지역은 특히 자그레브와 고속도로로 연결돼 있어 접근성이 매우 뛰어난 데다, 그야말로 노동권은 이론상으로만 존재할 뿐이다. 임금은 절대 200유로를 넘는 법이 없고, 절대적인 유연성이 규범으로 통한다. 역내 정부들은 조세덤핑

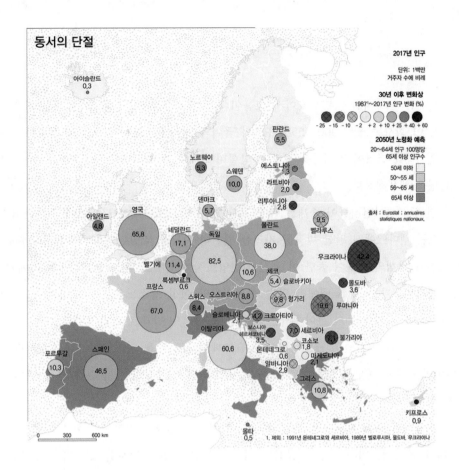

동서의 단절

2017년 인구

단위 : 1백만
거주자 수에 비례

30년 이후 변화상
1987¹~2017년 인구 변화 (%)

- 25 - 15 - 10 - 2 + 2 + 10 + 25 + 40 + 60

2050년 노령화 예측
20~64세 인구 100명당
65세 이상 인구수

50세 이하
50~55 세
56~65 세
65세 이상

출처 : Eurostat : annuaires
statistiques nationaux,

아이슬란드
0,3

핀란드
5,5

노르웨이
5,3

스웨덴
10,0

에스토니아
1,3

라트비아
2,0

리투아니아
2,8

덴마크
5,7

아일랜드
4,8

영국
65,8

네덜란드
17,1

독일
82,5

폴란드
38,0

벨라루스
9,5

우크라이나
42,4

벨기에
11,4

룩셈부르크
0,6

체코
10,6

슬로바키아
5,4

몰도바
3,6

프랑스
67,0

스위스
8,4

오스트리아
8,8

헝가리
9,8

루마니아
19,6

슬로베니아
2,1

크로아티아
4,2

이탈리아
60,6

보스니아
헤르체고비나
3,5

세르비아
7,0

코소보
1,8

불가리아
7,1

포르투갈
10,3

스페인
46,5

몬테네그로
0,6

마케도니아
2,1

알바니아
2,9

그리스
10,8

키프로스
0,9

몰타
0,5

0 300 600 km

1. 제외 : 1991년 몬테네그로와 세르비아, 1989년 벨로루시아, 몰도바, 우크라이나

과 소셜덤핑을 불사하면서까지 외국 투자자 유치에 열을 올린다. 더욱이 해외이전도 기술 이전 없이 단기간에 그치는 경우가 부지기수다. 새로운 형태의 불안정 노동을 거부하는 노동자에게는 오로지 이주 외에는 다른 길이 없다.

인력난에 처한 독일, 발칸반도에서 직접 채용 나서

독일의 인력난은 앞으로도 계속 지속될 조짐이 보인다. 그러다 보니 독일 기업은 물론, 주와 시까지 발 벗고 나서 발칸반도에서 직접 채용 홍보를 벌이곤 한다. 보스니아-헤르체고비나, 크로아티아, 세르비아의 언론매체는 주기적으로 채용과 노동비자 발급을 위한 초스피드 인터뷰 소식을 알리는 광고를 신곤 한다. 가령 3월 초, 양로원 사업을 운영하는 바트 아이블링(바이에른 주)의 조지알베르크 호이저 그룹이 세르비아에서 여자 간호사와 의료기술자를 모집해갔다. 이 회사는 월 1,900~2,500유로의 급여와 정착비용을 조건으로 내걸었다. 2018년 4월 16일, 독일 전역에 거래망을 갖춘 주방설비업체 퀴헨 악튀엘도 투즐라에서 주방설비 기술자 30명을 채용해갔다.

때로는 현지의 에이전시들이 중개를 맡기도 한다. 가령 크로아티아 리예카에 소재한 RIA드리아 워크스는 덴마크에서 일할 벽돌공 자리를 알선하는 일을 맡았다. 아드리아해 북부에 위치한, 비교적 관광객의 발길이 뜸한 이 음산한 산업도시에서는 또 다른 알선업체인 리예키 우슬루즈니 세르비스가 역내 호텔에서 일할 세르비아인 여성 청소노동자를 모집하기도 했다. 의료, 건설, 호텔, 서비스 등의 분야에서는 이주의 물결이 두 갈래로 갈라지기도 한다. 보스니아, 마케도니아, 세르비아인은 크로아티아와 슬로베니아로 일을 하러 떠나고, 크로아티아와 슬로베니아인은 주로 독일을 행선지로 삼는다. "독일인은 스위스에 가서 일하려나." 바냐루카에서 만난 블라지치가 농담조로 말했다.

고숙련 노동자가 워낙 대규모로 이탈하다 보니 현지 기업들의 경영난도 한층 가중되고 있다. 보스니아-헤르체고비나 연방 상공회의소는 최근 능력 있는 간부급 노동자가 부족한 사태에 대해 경종을 울렸다. 미르사드 야사르스파히치 상공회의소장은 시장의 요구를 충족하는 인력을 양성하지 못하는 교육 시스템이 문제라며 책임을 돌렸다. 2018년 3월, 프랑크푸르트암마인 직업 연수 프로그램에 참여한 리예카(크로아티아의 서부 도시) 조선기술중등학교의 학생들은 선박건조 목공전문가, 전기기사, 난방설비전문가 등의 일자리를 제안받았다. 조선 산업의 전면적인 민영화가 크로아티아의 유럽연합 가입 조건으로 규정된 가운데, 한때 리예카의 영예로 통하던 '3마이(3-Mai)' 조선소가 인수자를 찾아 나섰다. 그러나 여전히 적당한 임자를 찾지 못해 애를 태우고 있는 실정이다.

역내 어떤 나라도 대대적인 인구 이탈 현상에서 자유롭지 않다. 때로는 이주 규모가 걱정스러운 수준에 이른다. 2014~2015년 겨울, 코소보에서는 불과 몇 주 만에 전체 인구의 7%에 달하는 10만 명 이상이 고국을 등졌다. 얼마 전 세르비아와 코소보 사이에 협약이 체결되면서, 코소보인이 신분증만 있으면 자유롭게 세르비아에 입국할 수 있는 길이 활짝 열린 뒤였다. 금세 보이보디나행 시외버스가 운행을 시작한 데 이어, 수만 명의 사람들이 불법으로(코소보는 발칸반도 국가 가운데 유일하게 솅겐 지역 내에 비자가 있어야 출입이 가능한 국가다) 헝가리 국경을 넘어 독일로 넘어갔다. 유학이나 노동허가증이 없는 대부분의 코소보인들은 서유럽에 정치적 망명을 요구했지만, 몇 개월 만에 번번이 추방당하기 일쑤였다. 특히 사재까지 탈탈 털어 먼 걸음을 한 빈곤층이 가장 먼저 쫓겨나는 신세가 됐다.

그럼에도 2017년 9월 7일 다시 수천 명의 사람들이 세르비아로 몰려들었다. 코소보 당국이 몇 시간 동안 프리슈티나 버스터미널을 폐쇄해야 할 정도로 사태가 심각했다. 그도 그럴 것이 그로부터 3일 전 코소보해방군 게릴라 출신의 정당들이 연정을 구성하면서, 좌파 정당 '베테벤도세(자결운동)'[2]의 6월 11일 총선 선전에 힘입어 높아졌던 변화에 대한 희망이 완전히 물거품이 돼버린 것이다. 2015년 봄에도 몬테네그로 북부에서 비슷한 대규모 이주 바람이 일어났다. 가난한 이 지역 주민들은 인구 감소로 골머리를 앓는 독일 북서부 지역 니더작센주에 가면 평온한 삶을 찾게 되리라 기대했다. 독일의 의원들은 발칸반도의 연방정부들을 상대로 최대한 많은 이주 희망자를 보내달라고 호소했다. 가령 고슬라르 시장은 "우리 공동체가 살아남기 위해선 새 이민자의 유입이 절실하다"고 설명했고, 이 말은 금세 몬테네그로의 귀에까지 흘러 들어갔다.[3]

"인구이탈을 상쇄하기 위해 세대교체가 시급"

불가리아 서부 혹은 세르비아 남동부의 모든 지역에서는 출산율 저하와 이주 증가로 인해 공동화가 한창 진행 중이다. 국립통계청에 의하면, 2002~2011년 세르비아를 떠난 이주자의 수는 16만 명에 달했다. 지역 인구가 현재 7천7백만 명에서 2030년에는 6백만 명으로 줄어들 것으로 예상되는 가운데, 평균 연령도 1995년 38.8세에서 2015년 42.7세로 점차 고령화되는 추세다.

자그레브 지리단과대학의 비좁은 사무실에서 만난 인구학자 스트예판 슈테르츠는 통계 자

봄, 인류가 적정인구를 상실했을 때

료를 죽 훑어보며 두 손을 비비 꼬았다. 길고 긴 통계수치를 읊기에 앞서 그는 "크로아티아 인구의 감소는 우리 정치 지도자들이 해결해야 할 시급한 문제다. 인구 문제는 모든 정부 정책의 기본 조건을 구성하기 때문이다"라는 점을 유독 강조했다. 그가 추산한 바에 의하면, 크로아티아의 경우, 출산율이 1인당 1.4명으로 꿈쩍도 하지 않는 가운데, 2017년 사망자 수가 출생자 수보다 1,800명이나 더 많게 기록됐다. 외국으로 떠난 이주자 수도 7만~8만 명에 달했다. 크로아티아 전체 인구 약 410만 명[4]의 2.2%에 달하는, 최소 9만 명의 인구가 감소한 것이다.

이주 물결은 출산율에도 부정적인 영향을 미치고 있다. 대개 가장 출산이 활발한 연령대가 가장 앞다퉈 이주의 길에 오르고 있기 때문이다. 이 나라는 지금도 여전히 전쟁의 여파로 시름 하고 있다. 특히 1995년 여름, 20만여 명의 세르비아인이 원치 않는 이주의 길에 올랐다.

슈테르츠는 "이런 변화가 앞으로도 지속된다면 10년 안에 전체 인구의 1/4이 사라질 수도 있다"라고 지적했다. 보수 성향의 이 인구학자는 현재 강력한 출산장려정책의 시행을 위해 투쟁하고 있다. "아이를 가지길 원하는 워킹맘을 보호할 대책 마련이 중요하다. 임신으로 인한 해고를 금지하고, 유연한 노동을 허용하며, 다자녀 가구에 가족수당을 지급하고, 인구 이탈이 심각한 지역에는 세제 혜택을 제공할 필요가 있다. 독일은 아마도 지금처럼 계속 동유럽의 활동인구를 흡수할 것이다. 따라서 인구 이탈을 상쇄하기 위한 세대교체가 시급하다."

발칸 정부들, 인구 급감을 막기는 역부족

그럼에도 발칸반도 국가들은 인구문제를 해결하고 사회적 재앙에 대비하기 위해 기껏해야 보수주의를 표방하며 낙태를 엄격하게 규제하는 방안 정도에 그치고 있다. 2018년 3월 16일 부치치 세르비아 대통령은 낙태를 원하는 여성들에게 의사들이 태아의 초음파 사진을 보여주거나 심장박동 소리를 들려주라고 말하며, "여성들이 세르비아의 시대적 요구를 이해해 달라"고 간청하기를 서슴지 않았다.[5] 한편 알렉산다르 불린 국방부 장관도 "세르비아의 인구 감소를 막기 위한 투쟁에 군이 힘을 보탤 것"[6]을 약속하는가 하면, 문화장관도 출산 장려 캠페인

구호를 선정하기 위한 경연대회를 개최하기로 했다.

이웃 국가 크로아티아에서는 매우 조직적인 보수 운동으로 조만간 새로운 낙태법이 1978년 법을 대체할 예정이다. 임신중절을 원하는 여성에게 '상담'을 의무화하고 중절 수술 전 일정 기간 숙려의 시간을 갖게 하는 것이 주요 골자다. 대대적인 언론 보도 속에 진행된 이 출산장려 운동은 발칸반도의 인구 이탈을 부추기는 실질적 원인에 대한 모든 성찰을 어물쩍 넘겨버리는 역할을 하고 있다. 가령 부정부패에 찌든 정치인들의 총체적인 무능력이나 혹은 경제적으로 어려움을 겪는 모든 발칸반도 국가에 강요된 신자유주의 해법 등의 문제는 일절 언급되지 않는다.

현 정부의 행보는 인구 급감 현상을 막기는 역부족이다. 해외 산업체의 국내 이전으로 이 지역에 일자리가 증가하고 있다고는 하나 이주자가 늘어나는 현상을 막기는 어려워 보인다. 투즐라 어학원에서 만난 카디치는 이렇게 증언했다. "독일에서 4년간 살았다. 그곳의 현실도 천국과는 거리가 멀었다. 그러나 어쨌든 현 인구 이탈 현상을 막기는 불가능해 보인다. 모두가 앞다퉈 고국을 떠나가고 있다. 어쩌면 내가 이 나라를 떠나는 최후의 1인이 돼 마지막 불을 끄고 발칸반도를 떠나게 될지도 모르겠다."

글 · 장아르노 데랑스 Jean-Arnault Dérens, 로랑 제슬랭 Laurent Geslin

번역 · 허보미

1 Jean-Arnault Dérens, 「마침내 하나가 된 보스니아. 다름 아닌 민영화에 맞서(La Bosnie enfin unie. contre les privatisations)」, 〈르몽드 디플로마티크〉 프랑스어판 · 한국어판 2014년 3월호.
2 Jean-Arnault Dérens, 「코소보에 등장한 급진적 민족주의 좌파(Essor d'une gauche souverainiste au Kosovo)」, 〈르몽드 디플로마티크〉 프랑스어판 2017년 12월호 · 한국어판 2018년 1월호.
3 「몬테네그로 북부의 대규모 인구 이탈: 니더작센주, 새로운 약속의 땅(Grand exode du nord du Monténégro: La Basse-Saxe, nouvelle terre promise')」, 〈Le Courrier des Balkans〉, 2015년 5월 6일.
4 크로아티아 통계청 수치, www.dzs.hr. 2018년 통계청 기준으로는 약 416만 5,000명으로 세계 129위
5 「세르비아: 출산장려 정책이냐? 여성의 권리냐?(Serbie: politiques natalistes vs. droits des femmes?)」, 〈Le Courrier des Balkans〉, 2018년 3월 30일.
6 〈B92〉, 2018년 3월 21일.

역피라미드형 인구 모형

인구 모형은 국가마다 뚜렷하게 구별된다. 북유럽 및 서유럽 국가들과 마찬가지로 프랑스도 출생률이 사망률보다 높고(양(+)의 자연증가율), 유입인구가 유출인구보다 많다(양(+)의 순이주율). 프랑스의 인구 피라미드는 베이비붐 1세대의 은퇴와 더불어, 대략 70대까지의 연령분포가 거의 같아지면서 방추형이 됐다.

독일의 인구 피라미드는 아랫부분(유소년층)이 현저하게 좁고, 10세 이하 인구가 50대 인구의 거의 절반 수준이다. 이런 출생률 감소는 2000년대부터 심화됐으나, 강력한 이민정책을 시행한 결과 이민자의 출산으로 다소 보완됐고, 2015년 이후 크게 증가했다.

불가리아의 인구피라미드도 마름모꼴인데, 1990년대부터 출산율이 현저하게 감소했다. 불가리아의 인구 자연증가율이 마이너스인 이유는, 아마도 해외이주 인구가 많아 공식집계가 어려웠기 때문으로 보인다.

크로아티아의 순이주율은 전쟁으로 인한 대규모 인구 이동을 보여준다. 1991년 크로아티아인들은 세르비아와의 1차 전쟁 때 피란을 떠났다가 전쟁이 끝난 후 귀향했다. 1995년에는 크로아티아군이 '폭풍 작전'을 펼쳐 크라이너(Krajina) 공화국을 되찾은 뒤 소수의 세르비아인들이 크로아티아를 떠났다. 2013년 유럽연합 가입 이후에는 출산율 감소와 해외 이주가 점점 더 심화되고 있다.

번역 · 조민영

체제 붕괴의 트라우마, 러시아가 비어간다

필리프 데캉 Phillippe Descamps

〈르몽드 디플로마티크〉 편집위원, 철학박사.
저서로 『Un crime contre l'espèce humaine?: Enfants clonés, enfants damnés
인간에 대한 범죄인가?: 복제된 아이와 저주받은 아이』(2009) 등이 있다

출생률 저하, 높은 사망률, 이민자에 대한 거부감…. 2010년 인구조사에 따르면, 러시아는 확실히 인구 감소 추세에 직면했다. 이런 현상은 소련 붕괴가 남긴 사회적 상처의 깊이를 보여준다.

러시아의 인구 위기를 증명하는 자료를 구하러 기후차가 극심해 접근이 어려운 지역까지 갈 필요는 없다. 모스크바에서 몇 시간 거리에 있는 트베르 지역은 지난 10년 동안 신생아가 1명 태어날 때마다 2명이 숨졌다. 지난해 가을에 실시한 초기 인구조사 결과, 이 지역 주민은 132만 명에 불과했다. 지난 20년 동안 이 지역은 주민의 18%(30만 명) 이상이 줄었다.

소비에트연방 붕괴 20년 만에 러시아 인구 600만 명 감소

모스크바발 지역 열차 '엘렉트리치카'의 객실 안. 혼자 사는 나이 많은 여성들이 몇 가지 주방용품을 남몰래 팔기 위해 꼬리를 물고 지나다닌다. 그들은 얄팍한 연금을 어떻게든 벌충해야 한다. 얼어붙은 볼가강 위에서는 많은 사람들이 물고기를 잡기 위해 얼음 구덩이를 파고 있다. 그들이 추위를 이겨낸다는 것은 역시 쉬운 일이 아니다.

확 트인 이즈바 마을. 전나무로 만든 러시아 북부 농촌의 통나무집들이 자연과 조화를 이룬다. 대도시 모스크바를 둘러싼 콘크리트 기둥들과는 대조적이다. 하지만 대부분의 통나무집들은 오래전부터 비어 있다. 트베르대학의 지리학자 안나 추크키나는 "이 지역의 9500개 마을

봄, 인류가 적정인구를 상실했을 때

중 절반은 상주 주민이 10명도 채 안 된다"라고 밝혔다.[1]

1991년 말 소비에트연방 붕괴 이후, 러시아는 대략 600만 명의 인구가 감소했다. 옛 소련의 '위성 공화국들'에 정착했던 러시아인들의 본국 귀환에도 불구하고, 낮은 출산율의 여파를 막을 수는 없었다. 영토는 중국보다 2배나 넓은데 국민은 고작 1억4290만 명뿐이다.[2] 모스크바국립대학의 인구통계학연구소 소장 아나톨리 비시네프스키는 "광활한 영토에 주민이 적은 것이 러시아의 가장 큰 빈곤이다"라고 했다.

유엔은 2025년 러시아의 인구가 1억2천만 명(중간 전망치는 1억2870만 명)으로 줄고, 이후 상황은 더 급격히 나빠질 것이라는 비관적인 예측을 했다. 러시아연방통계청(ROSSTAT)은 최근 자료를 통해, 그때가 되면 러시아 인구는 1억4천만 명이 될 것이라고 했다.

2006년 5월 10일, 당시 러시아 대통령 블라디미르 푸틴은 러시아의회 두마(Duma) 연례 연설에서 인구문제를 국가의 가장 심각한 문제로 인식하고, 최우선 과제 3가지를 정했다. "첫째, 사망률을 줄여야 한다. 둘째, 적절한 이민정책이 필요하다. 마지막으로 출산율을 높여야 한다." 그는 무사태평한 대중과 미디어, 그리고 정책 결정자들을 상대로 출산(이미 공감대가 형성된 영역임)을 장려했지만, 신(新)러시아가 겪고 있는 심각한 수준의 불평등에 대한 모순을 지적하진 않았다.

한겨울 트베르나 볼가강 유역의 눈 덮인 보행자 거리에서는 바퀴가 달리거나 스케이트가 장착된 유모차를 볼 수 있다. 공중보건부 사무실에서 만난 아동복지 책임자 리디아 사모슈키나는 낙관적인 반응을 보였다. "두세 명의 자녀를 둔 가족이 점점 많이 눈에 띈다. 5년 전부터 출산율 감소가 멈췄다. 경제가 좋아졌다. 국가와 지역 차원에서 이들 가족을 돕고 있다."

러시아 남성의 기대수명, 베냉이나 아이티보다도 낮아

러시아 정부가 노골적으로 추진하는 새로운 정책은 소비에트 시대의 '사회주의 가족' 제도

◀ 〈사람과 사람들〉, 2017 – 아드비예 발

봄, 인류가 적정인구를 상실했을 때

를 고양시키고 있다. 주로 다자녀 부모에게 '육아보조금'이 지급되고 있다. 2007년 이후 출산율이 높아지고 있어, 얼핏 이 정책이 성과를 거두는 것처럼 보인다. 1999년 8.6퍼밀(permill, 1000분의 1,천분율)로 여성 1천명당 출산여성이 8.6명로 떨어진 출산율이 2010년 12.6‰로 높아졌고, 같은 기간 여성 1인당 출산율 종합지수도 1.16명에서 1.53명으로 올랐다.

그러나 인구통계학자들은 회의적이다. 재정적 인센티브는 대부분 임신 계획을 앞당기는 효과에 그치기 때문이다. 1980년대 말 당시 소련의 미하일 고르바초프가 추진한 출산정책은 초기에 출산율을 높였지만, 이후 훨씬 심각한 출산율 저하로 이어졌다. 그후 장기적인 측면에서 보면, 러시아 출산율은 대부분의 선진국들과 비슷하게 변해가고 있다. 1960년대 중반 이후, 산아제한과 함께 출산율 종합지수(여성 1명당 출산율 2.1명)가 떨어지면서 러시아는 세대교체를 코앞에 두게 된다. 러시아가 서구와 유일하게 다른 점은 피임법을 거의 보급하지 않은 것이다. 당국이 피임약에 대한 불신을 조장해, 러시아 여성 대부분은 낙태를 선택했다. 이오시프 스탈린은 1920년부터 허용한 낙태법을 1936년 금지했다가 소련은 1955년부터 다시 합법화했다. 낙태 통계는 1986년까지 비밀에 부쳐졌다. 사람들은 1965년 540만 건의 임신중절(IVG)이 이뤄진 것으로 추정한다. 적어도 1970년 중반까지 여성 1명당 임신중절이 4번 이상 이뤄진 것으로 추정한다. 소련 붕괴 이후에야 피임법이 널리 보급됐다. 2007년부터 낙태율이 출산율 밑으로 떨어진데 이어 계속 감소하고 있다(2009년 임신중절은 129만 건이었다).

러시아의 낮은 출산율은 유럽에서 특별할 것도 없지만 높은 사망률, 특히 남성의 사망률은 특이사항이다. 2009년 러시아 남성의 기대수명은 62.7살(여성은 74.6살)로, 유럽에서 가장 낮을 뿐 아니라 세계 평균 기대수명(2008년 66.9살)에도 훨씬 못 미친다. 1960년대 중반 이후 서양인의 기대수명은 10여 년 늘어난 데 반해, 오늘날 러시아인은 1964년의 기대수명 수준에도 못 미치고 있다. 트베르 사람들은 젊은이들이 200km도 안 떨어진 수도로 빠져나가기 때문에 인구가 감소한다고 했다. 진취적인 사람들이 좀 더 나은 급여와 흥미로운 일자리를 구하러 모스크바나 상트페테르부르크로 떠났다. 하지만 이런 이주인구는 타 지역과 중앙아시아에서 유입되는 이주인구로 충분히 채워진다. 인구 감소의 주된 이유는 서아프리카 베냉이나

카리브해 아이티보다 낮은 남성의 기대수명(2008년 58.3살)에 있다.[3]

의료체계 붕괴와 보드카, 남성 수명 62.7살

1950년대 러시아는 전염병 등과의 전쟁에서 비약적인 승리를 거뒀다. 백신 접종과 항생제를 이용한 건강 모니터링 덕분에, 1964년 레오니트 브레즈네프가 정권을 잡자마자 서방국가와의 격차를 거의 따라잡았다. 하지만 이후 격차는 점점 벌어져 20세기 초반 때보다 더 벌어졌다. 보건 시스템은 경제침체기에 빠진 소비에트 정권의 최우선 과제가 아니었다. 정부는 암이나 심혈관 질환 같은 현대 질병에 효과적으로 대처하지 못했다. -정부는 예산을 의료의 질을 높이고 의료시설을 현대화하거나 의료 전문 인력을 확충하는 데 쓰기보다 의료시설 수를 늘리는 데 썼다. 무능한 소비에트 정부는 개개인이 자신의 위생 생활을 책임져야 한다는 국민 계도도 하지 못했다.

그 뒤 소비에트연방이 붕괴되고 1991~94년, 러시아인들의 기대수명은 대략 7년이 줄었다. 사망률 증가가 모든 옛 공산국가에서 나타났지만, 동부 쪽으로 갈수록 더욱 가파른 상승세를 보였다. 이런 변화는 옐친 시대(1991~1999)의 무질서에서 비롯됐다. 파리 사회과학고등연구원(EHESS)의 자크 사피르 교수는 "옐친 시대의 대중은 1928~1934년 소비에트 대중이 경험했을 법한 충격을 겪었다"고 평했다.[4] 1998년 러시아의 국내총생산(GDP)과 투자 수준은 1991년의 60%와 30%에 그쳤다. 러시아 자본주의는 2000년대 말에야 비로소 소비에트연방 말기의 소득수준을 따라잡았다.[5]

이 시기는 옛 소련의 특권층인 소수 노멘클라투라(Nomenklatura) 출신들이 공공자산을 독식하고 천연자원을 약탈하던 때였다. 미국의 제프리 삭스와 프랑스의 다니엘 코앵, 크리스티앙 드부아시외(경제분석 자문위원장) 같은 서양인들의 조언을 받아 러시아 최고경영자들이 선택한 정책은 러시아를 불평등한 국가 중 하나로 만들었다.

러시아의 쇠락은 수많은 극단적인 죽음을 낳았다. 현재 러시아는 세계 2위의 남성 자살률

뿐 아니라, 유럽 최고의 도로 사망률(연간 3만3천 명 사망) 및 살인사건 발생률을 보이고 있다.[6] 또한 러시아인들은 겁에 질려 갈팡질팡하며, 자신들의 '사회적 자산'인 인맥을 상실했다. 러시아는 세계에서 단체 활동가를 만나기 힘든 나라 중 하나다. 산악 사이트 기자로 일하는 안나 피우노바는 심지어 스포츠 분야에서 "특권층을 제외한 러시아인들은 더 이상 자신의 건강 상태에 신경 쓰지 않는다. 유망주를 조기 발굴하는 스포츠 엘리트 정책 덕분에 국제대회에서는 좋은 성과를 거두고 있지만, 대중 스포츠가 없다"라고 말했다.

러시아의 세계건강지수는 122위

보드카는 대중의 건강을 해치는 최고의 적이다. 고르바초프 정권 때 음주를 제한했으나, 1990년대에는 보드카 소비가 한층 늘었다. 세계보건기구(WHO)에 따르면, 러시아의 알코올 사망률은 대략 5명당 1명(세계 평균 사망률은 16명당 1명)이다. 러시아는 알콜 도수가 높은 술을 지나치게 자주 취할 때까지 마시는 유럽 국가다.

'신러시아'의 계층 간 충돌 상황을 파악하기 위해, 러시아 신고속열차 '삽산'(Sapsan)(일명 '페레 팔콘'이라고 부른다)을 타고 모스크바에 들어가 봤다. 서민들이 붐비는 낡은 전동열차 엘렉트리치카를 이용하는 것과 대조적으로, 신러시아인들은 시속 250km로 달리며, 편안하게 자신의 태블릿 PC의 좌판을 두드린다. 요금을 6배 더 낼 수 있어야 30분 더 빨리 갈 수 있다.

2010년 여름, 신(新)노멘클라투라가 프랑스 지중해 연안 코트다쥐르나 흑해 연안에서 바캉스를 즐기는 동안, 모스크바와 서부 지역에서 무더위로 인한 사망자가 이전 여름에 비해 5만5천 명 늘어나 러시아 의료 시스템의 비효율성이 여실히 드러났다.

신러시아인들이 교육과 건강 분야에서 값비싸고 질 높은 민간 서비스를 이용하는 것과 대조적으로, 대다수 러시아인들은 낙후된 공공서비스에 만족해야 한다. 유엔의 세계건강지수 순위에서 러시아는 1970년 수준에도 못 미치는 122위에 머물렀다.

러시아 정부는 1993년 의료 분야의 만성적인 적자와 낭비를 해결하겠다며 중앙집권화한

국가 시스템을 급여 분담금으로 비용을 조달하는 의무질병보험으로 대체하는 의료개혁을 단행했다. 그러나 통제되지 않는 지방분권화와 민간보험사 간 경쟁체제 도입은 비효율적이고 비용이 많이 드는 것으로 드러났다. 서방국가들은 보건의료 문제를 해결하기 위해 공공 및 민간 비용을 늘렸다. 대부분 GDP의 10%(프랑스 11%, 미국 16%) 이상을 공공 및 민간 비용으로 쓰고 있다. 1991년 전에도 이미 아주 낮았던 러시아의 공공 및 민간 비용 지출 지수는 2000년 GDP의 2.7%로 하락했다가 2010년 4.5%로 다시 상승했다.[7]

빈부 격차 따른 계층 수명 격차도 심화

건강 프로그램이 확산되고는 있지만, 러시아 사람들은 사회적 여건의 변화 없이 어떻게 건강 상태가 나아질 수 있을지 의아해한다. 극빈층(독거인, 은퇴자, 시골 사람 등) 지원과 분배를 좀더 늘리는 재정정책을 통해 불평등을 감소시키려는 것이 이 프로그램의 의제가 아닌 것처럼 보이기 때문이다.

번창하는 시베리아 일부 지역과 지난 20년 동안 주민이 150만 명 이상 불어나며(최근 인구조사 결과, 주민 수는 1150만 명) '세계의 중심지'로서 야망을 드러내는 모스크바를 제외하면, 인구가 증가하는 곳은 서부 지역이 유일하다. 체첸 전쟁 이후 러시아인들이 두려워하는 북코카서스의 산악 사람들 또한 아이를 예전보다 많이 낳고 있다.

러시아의 영토 개발에 대한 끊임없는 도전은 경제정책이 석유 수익에 의존하는 쪽으로 전환되면서 한계에 부딪혔다. 러시아 정부가 산업에 대한 야망을 점차 포기한 채 오직 지하자원 개발에만 매달리며, 천연자원이 풍부한 지역과 그렇지 못한 지역 간 불평등을 키웠다. 예를 들어 북극권 북쪽에 위치한 무르만스크 지역은 지난 20년 동안 주민의 4분의 1을 잃었다. 옛 소련의 강제노동수용소 콜리마 굴라크(Goulag)로 영원히 각인된 마가단 지역의 주민은 소련 시대 주민의 3분의 1밖에 안 된다. 유럽연합보다 더 큰 러시아 극동 지역의 인구는 640만 명(소련 시대보다 20% 감소)에 불과해, '지속적인 공동화 현상 저지 투쟁'이 전개되고 있다.[8] 심

봄, 인류가 적정인구를 상실했을 때

지어 이곳의 인구밀도는 인접한 중국 지역의 100분의 1에도 못 미친다.

인구통계학적 현상에 무기력한 러시아, 인구 감소는 불가피

단일 산업 도시인 모노그라드(Monograd)의 운명 또한 숙제로 남아 있다. 낙후된 카라바흐의 구리 제련소와 마그니토고르스크, 수많은 유사 도시들의 용광로 시설의 오염을 막는 데 막대한 투자가 요구된다. 이 지역의 많은 실업자들이 지역을 이탈해 도시로 떠나고 있다.[9]

외국인 혐오증이 커지는 가운데, 러시아 정부는 슬라브족 민족주의를 고취하는 인구정책을 추구하며 모호한 이민정책을 펼치고 있다. 푸틴 총리는 '동포'의 귀환과 '교육받고 법을 준수하는' 사람들을 상대로 한 선택적인 이민을 선호한다. 하지만 옛 공산국가 출신 러시아 동포 수는 바닥을 드러낸 지 오래다. 옛 소련 인접 국가에 정착한 러시아인 가운데 본국 송환을 희망하는 이들에 대한 조처는 이미 1990년대에 마쳤다. 중앙아시아 지역(우즈베키스탄, 카자흐스탄, 타지키스탄)과 가난한 코카서스 지역의 희망자들이 우선 송환됐다. 이들은 대부분 악조건 속에서 주로 도로 건설과 보수 작업에 투입되었다.

러시아 인권단체 소바(Sova)'에서 외국인 혐오자들의 일탈 행위를 연구하는 알렉산더 베르콥스키는 "러시아는 줄곧 다문화 국가였다"라고 말했다. "옛 소련 시대 때는 사람들이 하나의 국적뿐 아니라 하나의 언어와 교육을 공유했다. 현재는 러시아 공화국 출신 이민자들조차 러시아 사회에서 격리되고 있다. 러시아인 같지 않은 모든 이들이 외계인 취급을 받지 않을까 하는 우려가 커지고 있다."

불법 이민자를 상대로 한 이런 위선 행위가 극에 달하고 있다. 사람들은 불법 이민자들에 대한 착취를 겨냥한 조처나 이들을 위한 실질적인 사회 통합 프로그램을 실시하기 위한 방안을 취하지 않은 채, 이구동성으로 이들을 규탄만 하고 있다.

러시아 사회는 진정한 이민정책을 시작할 준비가 안 됐다. 인구통계학적 현상에 대한 무기력증이 이러하다 보니 인구 추세의 반전을 기대할 수도 없다. 그렇다고 추세를 완화하는 데 만족할 수도 없을 것이다. 이런 무기력증으로 인해 러시아 인구의 감소는 돌이킬 수 없는 상황으로 치닫고 있다.

글 · 필리프 데캉 Philippe Descamps

번역 · 조은섭

1 Alexandre Tkatchenko & Lydia Bogdanovo & Anna Tchoukina, 『트베르 지역의 인구 문제』, Faculté de géographie de Tver, 2010.
2 2010년 10월에 실시한 인구예비조사 결과와 러시아연방통계청(ROSSTAT)이 조사한 연간 인구조사 결과.
3 세계은행의 지표, 2008.
4 자크 사피르, 『러시아의 혼돈』, La Découverte, 파리, 1996.
5 유엔개발계획, 유엔자료(UNdata) 참조.
6 『WHO 2009 et European Sourcebook of Crime and Criminal Justice Statistics』, 4e édition, 2010.
7 『2007년 러시아 공중보건 통계연감』, 보건부, 2011년 2월.
8 세드릭 그라 · 비아체슬라프 스베도프, 〈러시아의 극동, 지속적인 경제 정복〉, Hérodote, Paris, n° 138, 2010년 8월.
9 〈모스크바 타임스〉, 2010년 3월 17일.

봄, 인류가 적정인구를 상실했을 때

인구통계, 말하는 것과 말하지 않는 것

제라르 프랑수아 뒤몽 Gérard-François Dumont

프랑스 소르본대학 교수,
잡지 〈Population & Avenir 인구와 미래〉[1] 대표

전염병, 전쟁, 정치적 혼란, 문화 습관 등 많은 문화적 요인이 한 나라의 인구구조를 변화시키고 있다. 러시아의 인구는 소련 붕괴 이전에 이미 감소했지만, 소련 붕괴의 '충격 여파'가 인구 감소를 가속화했다. 아랍 국가에서는 두꺼운 청소년층이 인구구조의 반란에 기여하고 있다. 국민의 시각 또한 청소년 수에 영향을 미친다. 한때는 인구 과밀화에 대한 공포가 인간의 마음을 침범했고, 인구 감소에 대한 두려움이 인간을 지배했다. 중국의 큰 근심거리는 가속되고 있는 고령화다. 세계인구의 고령층 증가는 21세기의 주된 특성이 되고 있다.

1. 인류는 높은 출산율을 보이고 있다

그건 아니다. 왜냐하면 몇십 년 전부터 '인구구조 변화'의 여파로 출생률이 곳곳에서 뚜렷이 감소하고 있고, 우리는 이 기간에 매우 높았던 이전의 출생률과 사망률이 감소하는 것을 봤다.

2. 인구 폭발을 두려워해야 한다

폭탄이 터지지 않을 테니 안심해도 된다. 21세기의 주요 현상은 급작스러운 인구 증가가 아니라 고령화다.

3. 우리는 인구 과밀화가 압도하는 지구에서 살 것이다

아니다. 도시화로 인해 좁은 지역에 인구가 집중된 것일 뿐, 다른 지역은 인구 공동화 현상을 겪고 있다.

〈사람과 사람들〉, 2017 – 아드비예 발 ▶

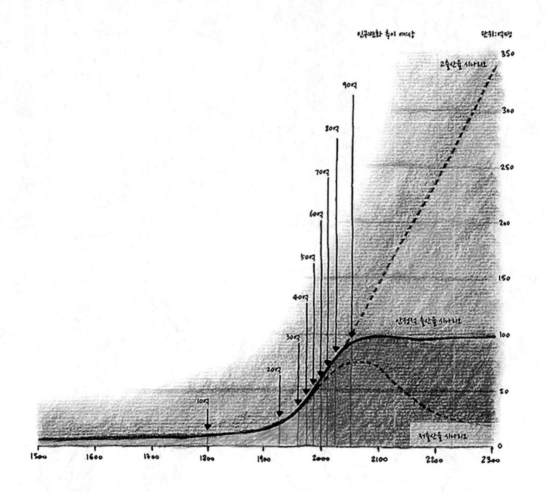

4. 남반구에서 북반구로의 이민 물결이 우리를 뒤덮을 것이다

이것은 사방으로 이동하는 새로운 이민 트렌드를 무시하는 처사다. 이민자의 상당수가 남반구에서 남반구로 이주하고 있다.

요컨대, '세계인구'는 존재하지 않는다. 세계인구는 의미 없는 통계다. 세계인구를 거론하는 것 자체가 호환 불가능한 걸레와 수건을 섞듯 현실성과 동떨어진 누계를 내는 짓이다. 기니와 포르투갈은 거의 같은 수준의 인구(전자는 1080만 명, 후자는 1070만 명)가 있다. 이것을 가지고, 두 나라가 세계인구에서 유사한 자리를 차지한다고 결론지어야 할까? 그건 아니다. 두 나라의 인구 지표는 서로 다르다. 예를 들어 기니의 인구 자연 증가율은 +3%로 긍정적이지만, 포르투갈은 -0.1%로 부정적이다.

'세계인구'는 존재하지 않는다

세계인구에 대한 통계 지표를 소개한다는 것은 (인구통계 지표의) 역학관계 자체를 메운다는 의미다. 이를테면 높은 출산율과 낮은 기대수명(니제르와 말리 등)을 보이는 국가의 지표와, 출산율이 너무 낮아 사망률을 상쇄하지 못하는 국가(러시아나 일본 등)의 지표를 섞어 간극을 메우는 것이다. 2000년대에 사망률이 많이 늘어난 일본의 경우 그 원인이 치명적인 행동이나 의료 시스템의 악화에 있는 게 아니라, 순전히 고령화 때문이었다. 하지만 러시아의 경우는 달랐다.

놀라운 인구밀도 편차(방글라데시는 km^2당 1141명의 인구가 거주하지만, 가봉은 5.9명에 불과하다)가 말해주듯, 세계는 서로 다른 인구통계 지표와 인구증가 패턴을 보인다. 요컨대, 이 정도의 인구밀도 편차를 보이는 통계라면 비난받아 마땅하다.

인류 초유의 사태, 여성 인구가 인구통계학적으로 우세

20세기는 전례 없는 발전을 목도하는 시기였다. 세계인구는 4배(1900년 16억 명이던 인구가 2000년 61억 명으로 증가)나 증가했다. 인구증가는 네 가지 현상 때문이었다. 18세기 후반부터 일부 서방국가의 사망률(어린이와 청소년, 유아)이 감소하기 시작했고, 19세기 들어 이런 현상은 개도국(예를 들어 인도는 1920년대부터)에서도 보편화됐다. 의료기술과 의약품의 발전, 위생관념 확산, 농업기술 발전 때문이다. 지난 2세기 동안 세계적으로 1살 전의 신생

봄, 인류가 적정인구를 상실했을 때

아 사망률이 평균 80% 감소했다. 하지만 이것은 세계 상위 선진국 50개국의 비율을 나눈 수치다. 어린이와 청소년, 그리고 출산여성이 가장 뚜렷한 사망률 감소를 보였다. 그 결과 남녀 성비 균형에 변화가 생겼다. 예컨대 이른바 '열세'인 성, 즉 여성 인구가 인구통계학적으로 우세를 차지하는 인류 역사상 초유의 사태가 빚어졌다.

의학 및 의료 인프라가 개선된 덕분에 1970년대 이후 수명이 길어졌다. 게다가 일부 작업들의 기계화가 더 나은 노동조건을 가져왔고, 이것이 기대수명 상승에 기여해 지난 1세기 동안 기대수명이 거의 2배가 뛰었다. 예컨대 기대수명은 1900년 37살에서 2010년 69살이 되었다.

초유의 출산율 감소가 인구증가를 현격히 둔화시키고 있다. 1960년대 말(당시 많은 국가들이 인구통계학적 변화를 겪고 있었다) 2%를 웃돌던 연평균 인구증가율은 2010년 1.2%로 감소했다. 지난 50년 동안 세계인구는 142% 증가했다. 예컨대 1950년 25억 명에서 2000년 61억 명으로 상승했다. 유엔은 2050년이면 세계인구가 대략 91억 명에 이를 것으로 추정한다. 그렇다고 인구 과밀화를 예단할 수 있을까? 설령 이 91억 명이 나머지 지구를 비운 채 전부 미국으로 이동한다고 해도, 미국의 인구밀도는 현재 파리 수도권 지역의 인구밀도에도 미치지 못할 것이다.

21세기에 초유의 현상을 빚은 고령화

고령화는 21세기 초유의 현상을 빚을 것이다. 고령인구 비율 증가(유엔은 고령자 비율을 1950년 5.2%에서 2010년 7.6%, 2050년에는 16.2%로 치솟을 것으로 추정한다)나,[2] 중위연령(1950년 24살, 2010년 29살, 그리고 2050년엔 38살로 추정됨)의 변화[3]가 이런 현상을 예측하게 한다. 기대수명 상승은 노년층을 확대하고, 출산율 하락은 젊은 층의 수를 줄였다. 이런 영향은 '인구 구조의 겨울'을 겪고 있는 국가들에서 두드러졌다. 이들 국가의 출산율은 수십 년 전부터 세대교체 수준(여성 1명당 2.1명 출산)을 크게 밑돌았다. 이 국가들의 경우, 오로지 상당한 수준의 출산율 회복(서둘러야 한다. 왜냐하면 가임여성 수가 뚜렷이 하락하고 있기 때문이다)이나 젊고 출산 가능한 인구가 이주에 협조해야 인구가 세대교체 수준에 도달할 수 있을 것이다.

사람들은 총인구에서 고령자의 점유율 증가를 측정해 인구의 고령화를 평가한다. 하지만 65살 이상 절대노인 수, 우리가 통칭 '노년기'라 부르는 연령대의 증가를 측정할 필요가 있다. 이 수치는 1950년 1억3천만 명에서 2000년 4억1700만 명으로 불었고, 2050년에는 14억 8600만 명에 달할 것이다. 대조적인 국가별 변화를 파악할 수 있게 해주는 것이 바로 고령화와 노년 기간의 이런 구별이다. 일부 국가에서는 두 현상이 동일한 방식으로 변화하지 않는다. 예를 들어 젊은 인구는 받아들이고 고령인구는 멀리하는 이민 시스템 때문이다.

도시화가 주요 현상처럼 부각된다. 2008년 유엔이 내놓은 수치에 따르면(수치 내용이 아닌 수치를 내는 방법에서 논란의 여지가 있다), 처음으로 도시인구가 농촌인구를 추월했다.[4] 이것은 21세기의 대단한 역설이다. 세계인구가 이처럼 많았던 적도, 작은 공간에 인구밀도가 이렇게 높았던 적도 없다. 예컨대 세계는 일종의 3박자를 두루 갖춘 동력의 여파로 '대도시화'가 무자비하게 진행되고 있다. 첫째는, 농업생산성 증가에 따른 여분의 자산을 대도시가 끌어들이면서, 인구밀도가 가장 높은 도시 지역에서 3차 산업이 증가한다. 둘째는, 사람들이 다양한 일자리를 찾거나, 또는 자발적이든 강제적이든 간에 직장을 옮기거나, 빈곤층이 생존의 길을 찾아 도시로 향하는 것이다. 셋째는, 대도시는 빈번한 접촉을 용이하게 하는 '세계적 공간'을 구축하는 데 가장 적절한 땅이다. 더구나 대도시는 자신의 정치권력 수준에 걸맞은 매력을 지녔다. 대도시의 정치권력은 그 도시가 유치한 기관 현황(지방 및 국가 수도, 국제 공공기관 본부 등)에 달렸으며, 다국적기업의 해외 계열사들은 주로 대도시에 집중돼 있다.

고령화와 도시화, '인구 구조의 겨울'

도시 집중화의 강도는 나라마다 대조적이다. 인도는 국민의 29%가 도시에 거주하는 데 비해, 콩고는 33%, 독일은 73%, 미국은 79%가 도시에 거주한다. 그 이유도 크게 다르다. 가장 높은 집중 현상을 보이는 브라질의 대도시들은 주로 브라질의 정치와 경제를 통제하고 포르투갈 본토와 독점거래를 통제할 목적으로 건립된 식민지의 유산이다. 낮은 수준을 보이는 중국 도시들은 오랜 기간 농촌 노동자들을 시골에 정착시킨 공산체제의 영향 탓이 크다. 그래서 베이징은 중국의 엄청난 인구에 비하면, 주민이 고작 1200만 명밖에 되지 않는 수도다. 게다가 민족 간 갈등 때문에 사람들이 위험한 농촌을 떠나면서 보고타를 비롯해 암만, 콜카타, 킨샤사 같은 도시의 인구문제가 가중됐다.

고도로 중앙집권화된 프랑스와 이란 같은 국가들은 대두(擡頭)의 도시 틀을 갖춘 정치적 수도가 경제·금융·대학·문화 등 모든 기능을 주도하고 있다. 스페인이나 볼리비아 같은 국가들은 쌍두(雙頭)의 도시화, 즉 두 도시(마드리드와 바르셀로나, 그리고 라파스와 산타크루스)가 주도하고 있다. 독일은 좀더 균형 잡힌 '도시 네트워크'를 조성해, 여러 도시들을 조화롭게 계층화해 한데 묶어주고 있다.

많은 개도국에서는 인구 구조 변화가 진행 중이고, 일부 선진국에서는 인구의 고령화, 전례 없는 도시화로 인해 '인구 구조의 겨울'을 겪고 있다. 그래서 초유의 인구 구조 상황이 그려진다. 여기에다 고국이 아닌 다른 나라에 상주하는 난민이나 이주민의 수치에도 잡히지 않는, 두 지역을 왕래하는 인구 2억1400만 명을 추가해야 한다.[5]

모두가 '노마드'인 시대

흔히 생각하는 것과는 반대로, 이민은 주기적·지속적으로 이뤄진다. 그리고 대부분 합법적이다. 과대 선전되는 불법 이민은 통계상 무시해도 좋다. 역사와 지리가 현지에서 '이주 커플'을 구축하는 데 기여했다. 이민자들은 부르키나파소와 코트디부아르, 콜롬비아와 베네수엘라, 멕시코와 미국, 말레이시아와 싱가포르, 이탈리아와 스위스 등처럼 지리적 근접성을 배경으로 서로 커플이 될 수도 있다. 아니면 필리핀과 미국, 알제리와 프랑스, 인도와 영국처럼 공통의 역사를 배경으로 커플이 될 수도 있다. 간단히 말해, 식민지 시대에 맺은 관계가 탈식민지 이후에도 법률상 또는 사실상 존속되는 것이다. 도시화 흐름에서처럼, 국가 간 전쟁이나 내전 또는 억압 체제 같은 정치적 요인도 이민을 부추기지만, 더 주된 원동력은 경제적 요인이다. 19세기에는 가난이 수많은 스페인·스위스·이탈리아인들을 남미로 이주하게 했다. 이민의 세 번째 요인은 인구문제 자체다. 19세기 프랑스는 조기에 출산율이 낮아지는 바람에, 유럽 국가 중 이민을 받은 유일한 국가다. 21세기, 많은 선진국들은 노동인구가 감소하자 특정 직업의 인력난을 해결하기 위해 이민자를 불러들이고 있다.

그렇지만 이주 및 이민국가의 '쏠림 현상' 주장은 타당성을 상실했다. 이주는 점점 더 쌍방향으로 진행되고 있다. 예를 들어 모로코는 유럽·북미 쪽으로 이주하는 국가다. 사하라 이남의 아프리카인들이 유럽으로 가기 위해 일시적으로 거치는 국가이자, 이들이 모로코 이민을 반드시 계획한 것은 아니지만 가던 길을 멈추고 정착하는 이민국가다. 마찬가지로, 스페인도 이주국가다. 특히 북부 국가나 남미 쪽으로 기업을 이주시키고, 아프리카인이 프랑스로 가기 위해 잠시 머무는 나라이자 모로코, 루마니아 또는 남미에서 이민을 오는 나라다. 현재 대부분의 국가들은 이같은 이민과 이주의 실상을 감추면서 정치적 안정, 경제적 번영, 그리고 인구 안정의 3가지 정책에 역점을 두고 있다.

글 · 제라르 프랑수아 뒤몽 Gérard-François Dumont

번역 · 조은섭

1 달리 명시되지 않는 수치는 장폴 사르동의 저서 『대륙과 국가의 인구』에서 인용, 잡지 〈Population & Avenir〉, n° 700, 11 · 12월호, 2010.
2 유엔인구국(UNPD)의 수치.
3 같은 책 인용.
4 필리프 S. 골뤼브, 「산업화와 세계화의 쌍끌이, 도시 남획사」, 〈르몽드 디플로마티크〉 2010년 4월호 참조.
5 유엔인구국(UNPD)이 발표한 '2009년 국제 이민'의 수치.

봄, 인류가 적정인구를 상실했을 때

황색의 위험?

2020년 세계 인구 중 아시아 인구 비중이 59%를 차지할 것으로 예측됐다. 흥미롭게도 이는 1800년의 비중보다 더 낮은 수치다! 유럽의 인구가 폭발적으로 증가하기 전, 아시아 대륙은 전 세계 인구(9억 6,800만 명) 중 6억 4,600만 명을 보유해 67%의 비중을 차지했다. 지난 2천 년 동안 아시아의 상대적 인구 비중은 60% 수준을 오르내렸다. 하지만 앞으로는 아프리카의 높은 출산율로 인해 아시아의 인구 비중이 감소해 2050년에는 세계 인구의 54% 수준으로 떨어질 것으로 전망된다.

출처: 〈Population & Sociétés 인구와 사회〉, 제394호, 2005년 10월.

> 인구 문제는 사회의 근간을 이루는 핵심 사안이어서, 이를 등한시하는 이들은 결국 그 대가를 톡톡히 치르게 된다.
>
> 알프레드 소비, 『주름진 프랑스』(1986).
>
> * 알프레드 소비(Alfred Sauvy, 1898~1990)는 프랑스의 저명한 인구학자, 경제학자, 인구통계학자로 제3세계(Tiers Monde)라는 용어를 처음으로 사용(역주).

> "에이즈가 이렇게 급속도로 퍼진 것은 콘돔 보급 때문입니다. 콘돔은 만들어서도, 사용해서도 안 됩니다."
>
> 라파엘 은당기 음와나 안제키 나이로비 대주교, 〈BBC〉 인터뷰(2003년 10월).

$$CO_2 = \frac{CO_2}{TEP} \times \frac{TEP}{PIB} \times \frac{PIB}{POP} \times POP$$

카야 방정식

이 방정식은 전 세계 이산화탄소 배출량이 어떻게 결정되는지 보여준다. 여기서 주목할 점은 배출량이 에너지 사용당 탄소 배출량, GDP 생산에 필요한 에너지량, 1인당 GDP, 그리고 총 인구수라는 네 가지 요소의 상호작용으로 결정된다는 것이다.

특히 인구 변화는 매우 더디게 진행되는 특성이 있어, 지구 온난화 억제를 위한 현실적인 방안은 세 가지로 압축된다. 에너지 효율을 혁신적으로 개선하거나, 경제 성장을 포기하거나, 아니면 에너지 생산 과정에서 발생하는 탄소 배출을 획기적으로 줄이는 것이다. 이 세 가지 방안 중 적어도 하나는 반드시 실현되어야 온실가스 감축 목표를 달성할 수 있다.

출처: 〈개발경제 저널〉, 제23호, 2015년 3호.

* 카야 방정식(Kaya Identity)은 1993년 일본의 환경 경제학자 가야 요이치(茅陽一)가 개발한 수식으로, 전 세계 이산화탄소 배출에 영향을 미치는 주요 요인들 간의 관계를 수학적으로 표현한 것. 기후변화의 중요한 분석 도구로 사용됨(역주).

> "사람들에게는 아이를 낳기보다는 저축을 하도록 권장하는 것이 좋다. 저축을 생산적인 곳에 투자하면 생활에 필요한 물품들을 풍족하게 얻을 수 있다. 저축이 있어야 가정은 산업활동과 노동, 재능을 통한 수입 외에도, 자본에서 발생하는 추가 수입까지 누릴 수 있다."
>
> 장-바티스트 세이, 『치경제학 교리문답』, 1815년.

위험을 감수한 인구조사

레바논은 종교 공동체들 간의 권력 균형이 무너질 것을 우려해 97년 동안 인구조사를 실시하지 않았다. 2018년 말, 한 민간기업이 과감하게 자체 인구조사를 시도했다. 조사 결과에 따르면, 레바논 국적자 550만 명 가운데 기독교도가 30.6%(1932년 58.7%에서 감소), 시아파가 31.6%(1932년 15.8%에서 증가), 수니파가 31.2%(1932년 18.5%에서 증가)를 차지했다. 또한 레바논인 4명 중 약 1명은 해외에 거주하는 것으로 나타났다.

출처: 〈르오리앙-르주르〉, 2019년 7월 27일.

이민자들의 귀환

모든 이민자들이 정착국에 영구히 머무는 것은 아니다. 1861년 이후 현재까지 유럽과 아메리카로 이주한 2,900만 명의 이탈리아인들 중 약 1,100만 명은 결국 고국으로 돌아왔다. 또 다른 사례를 보면, 1993년부터 1998년 사이 아일랜드로 이주한 사람들 중 5년 뒤까지 남아있던 비율은 40%에 그쳤다.

출처: 이주연구센터(Centro Studi Emigrazione), 2009. 『국제이주전망』 2008, SOPEMI-OECD(지속적 이주 관측 시스템).

> "모방 심리의 영향으로 인구 집단 내에 더 높은 생활수준을 추구하려는 강한 열망이 생기면, 이 열망 자체가 급격한 인구 증가와 맞먹는 효과를 낳는다."
>
> 가스통 부틀, 『세계의 인구과잉』, 1958년. * 가스통 부틀(1896~1980)은 프랑스의 사회학자이자 평화학자로 '전쟁학'이라는 새로운 학문 분야를 개척(역주).

LOGOMAKR.COM/DR

아우구스투스의 독신 규제

로마 공화정 말기에는 아내와 자녀를 두는 것이 품격 없는 일로 여겨졌고, 오히려 독신이 세련된 삶의 방식으로 각광받았다. 사회 풍속의 이러한 변화와 군사 인력 확보의 어려움을 걱정한 아우구스투스는 여러 출산장려법을 도입했다. 그중 가장 잘 알려진 것이 렉스 파피아 포파에아법(기원전 9년)으로, 이 법은 독신자들과 자녀 없는 부부의 재산을 자녀가 있는 가정에 넘기도록 하는 제도였다.

출처: 『인구 사상과 정책의 역사』, 제7권, INED, 2006.

5040

플라톤은 '법률'에서 도시국가에 적합한 이상적인 시민 수를 제시했다. 처음 일곱 개 자연수를 곱한 5040이라는 숫자는 인구를 여러 방식으로 나누기에 편리하다는 이점이 있었다. 아리스토텔레스가 인구 과잉을 걱정한 반면, 플라톤은 인구 과잉과 인구 감소 모두를 피할 수 있는 통치 체제를 수립하고자 했다.

출처: 조셉 모로,
「고대 그리스의 인구 이론들」, 〈Population〉, 제4호, 1949.

농업 혁명

중동에서 시작된 신석기 혁명으로 인류는 농사를 짓고, 가축을 기르며, 한곳에 정착해 살기 시작했다. 여기에 항해술의 발달과 유럽의 마지막 빙하기가 끝나면서 인류 역사상 가장 큰 인구 변화가 일어났다. 후기 구석기 시대(기원전 1만~9천년)만 해도 유럽 대륙의 인구는 20만 명밖에 되지 않았다. 그러다 기원전 4천년경에는 200만 명으로 늘어났고, 청동기 시대가 시작될 무렵(기원전 2천년경)에는 무려 2,300만 명까지 증가했다. 100배나 늘어난 것이다. 이 시기에 인도, 중국, 멕시코, 안데스 지역이 인구가 밀집된 중심지로 떠올랐다. 신석기 시대 초기부터 청동기 시대까지 전 세계 인구는 700만 명에서 1억 명으로 폭발적으로 증가했다.

출처: 〈Population & Sociétés 인구와 사회〉, 제394호, 2003년 10월.

폭염

1911년 여름, 프랑스 전역을 강타한 폭염으로 약 4만 명이 목숨을 잃었다.
특히 이 시기의 사망자 급증은 주로 어린아이들에게 집중되었다. 이는 주로 노인층에서 약 1만 5천 명의 조기 사망자가 발생한 2003년의 폭염과는 매우 다른 양상을 보였다.

출처: 〈역사인구통계연보〉, 제120호, 2010년 2호.

무자녀율

1968년에 태어난 유럽 여성들 중 14%가 자녀를 갖지 못했고, 러시아 여성은 8%, 이탈리아, 스위스, 독일 여성들의 경우는 20% 이상이었다. 데이터를 재분석할 수 있었던 8개국의 경우, 1900년에서 1910년 사이에 태어난 여성들의 불임률은 17%에서 25% 사이였다. 이 비율은 그 후 크게 감소했다가 1940년대부터 다시 증가하기 시작했다.

출처: 〈Population & Sociétés 인구와 사회〉, 제540호, 2017년 1월.

출생지가 부르는 운명

현재 우크라이나에서 태어난 남자아이의 기대수명은 66세로, 이는 스위스나 스웨덴 남자아이보다 13년이나 짧다. 13년이라는 격차는 프랑스에서도 나타나는데, 부유한 프랑스인 청년과 가난한 프랑스인 청년 사이의 기대수명 차이도 바로 이 만큼이다.

출처: 유로스탯(EU공식통계기관) 〈Insee première〉, 제1687호, 2018년 2월.

자녀 양육의 경제적 부담

자녀를 키우는 부부는 자녀가 없는 부부보다 1년에 평균 4,270유로를 더 쓴다. 특히 자녀가 셋인 가정은 그 차이가 5,320유로로까지 늘어난다.

인구통계학의 기초

문명국들의 인구 현황, 일반적 변동 및 발전을 가장 신뢰할 만한 자료들을 바탕으로 비교 검토하고, 새로운 과학의 원리들을 제시하는 연구를 말한다. 아실 귀야르(Achille Guillard, 1799~1876)는 프랑스의 자연과학자이자 통계학자로 그는 현대 통계학의 기초를 마련했으며, 1855년 그의 저서를 통해 '인구학(démographie)'이라는 용어를 처음으로 만들어 사용했다.

스페인 독감과 제1차 세계대전

1918년과 1919년 전 세계를 휩쓴 독감 대유행으로 2천만에서 4천만 명이 목숨을 잃은 것으로 추정된다. 반면 제1차 세계대전으로 인한 사망자 수는 약 950만 명이었다.

출처: 『Histoire des sciences médicales 의학사』, 제38권 2호, 2004년

베이비부머 세대의 영향

1942년부터 1969년 사이에 태어난 베이비붐 세대의 고령화로 프랑스의 사망률이 증가하고 있다. 한편 프랑스의 가족정책이 약화되면서 출산율도 감소 추세를 보이고 있다. 2018년 여성 1명당 출생아 수는 1.87명으로, 2014년의 1.99명이나 2010년의 2.02명에서 떨어져 2002년 수준으로 돌아갔다.

02 여름, 운명을
스스로의 손에

인구 정책은 시행부터 구체적인 결과 측정까지, 인내심과 끈기를 필요로 한다.
세계의 움직임을 보여주는 가장 좋은 지표인 인구통계학적 데이터는 문명사회의
경제적, 사회적 변화를 있는 그대로 보여준다. 산업혁명은 매우 불평등한 여건 속에, 고령
화되어가는 과잉 인구를 초래했지만, 우리는 여전히 다른 집단적 미래를 만들어낼 수 있다.

헝가리 인구 민족주의의 공포

코랑텡 레오타르 Corentin Léotard

저널리스트, 〈쿠리에 듀롭 상트랄(Courrier d'Europe centrale)〉 편집 팀장.

루도빅 르펠티에- 쿠타시 Ludovic Lepeltier-Kutasi

지리학 박사수료, 〈쿠리에 듀롭 상트랄(Courrier d'Europe centrale)〉 디렉터.

1980년대 초에 시작된 출산율 저하는 때마침 일기 시작한 이민 붐과 더불어, 헝가리의 인구를 급감시켰다. 지난 30년간 100만 명의 인구가 줄어드는 바람에 헝가리에서는 갖가지 최악의 시나리오들이 나오고 있다.

"과연 1,000년 후에도 여전히 우리는 여기 존재할까요? 아마도 우리의 존재가 의미 있고, 그리고 몇 세기 동안 우리에게 자긍심을 심어준 문화와 정신과 영혼이 있다면, 그게 가능할 것입니다. 지금까지, 우리는 동질성과 통합에 대한 이상을 지켜왔을 뿐만 아니라 민족적 자부심 또한 지켜왔습니다."

오르반 총리, "우리에게는 존속할 권리가 있습니다"

2018년 3월 15일, 헝가리 혁명 기념일에 빅토르 오르반 총리는 수 만명의 지지자들 앞에서 '세계통합주의 세력'을 비난하며 서유럽의 종말을 예언했다. 오르반 총리는 헝가리에서 다른 나라로 이민 간 젊은이들에게, 헝가리로 대거 유입되는 해외 이주민으로 인해 존속을 위협받는 조국을 보호하자고 호소했다.

"우리에게는 존속할 권리가 있습니다. (…) 제방이 그 역할을 멈추면, 홍수가 일어날 것이

▲ 〈사람과 사람들〉, 2018 - 아드비예 발

고 더 이상 문화침략을 막지 못할 것입니다.”

　매년 헝가리 혁명 기념일(1848년 3월 15일)이 되면 헝가리 정계의 분위기는 극에 달한다. 2018년 4월 8일 총선으로부터 3주 전, 오르반 총리의 어조는 과격해졌다. 오래된 강박관념도 보였다. 다름 아닌, 헝가리란 국가가 사라질 수도 있다는 두려움이었다. 1920년 트리아농 조약으로 헝가리 왕국이 해체된 이후, 우파는 카르파티아 분지 전역에서 ‘헝가리 정신(Magyarság)’의 약화를 한탄했다.[1] 역사적으로 격동의 시간이 많았고, 언어·문화적으로 고립

감이 크다는 게 주된 이유였다.[2]

오랫동안 헝가리 우파는 다음 세 가지 사항을 기초로 인구 민족주의를 구체화했다. 첫째는 제1차 세계대전 이후 헝가리가 받아들일 수밖에 없었던, 국경을 넘어선 '국가(헝가리인)의 재통합'이었다. 둘째는 과거의 출산율 하락을 막기 위해 출산장려정책을 시행함으로써 전통적인 가정의 가치를 중시하는 것이었다. 마지막 셋째는 헝가리 내부의 소수민족(롬, 유대인)이나 최근에는 비유럽 이주민을 지칭하는 '다른' 집단에 대한 편집광적인 자세였다.

양차 대전 사이에 헝가리에서는 예전 영토를 되찾겠다는 실지회복주의 움직임이 일어났고, 이 때문에 호르티 미클로시 섭정(攝政)은 독일 나치와 손을 잡았다. 이후 집권한 공산당은 과거를 잊도록 종용했지만, 이런 움직임은 공산당 세력이 몰락하자 사라졌고 '헝가리 정신' 문제가 다시 부상했다.

1990년 6월 2일, 보수주의자였던 조제프 안탈 총리는 "내 자신은 감정적으로 그리고 영적으로도 1,500만 헝가리인의 총리라고 느낀다"라고 선언했다. 당시 헝가리 인구는 겨우

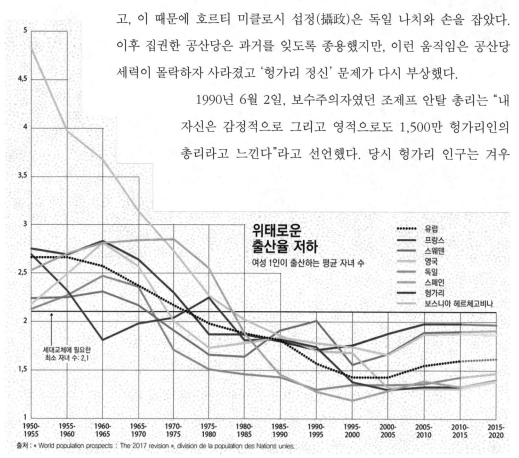

위태로운 출산율 저하

여성 1인이 출산하는 평균 자녀 수

······ 유럽
—— 프랑스
—— 스웨덴
—— 영국
—— 독일
—— 스페인
—— 헝가리
—— 보스니아 헤르체고비나

세대교체에 필요한 최소 자녀 수: 2,1

출처 : « World population prospects : The 2017 revision », division de la population des Nations unies.

1,000만 명에 불과했는데도 말이다.

이는 헝가리 국경밖에 사는 500만 명의 헝가리어 사용자를 향한 강력한 신호였으며, 이후 자유보수주의 정당으로 1998년에 정권을 잡은 피데스(Fidesz)당은 이 신호를 더욱 증폭시켰다. 피데스당의 당수인 빅토르 오르반 총리는 1999년 코소보 전쟁 동안 세르비아에 있는 헝가리인들을 보호했다.

그리고 2004년 총선에서 야당으로 밀려난 뒤에는 루마니아, 슬로바키아, 세르비아, 우크라이나, 오스트리아 및 슬로베니아에 거주하는 헝가리계 재외국민에게 시민권을 부여하는 안을 지지했다. 세계헝가리인연맹(MVSZ)이 밀어붙여서 이 안에 대한 국민투표가 있었지만, 사회-자민련 연합이 정권을 잡고 있던 당시 상황에서 국민투표는 참여율 부족으로 무효가 됐다.

사회-자민련 연합이 8년간 정권을 잡은 후, 오르반은 2010년 5월에 재집권에 성공했고 이를 기점으로 전환점을 맞이했다. 빅토르 오르반은 총리직에 오르자마자 헝가리어를 사용하는 사람들의 귀화를 간소화하는 절차를 의회(의석 2/3를 확보함)에서 표결에 부쳤다.

이 조치는 즉각적으로 루마니아와 세르비아(이 두 국가 역시 재외동포 소수민족에게 여권을 발급하고 있음), 우크라이나에서 큰 호응을 얻었다. 7년 만에 100만 명이 헝가리 국적을 취득했다. 피데스당에는 이중으로 득이 되는 일이었다. 헝가리계 재외국민의 수를 부풀리면서 동시에 탄탄한 표밭도 얻을 수 있기 때문이었다.[3]

2018년 4월 8일 총선에서 헝가리 재외국민 37만 8,000명이 선거인명부에 등록했고, 전국 단위의 정당 명부에 대해 투표할 수 있었다(비례대표제-역주). 헝가리에 거주하는 이들만 선거구별 투표를 위해 선거인 시스템에서 정한 2차 투표용지를 가질 수 있었다.

이번 총선에서 헝가리 거주민은 1인 2표제(지역구 선거+전국구 비례대표 선거), 재외국민은 1인 1표제(전국구 비례대표 선거만)로 투표를 했다. 최종적으로 22만 5,000명의 재외국민이 투표를 했고, 그중 96%가 피데스당을 지지했다.

위와 같은 귀화정책에도 불구하고 느리게 진행되는 인구감소를 막을 수 없었다. 헝가리의 인구는 1980년에 1천 70만 명으로 정점을 찍은 후 계속 감소하고 있으며, 2017년에는 980만 명을 기록했다. UN의 예측에 따르면 헝가리의 인구는 2060년이 되기 전에 800만 명 미만으로 떨어질 것이라고 한다.[4] 피데스당이 정권을 잡은 지 4개월 후인 2010년 9월, 헝가리 다자녀가정연합은 부다페스트 중심가에 대형 카운트다운 시계를 설치해 헝가리의 인구가 상징적인 한계선인 1천만 명 미만으로 떨어지고 있음을 보여줬다.

헝가리 인구를 늘리기 위한 조치들

2010년 헝가리 총선 당시, 피데스당은 가족에 중점을 둔 공약을 내세웠다. 피데스당의 민족협력공약집을 보면 "헝가리와 유럽의 지적 건강과 정신 건강은 우리 조국과 하나로 연결된 유럽 내에서 가족의 건강을 확립하고 유지하는 데 달려있다. (…) 우리는 가족 및 출산 문제를 개인의 영역으로만 한정시키는 접근방식을 뛰어넘어야 한다"라고 나온다.[5]

그 모두가 시행된 것은 아니었지만, 출산율을 끌어올리기 위해 다양한 조치가 검토됐다. 학업 중 출산한 학위취득자에게 혜택을 주기 위해 학자금대출금을 감액해준다든지, 자녀의 수에 따라 은퇴점수를 부여한다든지, 심지어 다자녀 가정에 투표권을 확대한다든지 등의 다양한 안이 나왔다. 헝가리 정부는 최종적으로 좀 더 전통적인 방식인 가족수당정책(프랑스 시스템에서 대부분 차용함)과 세금 환급, 그리고 일ㆍ가정 양립을 위한 일련의 조치를 선택했다. 시범적으로 이미 자녀가 3명 있는 가정이나 10년 이내에 자녀를 3명 가지려는 커플이 신규주택을 구입할 시 천만 포린트(대략 3만 유로 이상-역주)를 지급하는 조치를 시행하기도 했다.

헝가리는 1980년대 초부터 합계출산율(한 여성이 가임기간인 15~49세 때 출산할 것으로 예상되는 평균 자녀의 수-역주)은 2명 아래로 떨어졌다. 경제ㆍ사회 위기가 심각했던 1990년대(일자리 150만 개가 사라졌음)와 2000년대에는 1.3명도 되지 않던 합계출산율이 2년 전부터 1.5명 수준을 회복했다. 부다페스트의 코르비누스 대학의 인구학자인 아틸라 멜레그는 이렇게 분석했다.

"이는 부분적으로 '아이를 낳자'라는 오르반 총리의 메시지 덕이기도 합니다. 우리는 이런 경우에 메시지가 큰 역할을 한다는 걸 알고 있습니다. 하지만 주된 원인은 과거에 비해 현재 노동시장 상황이 크게 개선됐기 때문이죠. 2010년에는 일자리가 380만 개였지만, 현재는 450만 개의 일자리가 있다고 추산됩니다."

하지만 인구감소를 막을 길이 없다. 가임기 여성의 수가 많지 않기 때문에 출생률은 사망률보다 낮은 실정이다.

이주 문제가 공공토론의 장에 처음 등장한 것은 2000년대 초였다. 당시 '모국'과 '해외에 거주하는' 헝가리인들 간의 관계를 공고히 하겠다는 움직임이 있었다. 2004년 헝가리어를 사용하는 사람들에게 시민권을 부여하느냐에 대한 국민투표에 반대하기 위해 당시 집권당이었던 사회-자민련 연합은 외국인 노동자들의 대거유입 위험성을 근거로 내세웠다.

하지만 2015년 50만 명의 이민자들이 헝가리를 거쳐 독일로 향하면서 대혼란이 야기됐다. 오르반 총리는 같은 해 초 지지율이 낮아지자, 이 상황을 이용하기로 결심하고 "헝가리에 난민은 새로운 위험"이라고 표현했다.

헝가리인들이 오로지 자신들의 생존을 위해 싸워야 한다는 생각을 확산시키는 것은 불가능한 일이 아니었다. 헝가리는 소설 속에나 나오는 것처럼, 타타르와 오스만투르크, 소련 등 외세에 계속해서 점령당했기 때문에 이 같은 논쟁을 벌일 만한 여지가 충분히 있었던 것이다.[6]

구체화된 '대규모 교체', 인구감소가 국정의 주요 이슈로

쾨베르 라슬로 의회의장은 헝가리의 우파가 민족주의적 성향을 띠기 시작했다고 확언하면서 "전통적인 가치 위에 세워진, 수천 년 전부터 존재해온 세상은 현재 무너지고 있다"라고 말했다.[7] 유럽 곳곳의 극우 진영은 헝가리 총선에서 오르반 총리가 승리를 거두자 열렬하게 환영했고, 오르반 총리는 이들 극우 진영에 좋은 모델이 됐다.

오르반 총리는 프랑스적 정체성과 르노 카뮈가 주장한 '대규모 교체'(중동, 북아프리카 출신의 무슬림 이민자들이 프랑스로 건너와서 프랑스를 점령하고 프랑스와 프랑스의 문화를 영

원히 변형시킨다는 견해) 같은 수사학을 구사하기 시작했다.[8]

2010년대를 기점으로 헝가리는 그 이전과 완전히 다른 현상으로 큰 타격을 받았고, '대규모 교체'와 같은 담화가 구체화되기 시작했다. 그 현상이란 서쪽으로의 대규모 이민이다.

2018년 1월 1일, 유럽연합 통계청은 헝가리 시민 중 다른 유럽연합 국가에 정착한 이들의 수를 46만 명으로 추산했다. 이 숫자는 이민수용국에 등록된 사람들의 수만 따진 것이라, 매우 과소평가된 것으로 보인다.

헝가리의 집권당인 우파에게 이는 큰 문제다. 인구 부족은 노동력 부족과 '두뇌 유출'을 야기하기 때문이다. 운명의 장난인지, 급진적인 요빅(Jobbik)당(헝가리에서 피데스당보다 더 우파 성향을 보임)은 현재 문제에 대해 "헝가리가 이민자의 나라가 되는 것이 아니라, 헝가리인들이 계속 자국을 떠나서 다른 나라로 이민을 가는 것"이라고 반박했다.

오르반 총리는 총선에서 승리한 지 3일 뒤, 앞으로의 4년 임기에서 인구 감소를 주요문제로 다루겠다고 발표했다.

글 · 코랑탱 레오타르 Corentin Léotard, 루도빅 르펠티에- 쿠타시 Ludovic Lepeltier-Kutasi

번역 · 이연주

1 「Des frontières mouvantes 헝가리의 국경변화」 관련 지도 참조. 〈르몽드 디플로마티크〉 프랑스어판 2016년 11월.
2 Anne-Marie Losonczy & András Zempléni, 「Anthropologie de la "patrie": le patriotisme hongrois '조국'에 대한 인류학: 헝가리인의 애국심」, 〈Terrain〉, n° 17, Paris, 1991년 10월.
3 Léotard Corentin, 「La Hongrie a naturalisé un million de personnes en sept ans! 7년 동안 백만 명이 헝가리인으로 귀화하다!」, 〈Le Courrier d'Europe centrale〉, 2017년 12월 18일.
4 Eurostat(유럽연합 통계청) & Bureau hongrois des statistiques(헝가리 통계청), Kirchberg (Luxembourg) & Budapest, 2017.
5 Bureau de l'Assemblée nationale(국회 사무국), Budapest, 2010년 5월 22일.
6 Catherine Horel, 「L'histoire en Hongrie aujourd'hui à travers l'interprétation du régime Horthy 호르티 정권에 대한 해석을 통해 바라본 현재 헝가리의 역사」, 〈Histoire@Politique〉, n° 31, Paris, 2017년 1월- 4월.
7 〈InfoRádió〉 방송국과의 인터뷰, 2015년 12월 15일.
8 Ludovic Lepeltier-Kutasi, 「Viktor Orbán et l'obsession du "grand remplacement" 빅토르 오르반과 '대규모 교체'를 향한 집착」, 〈Le Courrier d'Europe centrale〉, 2016년 7월 29일.

'넬슨 만델라'의 나라로 가는 위험한 이주 여정

폴 부아예 Paul Boyer & 레미 카르통 Rémi Carton

〈르몽드 디플로마티크〉 특파원, 기자

남부 아프리카에 위치한 잠비아는 남아프리카공화국행 이주 경로의 중심에 자리한다. 남아프리카공화국은 아프리카 이주민들이 유럽에 이어 두 번째로 많이 선택하는 목적지다. 이들은 분쟁이나 가난을 피해 온갖 위험을 무릅쓴다. 유럽과 국제사회의 압력으로 잠비아는 인신매매를 근절하고 합법적인 이민 통로를 마련하기 위해 노력하고 있다.

잠비아 수도 루사카 남부의 한 주차장을 수십 명의 젊은 남성들이 하릴없이 배회한다. 16~30세의 이 청년들은 에티오피아, 소말리아, 수단 혹은 콩고민주공화국 출신이다. 여권을 주머니에 넣은 채 가방을 등에 멘 이들은 남아프리카공화국 도시들로 정기 운행하는 버스들이 오가는 모습을 뚫어지게 쳐다보고 있다.

이들 중 한 명이 얼굴에 상처가 난 채로 인터뷰에 응했다. "나는 모가디슈에서 공격을 받았다. 소말리아를 떠난 이유는 폭력 때문이다." 20대의 이 청년이 기억하는 조국 소말리아는 언제나 분쟁으로 분열된 상태였다. 1991년 1월 모하메드 시아드 바레 정권 전복 후 무정부 상태에 빠진 소말리아는 군벌들의 손아귀에 들어갔다.[1]

"강한 자만 살아서 도착한다"

매일 수십 명이 화물차 적재함에 몰래 올라탄다. 밀수업자에게 돈을 지불하는 이들도 있다. 주차장에서 만난 익명의 소식통은 "이 트럭들은 요하네스버그에 식료품을 운송한다. 하지만

여름, 운명을 스스로의 손에

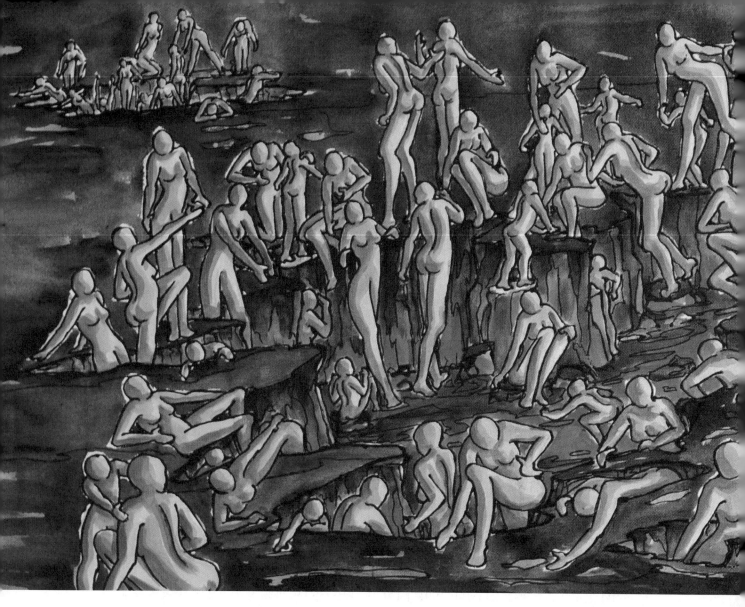

▲ 〈사람과 사람들〉, 2019 - 아드비예 발

일부 차량들은 속임수를 쓴다. 밀수업자들은 트럭 내부에 수십 명이 누울 공간을 만들어 단속을 피한다. 숨 쉴 공기가 부족하다. 강한 자만 살아서 도착한다"라고 설명했다. 미성년자로 보이는 한 청년은 두려움에 떨고 있었다. 하지만 그는 결심이 선 듯 1970년대 산 낡은 세미 트레일러를 가리켰다. "남아프리카에 갈 다른 방법은 없다. 이대로 저 차를 타고 가겠다."

　남아프리카 지역의 이주민 이동은 특히 규모가 크고 경로가 복잡하다. 번창한 일부 지역들

은 때때로 과도한 희망을 품게 한다. 남아프리카공화국은 사하라 이남 아프리카 제2위 경제 대국으로 2021년 국내총생산(GDP) 4,190억 달러(3,890억 유로)를 기록했다. 이는 역내 GDP의 2/3 이상에 해당하는 수치다.

그렇다 보니 인근 남아프리카 국가들뿐만 아니라 아프리카의 뿔(소말리아 반도) 출신 이주민들 역시 남아프리카의 주요 도시인 케이프타운, 더반, 요하네스버그를 꿈의 행선지로 여긴다. 이로 인해 남아프리카공화국으로 향하는 길은 유럽으로 건너가기 위해 북아프리카로 향하는 경로 다음으로 아프리카 역내 이주의 두 번째 주요 경로를 구성한다.

역내 4위 경제 대국(2021년 GDP 220억 달러(200억 유로)) 잠비아는 아프리카 내 인구 이동의 영향을 3중으로 받는다. 이주민이 출발, 경유, 도착하는 국가에 모두 해당하기 때문이다. 2023년 7월 31일 기준으로[2], 잠비아가 받아들인 난민, 망명 신청자 및 기타 실향민은 8만 9,109명에 달했다. 대부분 콩고민주공화국, 브룬디, 르완다, 앙골라 출신이다.

이들 모두가 잠비아의 루사카를 거쳐 남아프리카공화국으로 향하는 것은 아니다. 요웨리 무세베니 대통령이 40년간 집권 중인 우간다, 이슬람주의 단체의 공격에 시달리는 모잠비크 등 주변 국가의 권위주의나 정치적 불안정을 피해 탈출한 이들에게는 잠비아가 최종 목적지다. 반면 잠비아가 경유지에 불과한 이들도 있다. 이들은 체력을 회복하거나 충분한 돈을 모으는 즉시 짐바브웨 국경을 넘어 남아프리카공화국으로 향한다.

루사카의 한 주요 도로변에 있는 작은 카페 겸 레스토랑에서 매니저로 일하는 알리는 12년 전 소말리아에서 왔다. 그는 허름한 가게 테이블에 앉아있는 손님들에게 음식을 내오며 "하루하루가 지옥 같았다. 나는 아이들과 함께 조국을 떠났다. 셰밥(Shebab, 에티오피아가 소말리아를 침공한 2006년 창설된 소말리아 이슬람주의 단체)이 집 근처에서 사람들을 죽였다"라고 악몽을 떠올렸다. 알리는 소말리아보다 환경이 나은 잠비아를 떠날 생각이 없다. "이제 직업

여름, 운명을 스스로의 손에

도, 합법적인 거주 허가증도 있는데 남아공으로 떠날 이유가 없다. 이제 루사카가 내 집이다." 알리는 아주 특별한 경우에 속한다. 더 나은 미래를 꿈꾸는 이들 대부분이 남아프리카공화국으로 향하는 남아프리카 지역에서 아주 예외적인 사례다.

국제이주기구(IMO)에 따르면 2023년 5월, 매일 190명의 이주민이 잠비아에서 짐바브웨로 넘어갔다.[3] 잠비아 남쪽에 있는 짐바브웨와 남아프리카공화국 사이의 국경은 남아프리카에서 가장 붐비는 이주 통로로 동기간 하루 평균 613명이 이 국경을 넘었다.

프랑스 국립과학연구센터(CNRS) 연구책임자인 카테린 위톨 드 웬덴은 "남아공이 주요 이주 대상국인 것은 사실이다. 다만 이는 적도 이남 영어권 아프리카 국가 출신 이주민에게만 해당하는 사실이다"라고 강조했다.[4]

'넬슨 만델라의 나라'라는 환상

북아프리카 지역에서는 인종차별적 공격이 증가하고 있으며 때로는 국가 최고위층에서 이런 폭력을 정당화한다.[5] 이런 상황에서 남아프리카공화국행을 선택하는 이들이 더욱 많아졌다. "남아공으로 향하는 이들은 그곳에서 더 나은 대접을 받으며 살 수 있을 것으로 기대한다. 남아공은 무지개의 나라, 넬슨 만델라의 나라로 불린다. 아프리카에서 이런 상징성이 가진 힘은 크다."

2022년 12월 11일, 잠비아 경찰은 루사카 외곽에서 굶주림과 탈진으로 사망한 에티오피아인 26명을 발견했다. 20~38세 청년 남성들의 시신은 밀수업자들이 길에 버린 그대로 방치돼 있었다. 시신들 사이에서 발견된 생존자 1명은 병원으로 후송됐다. 2023년 5월 9일, 현지 경찰은 에티오피아인 12명의 국경 통과를 돕던 잠비아 밀수업자 2명을 체포했다. 2017년, 잠비아는 1~5년간 구금 중이던 에티오피아 출신 이주민 150명을 대통령 사면으로 석방한 뒤 추방했다. 2008년, 잠비아는 불법 이주를 막기 위해 국제이주기구(IMO)의 지원을 받아 "인신매매" 근절법을 채택했다.

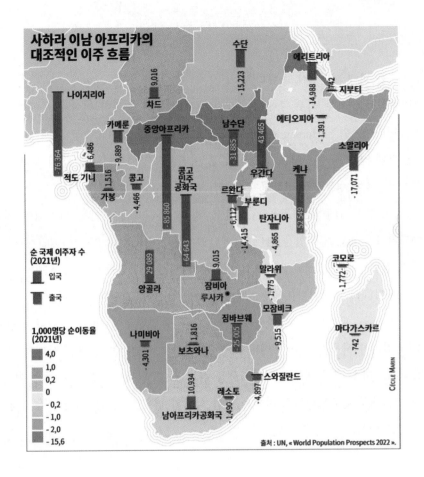

이 노력에는 역효과도 따랐다. 최근까지 잠비아 내 불법 체류자는 "인신매매에 동의"한 혐의로 무거운 징역형을 선고받을 위험을 감수해야 했다. 2022년 11월, 잠비아 의회는 유엔(UN)자유권위원회와 자국 단체들의 압력으로 2008년 법을 수정했다. 이 법의 새로운 조문은 인신매매 대상자를 피해자로 간주한다.

수정된 법률과 잠비아 당국의 태도에는 여전히 우려스러운 점이 있다. 2023년 3월 3일, 자유권위원회 전문가들은 "난민의 이동과 노동의 자유를 제한"한다고 지적하며 "국제 인권 기준에 위배되는" 잠비아의 난민 구금 상황을 비난했다.[6]

아프리카 이주민의 흐름은 각국의 정치적·경제적 상황에 따라 달라진다. 에리트레아, 수단과 국경이 맞닿은 에티오피아에서는 티그라이 자치지역에서 벌어진 내전으로[7] 수십만 명이

여름, 운명을 스스로의 손에

전투와 기근을 피해 피난길에 올랐다.[8]

콩고민주공화국 북부 키부 주에서는 2004년부터 무력 충돌이 이어지고 있다. 국제인권감시단체 휴먼라이츠워치(Human Rights Watch)에 따르면 친르완다 반군 단체 M23은 "즉결 처형, 강간, 강제 징집 등 대규모로 전쟁범죄"를 저질렀다.[9] 2023년 4월 15일 분쟁이 발발한 수단에서는 반군들이 정부군을 전복한 후 서로 대치하고 있다.[10]

이 모든 상황은 인구의 이동을 유발하고 아프리카대륙에서 가장 안정적인 지역에 속하는 남아프리카가 피난처 역할을 한다. 유엔난민기구(UNHCR)의 2023년 7월 31일 자 보고서에 의하면 잠비아에서 집계된 8만 9,109명 중 64%는 콩고민주공화국 출신이었으며 앙골라(15%), 브룬디(11%), 르완다(6%), 소말리아(4%) 출신이 그 뒤를 따랐다.

이들의 89%는 메혜바, 마유콰유콰, 만타팔라 난민캠프에 머물고 있다. 유엔난민기구(UNHCR) 잠비아 사무소 대표 프레타 로는 "잠비아의 난민캠프는 과밀 상태가 아니지만 물, 에너지, 의료서비스 접근 제한으로 어려움을 겪고 있다. 현지 주민들도 이같은 어려움을 겪고 있다. 우리는 정부와 파트너들의 지원을 받아 학교와 병원에 전기를 공급하기 위해 노력 중이다"라고 강조했다.

세 개의 위험한 경로

사하라 이남 출신 난민 10명 중 9명은 아프리카를 떠나지 않으며 대부분 주변국에 머문다. 프랑스 국제관계연구소(IFRI)의 중부 · 남부 아프리카감시단 코디네이터 티에리 비쿨롱은 "지난 4월 분쟁이 시작된 이래 100만 명 이상이 수단을 떠났다. 사람들은 전쟁을 피해 도망칠 수밖에 없다"라고 설명했다. 2014~2023년, 남아프리카 불법 이주 과정에서 478명이 사망했다.

데이터 분석가 메르나 압델아짐은 아프리카의 뿔 지역에서 남아프리카공화국으로 이어지는 이주 경로 전문가로 세 개의 주요 경로를 설명했다. 탄자니아 항구도시 탕가에서 만난 알델아짐은 "첫 번째는 소말리아와 에티오피아에서 출발해 남아공으로 향하는 경로다. 두 번째 경로는 콩고민주공화국, 우간다, 브룬디에서 탄자니아와 남아공으로 이어진다. 세 번째는 말라위, 짐바브웨를 필두로 한 남아프리카 지역에서 남아공으로 넘어가는 방법이다"라고 알려주었다. 몇 개월, 심지어 몇 년이 걸릴 수도 있는 이 세 개의 경로에는 인신매매, 성폭행, 식량과 물 부족이 도사리고 있다. 압델아짐은 "집계된 수치는 과소평가됐다. 유기되는 시신은 빠져있기 때문이다. 알려진 바와 같이 이주민들은 탱크로리 차량에 숨어 국경 통과를 시도한다. 여기서 많은 이들이 질식사한다. 밀수업자들은 이들의 시신을 불태워 버린다"라고 전했다.

아프리카에서도 엄격해진 인구이동 통제

이주의 현실은 가장 낙관적인 이들이 품고 있는 희망과는 거리가 멀다. 남아프리카 지역에서 이주민들은 인종차별뿐만 아니라 현지 주민들의 거부감에도 직면한다. 잠비아에서는 외국인 혐오 폭력 사건이 아직 드물다. 그럼에도, 몇 년 전 시위는 비극으로 번졌다.

2016년 6월, 잠비아의 루사카는 폭동에 휩싸였다. 절단된 사체가 발견되자 주민들은 르완다 공동체의 인신 공양 의식을 의심했다. 이틀 만에 상점 60여 개가 약탈당하고 불탔다. 2명은 산채로 불에 타 숨졌다. 남아프리카공화국에서는 최근 몇 년 전부터 외국인에 대한 분노가 커지고 있다. 2022년 4월, 요하네스버그 교외의 딥슬루트에서는 주로 짐바브웨 출신을 겨냥한 공격이 잇달아 발생했다. '범죄와의 전쟁'을 내세운 남아프리카공화국 자경 단체들이 이들을 표적으로 삼은 것이다.

프랑스개발연구소(IRD) 연구책임자 실비 브레델루에 따르면, 아프리카 국가 정상들은 경제적 어려움으로 인해 더 엄격한 이민 정책을 채택하고 있다. 사회인류학자 브레델루는 아프리카 역내 이주 전문가로 "2013년, 아프리카인의 78%는 다른 아프리카 국가에 입국할 때 비자가 필요했다. 역내 자유로운 이동을 보장하기 위한 협정들의 유용성에 의문이 제기되는 부분이다. 지난 20여 년 동안 우리는 아프리카의 국경이 유럽만큼 강화되는 것을 지켜봤다"라고 지적했다.[11]

아프리카 국가들은 국경을 더욱 옥죄고 있다. 남아프리카공화국도 예외는 아니다. 지중해 이주 위기가 절정에 달한 2015년 몰타의 수도 말레타에 모인 유럽과 아프리카 국가 정상들은 '개발 계획'을 대가로 인구 이동 통제를 강화하기로 합의했다. 2023년 10월 4일, 브뤼셀에 모인 유럽연합(EU) 27개국도 국경 감시를 강화하기로 결정했다.

글 · 폴 부아예 Paul Boyer, 레미 카르통 Rémi Carton

번역 · 김은희

1   Gérard Prunier, 「Terrorisme somalien, malaise kényan 소말리아의 테러, 케냐의 불안」, 〈르몽드 디플로마티크〉 프랑스어판, 2013년 11월호.

2   Ministry of Home affairs and Internal security, Office of the commissioner for refugees, 「Zambia Country stastistical Report」, Lusaka, 2023년 7월 31일.

3   Organisation internationale pour les migrations, 「Southern Africa – Monthly Flow Monitoring Registry Report (May 2023)」, Genève, 2023년 7월 5일.

4   Catherine Wihtol de Wenden, 『Atlas des migrations. De nouvelles solidarités à construire 이민 지도. 새로운 연대 구축 필요성』, Autrement, Paris, 2021.

5   Thierry Brésillon, 「Indésirables Subsahariens en Tunisie 튀니지에서 환영받지 못하는 사하라 이남 출신 이주민들」, 〈르몽드 디플로마티크〉 프랑스어판, 2023년 5월호.

6   유엔난민기구(UNHCR), 「Zambie : le Comité des droits de l'homme salue l'abolition récente de la peine de mort et porte notamment son attention sur le statut du droit coutumier, les conditions de vie en détention, la jouissance des droits politiques, le droit de réunion et d'expression 잠비아: 사형폐지를 환영하며 특히 관습법 현황, 구금 생활 환경, 정치적 권리, 집회 및 표현의 자유 보장을 주시하는 자유권위원회」, 제네바, 2023년 3월 3일, www.ohchr.org

7   Laura Maï Gaveriaux & Noé Hochet-Bodin, 「Le Tigré, victime de la réconciliation entre l'Éthiopie et l'Érythrée(한국어판 제목: 티그라이, 에티오피아 · 에리트레아 화해의 희생양」, 〈르몽드 디플로마티크〉 프랑스어판 2021년 7월호, 한국어판 2021년 9월호.

8   「Éthiopie : l'ONU dénonce la "brutalité extrême" et des possibles "crimes de guerre" dans le conflit au Tigré 에티오피아: 티그라이 분쟁의 '극심한 폭력'과 '전쟁범죄' 가능성을 규탄하는 유엔」, 〈ONU Info〉, 2021년 11월 3일, https://news.un.org

9   「DR Congo: Killings, rapes by Rwanda-backed M23 rebels」, 〈Human Rights Watch〉, 2023년 6월 13일, www.hrw.org

10   「Crise au Soudan: le conflit a fait près de 4 millions de déplacés et réfugiés 수단 위기: 내전으로 약 400만 명의 이재민 및 난민 발생」, 〈ONU Info〉, 2023년 8월 2일, https://news.un.org

11   Sylvie Bredeloup, 「Migrations intra-africaines : changer de focale 아프리카 역내 이민: 초점을 바꾸다」, 〈Politique africaine〉, Paris, vol. 161-162, n° 1-2, 2021.

돈벌이로 전락한 국제입양과 대리모의 현실

카이사 에키스 에크만 Kajsa Ekis Ekman

스웨덴 저널리스트. 대리모, 매춘, 트랜스젠더, 자본주의에 관한 여러 기사로 사회적 논쟁을 일으켰다.
로베스피에르 상(2010년), 레닌 상(2020년)을 각각 수상했다.
『Being and being bought : prostitution, surrogacy and the split self』(Spinifex Press, 2013)의 저자.

1970년대 성행하던 국제입양이 심각한 윤리적 위기에 직면했다. 차드에서 칠레까지, 프랑스에서 스웨덴까지, 일련의 불미스러운 사건으로 오랜 세월 고결하게 여겨졌던 국제입양 관행의 명예가 실추되고 있다. 설상가상, 대리모 출산이 지닌 생명의 상업화 문제가 새롭게 대두되고 있다.

오랜 세월 동안 미화된 국제입양의 역사를 보면, 1960년대 말부터 본격화된 것을 알 수 있다. 이 시기 베트남전쟁(1955~1975)과 비아프라전쟁(1967~1970)이 언론에 보도되면서 새로운 인도주의적 윤리관이 등장했다. 가난한 남반구 국가 출신의 전쟁고아를 입양한다는 것은, 가족이 없는 아이에게 가족을 선사한다는 것 이상의 의미가 있었다. 그것은 고통받는 인간을 구원하는 일이자, 궁극적으로 서구의 부를 조금이나마 나누는 일이었다.

프랑스 국립과학연구센터(CNRS)의 세비스티앙 후 연구원은 "교통수단의 발전, 식민제국의 종말, 남반구 국가 내부 사회복지정책의 부족" 등이 국제입양 본격화의 요인이라고 분석했다. 이 현상은 유럽 전역에서 일어났으며 특히 스웨덴은 전체 인구 대비 입양률이 전 세계에서 가장 높은 국가가 됐다. 1960년대 이후 주로 대한민국, 인도, 콜롬비아 등지에서 6만 명 이상의 아이가 해외로 입양됐다.

1972년 스웨덴에서 입양부모와 국가가 공동설립한 입양기관이 세계최대 규모를 이뤘다. 스웨덴의 입양문화 기여도는 책만 봐도 알 수 있다. 스웨덴에서 발간한 도서들 중 입양을 주제로 한 책이 300권 이상이며, 이 가운데 상당수가 아동용 서적이다. 프랑스는 미국에 이어

두 번째 국제입양 수용국이 됐다. 프랑스 외무부가 발행한 '입양' 비자는 1980년 935개에서 2005년 4,136개로 정점을 찍었다.

그러나 선의와 구원의 약속으로 포장된 국제입양은, 대서양 이편저편에서 일어난 일련의 사건들로 인해 오명을 얻게 되었다. 1975년 칠레 매거진 〈VEA〉는 '미혼모가 출산한 아이를 입양해 유럽으로 보내는 수상한 기관'의 존재를 폭로했다. 그리고 칠레에서 국제입양아의 숫자가 급증하는 것을 지켜본 자국의 여권 발행 담당자들의 우려를 언급했다.

해당 기사는 안나 마리아 엠그렌(Anna Maria Elmgren)이라는 인물을 지목했다. 1960년대 말 산티아고에 정착한 이 스웨덴 국적의 여성은 기동 헌병대원과 결혼한 후, 자신의 자매가 칠레에서 아이를 찾는 것을 도와주는 과정에서 현지 입양절차에 대해 잘 알게 됐다.

이후 엠그렌은 스웨덴 입양협회(Adoptionscentum)의 현지 대표 자격으로 1973~1990년까지 총 2,000건 이상의 입양을 주선했다. 2003년 칠레의 안나 마리아 올리바레스 기자는 이에 대해 깊이 조사했다. 그리고 엠그렌이 입양과 관련된 사회복지사, 교사, 판사 등과 인맥을 쌓고, 그들의 도움을 받았다는 사실을 밝혀냈다. 콘셉시온(Concepción) 시 출신 사회복지사로서 후에 소년법원 대표 자리에 오른 에스메랄다 퀘자다는 입양될 아이가 '준비'되는 즉시 엠그렌에게 알려줬다.

"너희들은 납치됐던 거야"

재정지원을 요청하거나 탁아소를 찾는 가난한 엄마들과 미혼모들에게 아이를 보내라는 압박이 가해졌다. 홀로 거리를 돌아다니는 아이들도 표적이 됐다. 그렇게 기동헌병대에게 잡힌 두 형제의 사례도 있었다. 형제를 보모에게 맡긴 채 일하러 간 아버지에게 연락도 취하지 않은 채 이들을 입양 보낸 것이다. 아이들을 서류에 '혼외자'라고 표기하고, 아버지의 동의 없이도 입양을 진행했다. 이런 일이 가능했던 것이다.

◀ 〈사람과 사람들〉, 2018 - 아드비예 발

칠레 하원이 2018년 구성한 조사위원회의 보고서는 "피노체트(Pinochet) 장군의 독재 정권 기간 동안 칠레에서 부모의 동의 없이 해외로 입양된 아이들이 수백 명에 달한다는 사실은 자명하다"라고 밝혔다. 가장 흔히 쓰인 수법은, 생모에게 아이가 사망해 연구목적으로 시신을 기증했다고 하며 불평을 잠재운 것이다. 독재 기간 중 2만 2,000명 이상의 아이가 이렇게 미국, 프랑스, 이탈리아를 비롯한 25개국으로 떠났다.

프레드릭 단베르그는 북유럽은행 간부의 양자로서 스웨덴의 유복한 지방 보스타(Båstad)에서 자랐다. 45세의 그는 유년기 내내 "그와 쌍둥이 형제는 모두 아팠으며, 칠레의 생모가 가난했기에 그들을 입양보냈다"라고 들었다. 그러다가 입양아 인권 운동가들의 도움으로 페이스북에서 쌍둥이 형제를 찾았고, 생모와도 연락이 닿았다.

생모는 스페인어를, 프레드릭 단베르그는 스웨덴어를 하므로 이 모자는 통역을 사이에 둔 채 화상대화로 첫 만남을 가졌다. 프레드릭의 생모는 "두 아들이 생후 2개월이 됐을 때 안면 습진 치료를 받기 위해 병원에 데려갔다"라고 설명했다. 그러나, 검사를 받으러 간 줄 알았던 아이들은 끝내 돌아오지 않았다.

그녀에게 쌍둥이의 사망 소식을 전한 병원 직원에게 시신을 보여달라고 했으나 거절당했다. 아버지는 결국 두 아들의 죽음을 인정했지만 어머니는 이들을 찾느라 사방을 헤맸다. 그녀는 어떤 입양문서에도 서명한 적이 없다고 확언하며, 프레드릭에게 단호히 말했다. "너희들은 납치당했던 거야."

'아이를 산' 쪽은 처벌받지 않는 인신매매

프랑스 내 국제입양 분야는 '조에의 방주(Arche de Zoé)' 사태에서 완전히 벗어나지 못했다. 2007년 10월 25일 차드에서 '조에의 방주(Arche de Zoé)' 협회 회원 6명이 가짜 붕대와 가짜 링거를 착용한 아이 103명을 배에 싣던 중 체포됐다.

프랑스에서 이 아이들을 기다리던 가정은 다르푸르 기근으로 인한 입양인 줄 알고 있었다.

차드 경찰이 신속히 조사한 결과, 이 아이들은 대부분 부모가 살아있어 법적으로 입양이 불가능한 차드 국적의 아이인 것으로 밝혀졌다.

이전 식민지배국과 비양심적인 제삼자가 공모한 '인신매매'에 대해 이드리스 데비(Idris Déby) 차드 대통령이 규탄하자, 이 사건은 프랑스와 차드 간 외교분쟁으로 번졌다. 차드에서 유죄판결을 받고 본국으로 송환된 프랑스인 주모자들은 '해외 미성년자의 프랑스 내 불법체류 조력', '사기', '불법입양 알선' 혐의로 파리의 경죄법원(중범죄가 아닌 일반형사사건을 다루는 법원-역주)에 섰다.

2013년 2월 12일 파리 경죄법원은 '조에의 방주(Arche de Zoé)' 대표 에릭 브르토(Eric Breteau)와 그의 동거녀 에밀리 르루쉬(Émilie Lelouch)에게 징역 3년에 집행유예 1년을 선고했다.

전쟁, 자연재해, 정권교체 등이 언론에 보도되면, 특히 서방국가에서는 외국 '고아'의 범람이 일어난다. 혼돈의 상황은 기회주의자의 편이다. 1989년 루마니아에서 니콜라에 차우세스쿠 정권이 무너진 뒤 유럽 방송들은 비위생적인 합숙소 침대에 묶인 채 영양실조로 고통받는 루마니아 아이들의 모습을 텔레비전 황금시간대에 송출했다. 이렇게 감정에 호소하자, 유럽에 '아이 시장'이 열렸다.

게다가 1979년 중국에서 시행된 한 아동 정책은, 서양인들에게 가정에서 버림받은 작은 소녀들에 대한 환상을 심어줬다. 중국의 세계 경제 편입은 새로운 바람을 일으켰다. 2000년대 초반 중국 고아원들이 국제입양 제도에 가입하면서 중국은 최대 입양수출국으로 자리매김했다.

2005년 중국 당국이 (국제입양 규정의 기준이 되는) 헤이그 국제아동입양협약을 비준했음에도 불구하고 밀매가 성행했다. 2005년 후안성에서 인신매매를 하던 이들 10명이 중국 법원에서 재판을 받았다. 그들이 1명당 370유로에 고아원으로 넘긴 아이들은, 1,000~5,000유로 선에서 서구의 입양기관에 팔렸다.

그러나, 아이를 사들인 유럽이나 미국 입양기관에서는 관련자들 중 아무도 처벌받지 않았다. 2010년 아이티에서 20만 명 이상의 사망자와 수십만 명의 부상자 및 50만 명의 이재민이 속출한 지진 이후 민영 입양기관들이 아이티 섬으로 몰려들었다. 미국 침례교단의 한 기관은 허가나 공식 문서 없이 33명의 아이를 이송하던 중 도미니카공화국 국경에서 붙잡혔다.

국제입양 불신 속에 고개 든 대리모 출산

이런 불미스러운 사건들로 인해, 국제입양은 심각한 윤리적 위기에 봉착했다. 2019년 프랑스에 도착한 입양아는 421명에 불과했다. 2005년 대비 약 10%로 감소한 것이다. 여러 규제책에도 국제입양은 신뢰를 회복하지 못했다. 베트남에서는 입양윤리 회복의 일환으로 '특수한 필요', 즉 질병이 있는 아이만 국제입양이 가능해졌다. 이 방법은 아동을 출신지에 머무르게 하되 인도주의적 목적으로의 해외 이동 허가한다는 면에서 서류상 헤이그협약의 권고에 부합한다.

그러나 프랑스 국립과학연구센터의 세비스티앙 후 연구원은 이에 대해 다음과 같이 지적했다. "헤이그협약의 핵심인 윤리문제는 민족주의 정책이라는 명목 하에 건강상태에 따라 아이를 분배하고, 실상 누구도 원치 않는 아이들을 상징적 국경과 현지 사회정책 너머로 보내버리는 방편으로 변질됐다."

프랑스 입양지원 기관들은 이 문제에 대한 부담을 예비 양부모에게 떠넘긴다. 질병이 있는 아이에게 적합한 계획과 버림받았다는 정신적 '트라우마'에 대한 대처방안을 강구해야 한다. 결국 국제입양에 도덕성 회복이 필요하다는 비판 여론이 일면서, 국제입양에 대한 요청이 줄게 되었다.

이런 국제입양의 위기 속에서, 다른 제도가 고개를 들었다. 다름 아닌 대리모 출산이다. 서양에서 이 제도는 부부에게 유전자에 대한 선택권을 준다. 그들 자신의 유전자나, 더 우월한 유전자를 선택하도록 하는 것이다. 이는 입양에는 없던 특권이다.

대개 신체조건에 따라 백인 난자 증여자를 결정하고, 비용에 맞춰 인도나 우크라이나 국적의 대리모에게 수정된 배아를 이식한다. 이때 대리모는 의뢰인의 권리 일체를 법으로 보장하는 국가의 일원이어야 한다. 이렇게 아이를 얻은 사람들은 한 아이를 구원했다는 자부심을 누리지 못하는 대신, 타인의 아이를 훔쳤다는 비난은 피하게 됐다.

하지만 이 일에서도 역사가 반복되는 것일까. 대리모 출산도 이미 얼룩지기 시작했다. 대리모의 모국어와 상관없이 영문으로 작성된 사기 계약서에 대한 고소가 이어졌다. 대리모를 통해 태어난 첫 번째 아이들이, 이미 자기 부모들의 행위를 비난하고 있다.

90개국이 참여하는 정부 간 기구인 헤이그 회의는 2011년 이후 매년 대리모 출산 문제를 놓고 관련 법률가와 실무 전문가들을 모으고 있다. 헤이그 회의에서는 대리모 출산으로 인한 문제들, 특히 이해당사자들의 국적이 다를 경우 생기는 문제들을 지적하며, "대리모 출산은 이런 문제들을 야기하는 범세계적 시장이 됐다"라고 강조했다.

그러나, 헤이그 회의의 목표가 대리모 출산을 금지시키는 것은 아니다. 오히려, '초국가적 대리모 출산을 아우르고 대리모 계약으로 발생하는 친자 관계에 대한 상호 확인을 촉진하는' 세계적 규정을 마련하는 것이다.

이미 비판이 들끓기 시작한 이 거래는 과연 적법화될 것인가? 아니면, 여러 사건들이 페미니즘 단체들의 주장대로 국제입양을 몰락시켰듯, 이 새로운 '시장'에 관해서도 마찬가지가 될 것인가?

글 · 카이사 에키스 에크만 Kajsa Ekis Ekman

번역 · 안해린

고향으로 돌아오는 레위니옹 청년들

마르고 에므리슈 Margot Hemmerich

기자. 사회적 정의와 노동에 관한 기사를 주로 보도한다.

클레망틴 메테니에 Clémentine Méténier

기자. 아프리카에 관한 기사를 주로 보도한다.

운명 공동체의 상징 크리올어

아프리카 남동부 인도양에 위치한 섬, 레위니옹의 인구는 1946년 프랑스의 해외 데파르트 망(道)이 된 후 4배로 늘어났다. 프랑스 정부는 이 섬의 증가하는 인구 압박을 줄이고 사회적 폭발을 피하기 위해 줄곧 레위니옹 주민들에게 프랑스 본토로 이주할 것을 장려해왔다. 레위니옹 주민들이 예전 식민지 권력에 의존하면서, 그들의 재능도 이주를 통해 프랑스 본토로 유출돼왔다. 그러나, 이제는 레위니옹에 남아 모국어로 말하며 살기를 희망하는 청년들이 늘고 있다.

레위니옹 섬 둘레를 따라 조성된 210km의 일주도로는 해안을 따라 들어선 주요 도시들을 연결한다. 운전자가 차를 몰고 주도 생드니에 들어가면 '신 드니(Sin Dni)'라 적힌 표지판이 보인다. 프랑스어 "생 드니(Saint-Denis)" 아래 이 크리올어 글자가 표기된 것은 2010년부터다. 이 시책은 레위니옹이 이중 언어 공용헌장을 채택한 데 따른 것이다.

이중 언어 사용을 장려하는 단체 '로피스 라 랑 크레올 라 레위니옹(Lofis la lang kréol la rényon)'의 회장을 맡고 있는 작가 악셀 고뱅은 "이 법안은 매우 상징적"이라며, "일례로 크리올어로 결혼식을 올릴 가능성, 지방의회에서 의사를 표현할 가능성 등이 이에 포함된다"라고

〈사람과 사람들〉, 2019 - 아드비에 발 ▶

설명했다. 10년 동안 이 섬의 24개 코뮌 중 11개 코뮌이 이 헌장을 채택했다. 이 주제에 관한 책을 집필한 악셀 고뱅은 "이는 언어를 해방시키는 한 방법이며 더 많은 민주주의를 향한 작은 발걸음"이라고 강조했다.[1]

햇살이 한 지역단체 건물에 설치된 커다란 표지판을 비춘다. 두 개의 언어로 설명이 적혀 있는 "가옥들"의 사진은 전통적인 레위니옹 가옥의 역사를 보여준다. 현관문 앞 층계참에서, 정원사가 인근 관광안내소 직원과 크리올어로 대화 중이다.

길 건너편에서는 한 무리의 인부들이 스낵 테이블에서 수다를 떨고 있다. 크리올어를 잘 몰라도, 프랑스어를 안다면 그들의 대화 내용을 대략 짐작할 수 있다. 그들이 사용하는 북부 크리올어는 남부 크리올어보다 프랑스어에 더 가깝기 때문이다.

평가절하되고 파괴됐던 '레위니옹 크리올어'

레위니옹 인구 중 프랑스어만 사용하는 이들은 10%에 불과하다. 나머지 90%는 크리올어만 사용하거나, 두 언어를 함께 사용한다. 레위니옹 인구의 80% 이상이 자신의 모국어는 '레위니옹 크리올어'라고 생각한다. '레위니옹 크리올어'는 프랑스의 지역어 중 가장 널리 사용되지만, 사회적으로 평가 절하돼 오랫동안 개인이나 가족의 영역으로 밀려나 있었다.

교사인 기욤 아리보는 5~6세 학급 아동들을 위한 아침 모임을 위해 의자를 동그랗게 배열하면서 "크리올어를 파괴하는 작업이 장기간 있었다"라고 지적했다. 이어 그는 다음과 같이 설명했다.

"프랑스 정부는 1946년 레위니옹을 프랑스의 해외 데파르트망으로 편입하고 정치적 동화 정책을 펴면서, 크리올어를 공식 언어에서 제외했다. 오늘날 공공영역에서 크리올어가 회복되고 있지만, 아직 사회 곳곳에 파괴의 흔적이 남아 있다."

다큐멘터리 〈키사 누 레(Kisa nou lé, 우리는 누구인가)〉의 작가 세바스티앙 클랭(35세)을 비롯해, 많은 이들이 인도양에서 자신의 정체성을 발견했다. 클랭은 다음과 같이 털어놓았다.

"제가 우리 섬의 역사에 눈을 뜬 것은 학업을 위해 레위니옹을 떠났을 때였다. 섬을 떠난 후에야 제 자신을 재발견한 느낌이 들었다. 악셀 고뱅의 책은 제가 우리 언어를 구사하며 느꼈던 수치심의 근원을 찾아, 우리 문화와 화해하게 해줬다."

매년 2,000여 명의 학생, '데소 라 메르(Désot la mèr)' 학사학위 소지자의 20%에 해당하는 학생들이 레위니옹을 떠난다. 이 학생들은 이 지역의 레지옹과 데파르트망 의회의 재정 후원을 받는다. 특히 해외이주국(LADOM)은 프랑스 본토 또는 다른 해외 데파르트망으로 공부하러 가는 26세 미만 학생들에게 항공료를 지원한다.

레위니옹에서는 사회사업이나 준의료 분야 교육기관은 포화 상태다. 또한 정치학, 심리학, 농업공학 같은 분야의 교육기관이 없어, 이 분야에 관심 있는 학생들은 이 섬에서 교육을 받기 어렵다. 섬에 남아 공부하는 학생들도 장학금은 받을 수 있다. 장학금은 연간 최대 4,600유로까지 가능하며, 5년 동안 갱신될 수 있다. 학생 지원 외에도 레위니옹 주민들이 프랑스에서 훈련을 받거나 직업 계약을 체결할 수 있도록 지원하는 프로그램이 많이 있다. LADOM은 "고용 가능성을 높이고자 하는" 구직자들을 위한 이주교육 과정의 일부로 그와 같은 프로그램을 제공한다.

하지만 레위니옹에는 두 가지 문제가 여전히 남아 있다. 높은 인구밀도와 실업률이다. 지난 20년 간 일자리 수는 급격히 늘었지만, 섬의 인구밀도는 프랑스 본토의 3배에 달하며, 실업률은 2배가 넘는다('주요 지표' 참조).

2019년에는 15~29세 인구의 40%가 실업상태인 것으로 파악됐다. 레위니옹 전체 인구에서 25세 미만 인구의 비율이 프랑스 전체에서 가장 높은 상황에서 프랑스 정부가 이 섬 주민들의 이주를 장려한 것은 어제오늘의 일이 아니다.

'크뢰즈의 도둑맞은 아동들' 사건의 희생자들

프랑스의 식민지였던 레위니옹은 1946년 프랑스의 해외 데파르트망이 됐다. 그 후 몇 년

간 레위니옹은 세계 최고의 출산율(1951년 51%)과 인구 증가율(1954년 연간 3.5%)을 보였다.[2] 1950년대 여성 1인당 7명이었던 출산율은 오늘날 2.4명으로 많이 줄었지만, 여전히 프랑스 본토의 출산율(1.8명)보다 높다.

일찍이 1952년에 라파엘 바벳 의원은 마다가스카르의 농업 식민화 프로젝트를 추진했다. 1963년, 프랑스 총리직을 사임한 미셸 드브레가 부정으로 얼룩졌던 의원 선거에서 레위니옹의 자치를 옹호하는 공산당 지도자 폴 베르제를 누르고 이 섬의 하원의원으로 선출됐다. 드브레는 "레위니옹에서 프랑스 대도시로의 강제 이주"라는 아이디어를 실현할 해외영토 이민개발국(BUMIDOM)을 설치했다.

1963~1981년, 프랑스 정부는 서인도와 레위니옹 주민 16만 300명이 프랑스로 이주해 정착하도록 지원했다. 같은 기간에 아동사회지원국(ASE)이 돌보고 있던 아동 2,015명이 프랑스 시골로 강제 이주됐다.

일명 '크뢰즈의 도둑맞은 아동들' 사건의 희생자들은 2000년대에 보상을 요구하는 소송을 냈지만, 소멸시효가 만료됐다는 이유로 기각됐다. 2018년 정보역사연구위원회가 조사 결과를 내놓았음에도, 피해자들은 어떤 보상도 받지 못했다.

이에 대해, 사회학자 뤼세트 라바슈는 "당시 그와 같은 정치적 의지는 사회적 규제에 대한 세 가지 요구에 부응하는 것"이라며, "그 세 가지란 우선 데파르트망의 인구 증가를 줄이는 것, 다음으로 불완전 고용으로 인한 사회적 폭발과 정치적 요구를 억제하는 것 그리고 병원, 우편통신, 대중교통 같은 본토의 특정 산업 분야에 대규모 인력을 공급하는 것"[3]이라고 설명했다. 1972년 레위니옹 사회당을 창립한 지리학자 윌프리드 베르틸은 "그런 조치는, 레위니옹의 자치 요구를 막으려는 장치"라고 반박했다.

1991년 생드니의 쇼드롱 지역에서 봉기가 일어난 후, '이주'의 개념은 점차 '이동'의 개념으로 대체됐다. 뤼세트 라바슈는 "사회적 상황이 급박한 만큼 (…) 의사 결정권자들은 레위니옹 청년들의 이동을 확대할 것이다"라고 말했다.

'이동'은 '이주'에 비해 거부감이 적은 단어였다. 이 논리에 따라, BUMIDOM은 해외근로자

통합진흥청(ANT)으로 개편됐다가 2010
년에 다시 LADOM으로 개편됐다.

그리고 "저기에서 일자리를, 여기에서
미래를"이라는 역설적인 구호가 새겨진
대형 표지판들이 섬 내 주요도시에 세워
졌다. 레위니옹에 특화된 또 다른 조직,
즉 '레위니옹 이동 주민들을 위한 안내
및 지원 국가위원회(CNARM)'가 한 일
이다.

해당 위원회는 데파르트망 의회로부
터 자금 일부를 지원받으며, 자격증이 없
는 이들에게 대도시의 급식·건축·운송
부문 취업이나 견습 교육을 알선해준다.
또한 1963년 미셸 드브레의 주도로 설립
된 CNARM은 지역적 고립으로 인한 불
편함을 보완하며, 한 국가 내 영토들 간
의 결속 강화를 목표로 하는 공공 서비
스 원칙, '영토 연속성'을 구현하는 기관
중 하나다.

2015~2019년 1만 1,084명의 구직자
가 CNARM의 이동 프로그램의 혜택을
받은 것으로 집계됐다. CNARM 측은 "취
업을 위한 이동을 통합정책의 우선순위
로 삼는다"라고 강조했다.

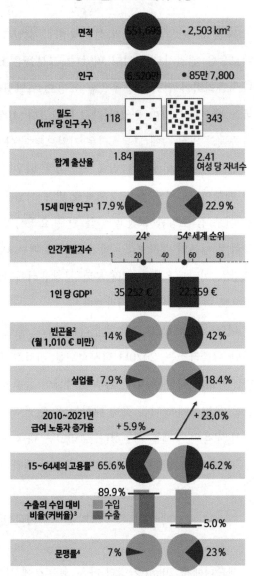

프랑스 본토 vs. 레위니옹

	프랑스 본토	레위니옹
면적	551,695	2,503 km²
인구	6,520만	85만 7,800
밀도 (km²당 인구 수)	118	343
합계 출산율	1.84	2.41 여성 당 자녀수
15세 미만 인구[1]	17.9%	22.9%
인간개발지수	24e	54e 세계 순위
1인 당 GDP[1]	35,252 €	22,359 €
빈곤율[2] (월 1,010 € 미만)	14%	42%
실업률	7.9%	18.4%
2010~2021년 급여 노동자 증가율	+5.9%	+23.0%
15~64세의 고용률[3]	65.6%	46.2%
수출의 수입 대비 비율(커버율)[3] 수입 수출	89.9%	5.0%
문맹률[4]	7%	23%

2021년 (1월 제외), 2018년 2월, 2017년 3월, 2019년 4월, 2011년 자료
출처: Insee ; Banque de France ; Ladom ; chambre régionale des comptes.

여름, 운명을 스스로의 손에

역사교육이 없는 레위니옹의 현실

과연 그 '이동'은 개인의 선택에 따른 것일까? "어머니는 파리 병원으로, 아버지는 SNCF로, 이모들은 경찰서로 일하러 떠났다. 그분들은 BUMIDOM을 통해, 우리는 CNARM을 통해 갔다." 올리비야 알릭스가 우울한 표정으로 말했다. 그리고 "4년 동안 파리에서 공부하면서 조국을 배신한 느낌이 들었다"라고 덧붙였다. 1960년대 이뤄진 레위니옹 주민들의 이주는 많은 가족들의 의식 속에 고통스러운 기억으로 남아 있다.

안느시 브와이에는 17살에 독일어를 배우러 렌으로 떠났다. 레위니옹 섬에는 대학이 없었기 때문이다. "가족 중 고등교육을 받은 사람은 나뿐이다. 두 형은 섬에 남기를 원했다. 한 형은 어부 겸 소방관이 됐고, 다른 형은 요리사가 됐다. 나는 성공하려면 프랑스에 가야 한다고, 중학생 때부터 생각했다." 피카르디 쥘 베른 대학 사회학과 부교수로 재직 중인 사회학자 플로랑스 이다텐은 "교육기관부터 구직센터에 이르기까지, 기관들은 레위니옹의 청년들을 섬 밖으로 유도한다"[4]라고 지적했다.

니콜라스 브룅도 그런 경우다. 프랑스 출신 아버지와 레위니옹 출신 어머니 사이에서 태어난 니콜라스는, 2020년 학사학위를 취득한 후 앙제에 있는 공학학교에서 1년 동안 공부했다. "학교에 다니는 내내, 외부 인사들이 줄곧 찾아와서 프랑스나 퀘벡의 교육을 소개했다. 그들은 우리들에게 다른 곳에 대한 꿈을 팔았다." 고향인 탐퐁으로 돌아온 니콜라스는 레위니옹 역사 교육의 부재를 개탄했다. 그리고는 다음과 같이 덧붙였다.

"이제 많은 청년들이 자신들의 문화와 화해하러 돌아온다. 전화위복이다."

"크리올어가 미숙한 프랑스어라고요?"

생드니에서 20km 거리의 마을, 르포르에 사는 스테판 마르시는 예비과정(우리나라 초등학교 1학년에 해당) 학생들에게 둘러싸여 활짝 핀 꽃무리에 다가가며 말했다. "어릴 때 눈과 눈 사람이 있는 크리스마스를 상상했다. 그런데, 교육에서는 사물이 보편적인 방식으로 제시됐지만 그게 우리의 현실에는 전혀 맞지 않았다. 어떻게 서양식 모델만으로 우리 자신을 표현할 수 있겠는가?"

38세의 이 교사는 2014년부터 크리올어를 가르치고 있다. 현재 레위니옹에서 크리올어를 가르칠 수 있는 교사는 전체 교사의 약 5%에 불과하다.

레위니옹의 언어 및 문화 교육을 촉진하는 협회 '랑탕 LKR(Lantant LKR)'의 사무총장직을 맡고 있는 마르시는 강화된 우선교육 네트워크(REP+)에 속해 있는 학생들에게 학업 및 사회 진출 수단을 제공하기 위해 노력 중이다.

마르시는 학생 시절 그런 수단을 제공받지 못했다. "지금은 아동이 학교에서 크리올어를 했다는 이유로 맞지는 않지만, 일부 교사는 그 아동에게 '제대로 말하라'고 요구할 것이다. 나는 이런 언어적 불안의 상황을 경험했다. 프랑스어는 내 모국어가 아니기 때문에 나는 프랑스어로 의사 표현하는 것이 두려웠다. 프랑스어 공부를 열심히 해서 적응한 후에도 그 불안은 남아 있었다."

보르도 대학의 공법 부교수로 재직 중이며 프랑스, 스페인, 이탈리아의 지역 언어에 관한 논문을 펴낸 베로니크 베르틸르는 이렇게 말했다. "혁명 후 프랑스는 언어 통일을 국가 통일의 수단으로 삼았다. 편협한 자코뱅주의는 지역 언어와 정체성을 분리주의적 위협으로 간주했다."

아리보에게는 이 이야기가 낯설지 않다. 레위니옹 동쪽 가난한 해안마을 생앙드레에서 옥시타니아인 아버지와 튀니지 출신 프랑스인 어머니 사이에서 태어난 아리보는 30세에 교사가 됐다. 교사를 지원한 이유에는, 자신이 겪은 일에 대한 설욕의 다짐이 있었다.

"나는 크리올어가 더 이상 사용되지 않는 옛 프랑스어라고 주장하는 선생님들에게 배웠다. 말도 안 되는 소리였다. 우리의 언어 크리올어는 실재하고 저항하는 언어다. 또한, 내가 활동하는 지역에서는 크리올어가 수많은 코모로와 마호라이 출신 아동들을 사회화시키는 소통 수단이기도 하다."

여름, 운명을 스스로의 손에

레위니옹 크리올어는 18세기 식민화의 맥락에서 다양한 민족들 간의 만남이 이뤄지면서 생성된 언어다(박스 기사 참조). 이 언어는 오랫동안 법으로 사용이 금지됐다. 하지만 이제 이 언어의 사용은 점점 늘고 있다. 부모들도 자녀들이 이 언어를 사용하길 원한다.

레위니옹 부모들 가운데 학교에서 크리올어 사용을 지지하는 부모가 2009년에는 61%였으나, 현재 81%에 달한다. 또한 크리올어가 프랑스어와 마찬가지로 "하나의 언어"라고 생각하는 부모들이 2009년에는 74%였던 데 반해 지금은 85%에 이른다.[5]

이 고유어는 2000년에 "공식 지역어"로 인정받았으며, 2001년 중등교사임용시험(CAPES)이 실시되기 시작된 후로 중학교에서 심화과목으로 채택되는 경우도 점점 늘고 있다. 그러나 현재 레위니옹 초등학교 교사 8천여 명 중 크리올어를 가르칠 수 있는 교사는 450명에 불과하다. 또한 크리올어는 병원 같은 많은 전문기관에서 여전히 사용이 금지돼 있다.

시인이자 전직 언론인인 프랑키 로레는 42세에 첫 크리올어 교수 자격자가 됐다. 최근 로레는 자신의 분야에서 전례 없는 발전이 일어난다며 기뻐했다. "디글로시아(Diglossia), 즉 공적 영역에서 인정받는 '고급 언어'와 비공식 언어로 치부되는 '저급 언어' 간의 차별에 점차 변화가 나타나고 있다. 생드니의 시장이 크리올어로 연설하는 것을 들을 때, 내가 나의 교수자격 논문을 크리올어로 방어할 수 있을 때, 시청 입구에 '미 코즈 크레올(Mi koz creol)'이라는 표지판이 붙어 있는 것을 볼 때 우리는 '자유'에 대해 이야기할 수 있다."

기관에서도 변화가 나타나고 있다. 2020년 8월부터 레위니옹의 교육감으로 재직하게 된 샹탈 마네스-보니소는 초등학교 교사 연수와 중고등학교 정규 과정에 레위니옹의 역사를 도입하는 문제를 자주 언급하고 있다. 이는 프랑스어를 마스터한다는 목표 내에서 크리올어의 유용성을 강화하자는 입장이기 때문에 더욱 받아들이기 쉬운 측면이 있다.

역설적으로 이 주제가 탈정치화되면서 크리올어에 대한 인식이 좋아졌다. '랑탕 LKR' 창립자이자 회원인 교사 아리보는 "문화적, 언어적 투쟁은 종종 자치권을, 심지어 독립을 주장하는 무장 세력에 의해 주도됐으며, 특히 1950년대에는 공산당이 그 바통을 이어받기도 했다"라고 말했다.

언어 사용권 주장의 배후에 숨은 분리주의의 유령은 이제 2021년에 와서는 허상이 돼 버렸다. 2012년 레위니옹 공산당과 결별하고 출범한 '푸르 라 레위니옹(Pour la Réunion)' 당의 위게트 벨로 여사가 이끄는 레지옹과 프랑스 데파르트망의 지위에 만족하며 우파의 가치를 더 지지하는 데파르트망은 현재 손을 맞잡고 협력하고 있다.

레위니옹, 노란 조끼운동을 지지

2021년 10월 25일부터 28일까지 이 섬에서 개최된 '해외 영토의 다국어 사용 일반 현황' 회의에서 두 기관은 레위니옹 사회에서 크리올어의 위상을 인정하는 언어 협정을 맺기로 합의했다. 그후 과들루프와 마르티니크에서 소요사태가 일어나자 세바스티앙 르코르뉘 해외영토부 장관은 해외 영토의 자치권에 관한 토론회를 열자고 제안했다.

그런데 레위니옹에서는 이 문제는 더 이상 거론되지 않는다. 레위니옹은 프랑스에서 가장 빠른 인구 증가세를 보이고 있고 주민들 간 빈부 격차도 가장 크지만, 선출직 관료들과 시민들 가운데 아직도 프랑스 본토에 대한 선망을 품고 있는 이는 많지 않다.

그러나 레위니옹은 노란 조끼 운동에서는 놀라운 참여율을 보였다. 노예제 및 식민 역사 전문가인 레위니옹의 역사가 프랑수아즈 베르제는 레위니옹 사람들의 역사에 대해 다음과 같이 설명했다. "이 섬은 사람들이 반란을 일으키지 않고 분쟁을 해결하면서 함께 사는 법을 배우는 공화주의 모델을 기반으로 건설된 곳이라는 이론이 정립돼 있다. 이 이론은 신화와 현실에 모두 바탕을 둔 것이다."

1646년까지 레위니옹은 사람이 살지 않고 유럽인, 아프리카인, 마다가스카르인, 인도인, 심지어 중국인까지 거쳐 가는 교차로 같은 곳이었다.

"그렇기 때문에 레위니옹에서는 카리브해 특유의 흑백 변증법이 작동하지 않는다"라고 필리프 비탈르 사회학 연구원은 분석한다. 반면, 서인도 제도에서는 백인 정착민들의 후손인 베케스(Békés)와 대지주들, 그리고 대다수를 차지하는 흑인 주민들 간의 분열이 잔혹하고 가시

여름, 운명을 스스로의 손에

적인 투쟁으로 이어졌다.

정체성을 지우는 '백인화'과정

1950년에 발간돼 유명해진 저서『식민주의에 대한 담론(Discours sur le colonialisme)』의 저자인 프랑스령 마르티니크 출신의 정치인 에메 세제르는 세계 곳곳에 널리 알려져 있다. 그러나 레위니옹의 언어학자, 시인, 언론인이자 크리올어권 최초의 공산주의 투사 보리스 가말레야를 아는 이는 많지 않다.

프랑수아즈 베르제는 "프랑스 본토인들뿐만 아니라, 일부 레위니옹 주민들로 이뤄진 지역 중산층은 크리올어를 탄압하고 사회적, 문화적 해방에 대한 요구를 억압했다"라고 설명했다. 법학자 베로니크 베르틸이 다음과 같이 설명을 덧붙였다.

"이런 두려움, 버림 받는 것에 대한 두려움은 미셸 드브레 시대에 시작된 것이다. 레위니옹은 항상 프랑스 공화국에 대한 본능적인 애착을 보여 왔다."

"웰컴 투 조리랜드!" 호텔과 소규모 디자이너 부티크가 늘어서 있는 에르미타주 해변 인근에서 일하는 레위니옹 사람들은 이처럼 아이러니한 표현을 쓴다. 생드니에서 남서쪽으로 35킬로미터 떨어진 이 해변 휴양지에는 '조레이유(Zoreille)'라 불리는 프랑스 본토인들이 거주해 '생질(Saint-Gilles)'이라는 별명이 붙어있다. 이곳에는 동쪽의 생앙드레보다 평균 2배, 내륙의 살라지보다 평균 5배에 달하는 본토인들이 산다.

이처럼 레위니옹은 프랑스 본토인들을 끌어들이고 있다. 2012년에서 2016년 사이 매년 평균 1만 1,400명이 이 섬을 떠나 프랑스 본토에 정착했다면, 반대로 프랑스 본토에서 레위니옹으로 들어온 사람은 레위니옹에서 태어난 3,000명을 포함해 1만 300명에 이른다. 이 섬에서 공무원, 자유직업인, 대기업 임원, 비즈니스 리더 등의 존재는 종종 논란의 대상이 된다. "대부분의 주정부 관련 직종은 여전히 프랑스 본토인들이 맡고 있다"라고 프랑수아즈 베르제가 지적했다.

하지만 레위니옹 주민들의 자격 수준이 높아지면서 상황은 서서히 변하고 있다. 1990년에 레위니옹의 관리직 종사자 중 원주민 출신의 비중은 33%에 불과했지만 2020년 말에는 그 비중이 관리직 종사자 3만 1,000명 중 47%인 것으로 파악됐다.

반면, 레위니옹의 자유직업인 중 백인 크리올인이 차지하는 비중은 3분의 1에 불과하며(개인 개업의사 및 치과의사 중 19%가 레위니옹 출신이다), 특히 고위직 인사 가운데 이들의 비중은 34%에 불과하다. '랑탕 LKR'의 사무총장이 유감을 표하며 말했다. "통합으로 가는 길은 때로는 이동을 통해 이뤄지지만 이는 여전히 레위니옹의 정체성을 지우는 '백인화' 과정과 함께 진행된다."

현지인 우선 고용이 시급한 과제

농업 고등기술 자격과정(BTS: brevet de technicien supérieur) 2학년 학생은 면접에서 '본토인'을 만나면 두렵다며, "주변에서 같은 학위를 갖고 있다면 레위니옹 사람을 선택하지 않는 경우를 종종 봤다"라고 털어놓았다. 이 19세의 학생은 섬으로 돌아오게 될 것이라는 걸 항상 알고 있었다고 말했다.

아직도 많은 주민들이 레위니옹 섬을 떠나지만, "섬에서 살며 일할 권리"를 행사하는 이들도 늘고 있다. 그동안 이동정책의 사각지대에 있던 귀환수요가 꿈틀대기 시작한 것이다.

"(프랑스 본토로의) 이동은 삶의 프로젝트인 동시에 배우고, 경험을 쌓고, 기술을 강화하고, 더 나은 성과를 거둘 가장 좋은 방법이기도 하다." 2018년 9월 CNARM 회장과의 대화에 배석한 시릴 멜키오르 CNARM 본부장은 이렇게 말했다.

공법학 및 헌법학 부교수 베로니크 베르틸은 "(레위니옹으로의) 귀환 문제 이면에는 지역선호도라는 까다로운 문제가 있다"라며, "이 용어는 상당한 위험을 내포하고 있다. 현지고용 우선이라는 표현으로 대체했으면 한다"라고 제안했다. 분명한 것은 일자리가 생겼을 때, 현재의 주민에게 우선순위를 부여하도록 제도화해야 한다는 것이다. 베르틸은 이렇게 주장했다.

여름, 운명을 스스로의 손에

"이는 실업에 대항할 해결책이 될 것이다. 우리는 가장 주변부에 있다. 유럽연합법에 따르면 우리의 고립된 위치, 영토의 협소함, 섬나라 지형을 감안한 조치의 시행이 가능하다. 뉴칼레도니아나 프렌치 폴리네시아에는 이미 현지고용 우선 정책이 시행 중이다."

레위니옹에서 대학교육을 받기 어려운 현실은, 오랫동안 프랑스 본토 출신의 프랑스인 고용이나 레위니옹 청년들의 이동을 정당화하는 논리로 작용했다. 레위니옹 제2선거구 의원 카린 르봉(좌파민주당 및 공화당 소속)은 "우리는 이곳에서 필요한 제안을 하기보다는, 레위니옹 사람들을 떠나게 만들고 있다"라고 탄식했다.

교사 출신인 르봉 의원은 1년 전부터 수출 상품 및 서비스가 전체 수입의 5%에 불과한 레위니옹의 상황을 감안해 지역적 필요에 따라 특정 대학과정을 추가로 개발하려는 노력을 기울여왔다. 축산, 해양 등 레위니옹에 없는 특정 분야는 말할 것도 없고, 지속가능한 농업, 농업공학, 생물 다양성, 열대성 생태계의 생태학 등 여러 분야에 대한 수요가 있다.

"문제는, 이동 그 자체가 아니다"

레위니옹에서는 2015년부터 "바다의 고등학교" 프로젝트를 구상해왔다. 이 프로젝트가 르포르 시장의 승인을 받은 지 5년이 넘었지만, 아직 적합한 실행 장소를 찾지 못해 묻혀있다. 이 과정에 관심 있는 학생들은 당분간 두 개의 길 중 하나를 택할 수밖에 없다. 선원이 되려면 도시의 해양견습학교로 가야 하고, 어업이나 해양 관광을 공부하려면 르아브르, 마르세유, 또는 남아프리카 공화국으로 떠나야 한다.

이런 현실에 대해, 아리보는 "문제는, 이동 그 자체가 아니다"라고 말했다. 그리고는, 다음과 같이 질문을 던졌다. "우리의 발전은 항상 유럽 대륙에 전적으로 의존해 왔다. 그런데 왜 인도양 국가들로 시선을 돌리지 않는가?" 2020년 의회 보고서는 "연안 해역 시장에 그들의 경제를 통합시킴으로써, 그들의 영토의 지리적 고립을 감소시키고 (...) 항구의 경쟁력을 제고할 것"을 권고했다.[6]

아보르 강에 접해 있는 탕퐁벨 공원의 언덕에서 가파른 길을 따라 카프르 평원 쪽으로 내려가다 보면 360도 전망을 감상할 수 있다. 이 길에서 내려다보이는 섬의 중심부에 있는 산들에는 초목이 무성하다. 반대편을 봐도 시야에 걸리는 것은 아무것도 없다. 해안선 너머로는 모리셔스, 마다가스카르, 남아프리카 공화국, 스리랑카의 해안까지 가닿는 대양이 보인다.

1970년대에 이미 언어 운동가들을 길러낸 레위니옹은 결코 폐쇄된 섬이 아니었다. 그래서 보리스 가말레야의 시 구절은 여전히 큰 울림을 낳는다.

"여기 밤의 어둠을 잊게 만들 멋진 노래가 있어요. 바로 당신들이 부르는 노래죠. 귀를 막지 마세요."

글 · 마르고 에므리슈 Margot Hemmerich, 클레망틴 메테니에 Clémentine Méténier

번역 · 김루시아

1 Axel Gauvin, 『Du créole opprimé au créole libéré—Défense de la langue réunionnaise 억압받는 크리올어에서 해방된 크리올어로-레위니옹의 언어 지키기』, L'Harmattan, Paris, 1977.
2 Jean Fourastié, 「La population de la Réunion 레위니옹 인구」, 〈Population 인구〉 3호, Paris, 1955년.
3 Lucette Labache, 「La mobilité des jeunes réunionnais 레위니옹 청년들의 이동 현황」, 〈Agora Débat/Jeunesses 토론의 광장/청년〉 50호, Paris, 2008년.
4 Florence Ihaddadene, 「Les pratiques des professionnels face aux freins à la mobilité des jeunes ultramarins: l'exemple de La Réunion 해외 영토 청년들의 이동 제약에 대한 전문가들의 대처: 레위니옹의 사례」, 〈Cahiers de l'action〉 40호, Paris, 2017/2.
5 '로피스 라 랑 크레올 라 레위니옹(Lofis la lang kréol la rényon)'의 의뢰를 받아 사지스(Sagis) 사가 2021년 3월 25일부터 4월 13일까지 실시한 설문조사.
6 「Rapport d'information n° 3638 sur le coût de la vie dans les Outre-mer 해외 영토에서의 생활비에 관한 정보 보고서 제3638호」, 해외영토 의회사절단, Paris, 2020년 12월 3일.

여름, 운명을 스스로의 손에

용광로 언어 크리올어

'레위니옹 크리올어'(프랑스의 해외 영토인 동아프리카의 섬 레위니옹에서 사용되는 프랑스어 기반의 크리올어)는 전 세계에서 파악된 127가지 언어 체계(공통점이 없는 두 언어가 섞이면서 생성된 일종의 임시적 언어인 '피진어'를 포함해) 중 하나로, 그 유래는 식민화에서 찾을 수 있다. 크리올어 전문가 프랑키 로레는 다음과 같이 설명한다.

"(크리올어 생성에는) 세 단계가 있다. 먼저 한 쪽 편의 주인들과 다른 쪽 편의 노예들이 만나면서 크리올어가 만들어지기 시작한다. 이 과정에서 가장 중요한 것은 명령을 전달하고 이해시키는 것이다. 두 번째 단계로, 농장이 산업화된 후 새로 들어온 노예들은 더 이상 주인의 언어와 접촉하지 않고 명령자의 언어를 주워들어 익힌 1세대 노예의 언어와 접촉하게 된다. 이 같은 접촉으로 일종의 '교통어'가 형성된다. 마지막 단계는 원주민화 단계로, 이 단계에서 '교통어'는 섬에서 태어난 아동의 모국어가 된다."

'레위니옹 크리올어'는 '랑그 도일(Langue d'oil)', 특히 프랑스 북서부 지방의 방언에서 유래한 언어로, '레위니옹 프랑스어'와 동일한 고어, 신조어, 차용어를 사용한다. 이 언어는 주로 마다가스카르어, 인도-포르투갈어의 영향을 받았으며 일부 타밀어의 영향도 받았다. 원주민이 없는 레위니옹 섬의 모든 사람들이 사용하는 이 언어는 마치 언어의 용광로 같다.

또한 '레위니옹 크리올어'는 노예제 시대부터 있었던 레위니옹 섬의 토속음악 말로야(Maloya)의 가사에도 쓰였다. 다니엘 와로(Danyèl Waro)나 피르민 바이리(Firmin Viry)가 대표적인 말로야 음악가다. 1980년대 이전에는 이런 음악이 라디오나 TV 프로그램에 소개되지 않았다. 2001년에 완전히 크리올어로만 된 주간지가 처음 〈텔레 레위니옹(RFO)〉의 전파를 탔다.(1)

문헌자료 중 크리올어를 사용한 가장 오래된 기록은 18세기로 거슬러 올라가 법률 문서, 혁명 선언문, 선교사의 글 등에서 발견된다. 1970년대에 보리스 가말레야(Boris Gamaleya)는 레위니옹 구전 기록을 파악하는 방대한 작업을 수행했다.

지난 50년 간 레위니옹에서 출판된 전체 출판물 중에서 크리올어 출판물이 차지하는 비중은 극히 일부분에 불과하지만, 그 분량은 레위니옹이 프랑스의 해외 데파르트망으로 편입되기 전에 출판된 모든 크리올어 출판물보다 훨씬 많다. 프랑키 로레는 "크레올어로 가장 많이 출판된 분야는 시(詩)다. 희극 분야의 출판도 꾸준히 늘고 있다"라고 덧붙였다.

글 · 마르고 에므리슈 Margot Hemmerich & 클레망틴 메테니에 Clémentine Méténier / 번역 · 김루시아

(1) Bernard Idelson, 「Le créole dans les médias réunionnais 레위니옹의 언론 매체에 쓰인 크리올어」, 『Les Essentiels d'Hermès 에르메스의 핵심』, CNRS-Éditions, Paris, 2003.

데이턴 협정에서 서구 보호령까지

치열한 협상 끝에 보스니아 종전 협정이 미국 데이턴에서 개최됐고, 1995년 12월 14일에 파리에서 체결됐다. 해당 협정에 따라, 구(舊)유고슬라비아 공화국에서 독립한 보스니아헤르체고비나의 권력조직에 민간부문이 포함됐다.(1)

민주적 절차를 통해 새로운 법안에 합의하지 못할 경우, 헌법 원칙이 여전히 기본법 역할을 한다고 부칙 4(영어로 작성됨)에 명시돼 있다. 그 결과 지나치게 복잡한 여러 기관이 생겼고, 그 기관들은 국가의 분할을 승인하고 롬족을 비롯해 소수민족인 '다른 이들'과 달리 유고슬라비아 연방 시대에 '구성원'으로 인정됐던 보스니아계(이슬람교), 세르비아계(세르비아 정교), 크로아티아계(천주교) 이 세 민족에게 구체적인 권리를 부여함으로써 중앙 국가의 존재를 보존해야 했다.

보스니아헤르체고비나는 데이턴 협정에 의거해서 세르비아계 스릅스카 공화국(RS), 이슬람계와 크로아티아계의 보스니아헤르체고비나 연방(FBiH)으로 구성된 1국가 2체제가 됐다. 스릅스카 공화국은 전체 영토의 49%를, 보스니아헤르체고비나 연방은 51%를 차지하게 됐다(보스니아헤르체고비나 연방은 총 10개의 주로 이뤄져 있다). 브르치코는 1999년에 행정구로 승격돼서 자치지역의 지위를 갖게 됐다. 각 조직마다 독립된 행정부가 구성됐고, 보스니아헤르체고비나에는 총 14개의 정부가 만들어졌다.

법으로 중앙권한을 외교와 교역, 관세, 금융 및 통화 정책, 이민, 교통 등의 몇 가지 분야로 제한했다. 스릅스카 공화국에서는 세르비아계 대통령을, 보스니아헤르체고비나 연방에서는 크로아티아계와 보스니아계 대통령을 각각 선출해 세 민족 구성원이 돌아가며 대통령직을 맡게 됐다. 상원이나 하원은 각 민족이 자신들의 '핵심 이익'에 관련된 문제에 대해 거부권을 행사할 수 있도록 보장했다. 유일하게 규정된 국가 사법기관은 헌법재판소이며, 재판관 9명 가운데 3명은 유럽인권재판소장이 선출한 외국인으로 정해졌다.

하지만 위와 같은 기관들이 제대로 기능을 하는 데 타협이 부족했기 때문에 평화 교섭을 이끌었던 여러 주체는 '고위 대표(데이턴 협정에 따라 국정 운영을 감시하는 역할을 함-역주)'의 특권을 확대함으로써 국정 운영이 마비되는 상황을 바로잡기를 원했다. 협정 서명국들과 유엔에 의해 임명된 고위 대표는 원래 임기 없이 '민간 측면에서 효과적인 평화 정착 이행을 보장하는 것'이 임무였다.

50여 개 국가와 여러 국제기구로 구성된 평화협정이행이사회는 1997년 12월 독일 본에서 열린 회의에서 '데이턴 협정'에 대한 매우 광범위한 해석을 내렸고, 그 결론은 유엔총회와 그 후 안전보장이사회로 총회에서 지지를 받았다.(2)

'본에서 결정된 여러 권한'은 고위 대표를 궁극적으로 행정·입법·사법적으로 최종 결정권을 가진 준(準)국가원수로 변화시켰다. 민주적 정당성이 결여돼 있고 실질적인 통제권이 없었음에도 고위 대표는 평화협정 이행에 방해가 된다고 판단할 경우, 선출직 위원과 판사, 공무원들을 해임할 수 있었다.

여름, 운명을 스스로의 손에

또한 당사자들이 평화협정을 이행할 의사나 능력이 없다고 판단할 경우, 구속력 있는 결정을 내릴 수 있었다. 이렇듯 고위 대표는 중앙정부의 권한을 크게 확대하고 많은 선출직 공무원들을(심지어 고위직 공무원들까지도) 해임하고 관련 조직에 헌법 개정을 강요했다. 최고행정법원 설립과 형사소송법, 국기, 은행권 도안, 퇴직연금, 전기공급 등 다양한 문제에 대해 수십 개의 법률을 개정하거나 포고했다.

2005년 베니스 위원회는 "해당 조치는 근본적으로 국가의 민주적 성격과 보스니아헤르체고비나의 주권과 양립할 수 없다. 시간이 지날수록 더 문제가 될 것이다."라고 평가했다.(3) 2021년 7월에 오스트리아 출신의 발렌틴 인스코 고위 대표가 사임 발표를 한 이후 러시아는 평화협정이행회의에서 유일한 운영위원회가 크리스티안 슈미트를 후임으로 임명하는 것에 이의를 제기했다. 러시아는 고위 대표라는 직위가 "시대착오적"이라며 임명을 할 때 보스니아와 다른 관련국들의 모든 당사자들의 동의를 얻고 안정보장이사회의 승인을 받았어야 했다고 말했다. 중국도 러시아의 이러한 주장에 동의했다.

유엔 안전보장이사회는 2021년 11월 안정화를 위한 다국적군(Eufor-Althea)의 연간 파병 연장에 대한 투표에서 러시아와 중국의 거부권 행사를 피하기 위해 크리스티안 슈미트 고위 대표에 대해 언급하지 않았다(슈미트 고위 대표는 초대되지도 않았다).(4)

슈미트 고위 대표는 최근 보고서에서 "보스니아헤르체고비나는 보스니아 내전 이후 가장 큰 실존적 위협에 직면해 있고" 스릅스카 공화국 당국이 '국가와 지역의 평화와 안정'을 위태롭게 만들고 있으며, 이로 인해 "평화협정이 무효로 이어질 수 있다"고 밝혔는데 그와 관련해서 자신의 의견을 변론할 수 없었다.(5)

26년 전 설립된 고등 대표부가 폐쇄된 것은 이론적으로 보스니아헤르체고비나의 기능을 '정상화'하는 것과 관련이 있다. 하지만 그 범위는 너무 광범위하다.

글 · 필리프 데캉 Philippe Descamps 〈르몽드 디플로마티크〉 특파원,

아나 오타셰비치 Ana Otasevic 세르비아 출신 연출가

번역 · 이연주

(1) 「Accord cadre général pour la paix en Bosnie-Herzégovine 보스니아헤르체고비나 평화를 위한 일반 기본 협정」, 보스니아 헤르체고비나 대표부 홈페이지(www.ohr.int)에서 확인할 수 있음.

(2) 유엔총회 결의 52/150호 및 안보리 결의 1144호.

(3) 「Avis sur la situation constitutionnelle en Bosnie-Herzégovine et les pouvoirs du Haut représentant 보스니아헤르체고비나의 헌법 상황과 고위 대표의 권한에 대한 의견」, 법을 통한 민주주의 유럽위원회(베니스위원회), 유럽평의회, 2005년 3월 12일.

(4) 안보리 결의 2604호.

(5) 「60th Report of the High Representative」, 2021년 11월 5일.

람페두사의 냉소주의

이민자들이 구대륙의 관문으로 몰려든다. 수용시설이 이민자로 넘쳐난다. 우파는 "이민자들이 영토를 침략한다"라고 외치고, 좌파는 분열한다. 유럽 국가들은 서로 책임을 떠넘긴다. 또 다른 '위기'가 일어날 때까지 모두 딴청을 부린다. 유럽에서 보이는 이런 시나리오는 익숙하다. 하지만 아프리카에서 보면 어떨까?

언론인과 정치 지도자가 굳이 이민자들의 국적을 언급하는 경우는 전쟁 때문에 고국을 떠나온 '난민'과 경제적인 목적으로 온 '이주민'을 구분할 때뿐이다. 망명자 8,000명이 이탈리아 시칠리아의 람페두사 섬에 하선한 직후, 프랑스 내무부 장관 제랄드 다르마냉은 이렇게 말했다. "망명 자격이 없는 사람들, 특히 요즘 프랑스에 많이 오는 코트디부아르, 감비아, 세네갈, 튀니지 국적자들은 (…) 자국으로 돌려보내야 마땅합니다."(〈TF1〉, 2023년 9월 19일)

언론에서는 대개 세네갈인들이 고국을 떠나는 이유를 '빈곤 탈출', '더 나은 미래를 위해' 등 모호한 표현으로 본질을 흐린다. 하지만 세네갈에서 이는 엄연한 생존의 문제다. 세네갈과 어업 조약을 맺은 유럽과 중국의 대형 트롤선은 현지 어선 한 척의 1년 어획량을 단번에 쓸어 담을 수 있다. 외국인 투자자들은 세네갈에서 현지 농민들을 몰아내고 토지를 독점해 수수, 기장 같은 생계 작물 대신 땅콩 같은 환금 작물을 장려하기도 한다. 지구 온난화로 우기가 짧아지고 홍수와 가뭄이 잦아지면서 사막화, 해수면 상승, 해안선 침식, 토양 염류화가 일어나 수확량에까지 영향을 미친다. 프랑스 외무부의 든든한 우군인 마키 살 세네갈 대통령은 정치 탄압을 가한다.

아프리카에서 볼 때, 유럽의 이민정책은 위선 투성이다. 호전적인 연설과 함께 각종 조약과 협약이 이뤄지고, 유럽 국가들은 유럽의 노동력 부족과 인구 고령화를 해결하고자 이주 노동자 정책을 세운다. 프랑스는 세네갈 출신 의사를 고용하고, 이탈리아는 알제리와 코트디부아르 건설노동자 이주를 장려하며, 스페인은 농업과 관광 분야에서 모로코 계절노동자에게 의존한다. 독일은 최근 고급인력 채용센터 5개소를 가나, 모로코, 튀니지, 이집트, 나이지리아에 개설한다고 밝혔다. 사회학자 알리 탄디앙이 분석했듯, 전문가들의 출신 국가는 "그들이 타국으로 떠나기 전에 태어나고, 교육과 훈련을 받는 인큐베이터다."(1)

유럽인들은 아프리카의 취업 준비생들에게 자국의 이점을 홍보하며, 해당 국가에서 일하기 힘든 여건을 조장하기도 한다. 아프리카의 청년들은 재앙적 조건을 극복하려 노력하다가, 결국 유럽으로 가는 길을 택한다.

그런데, 그렇게 유럽행을 떠난 아프리카 청년들이 이탈리아 남단 람페두사섬에 도착했을 때 유럽의 관문은 굳게 닫혀 있었다. 같은 시기, 이탈리아 피에몬테 지역에서는 세네갈 텔레비전과 라디오에서 월로프어(세네갈, 감비아, 모리타니 등지에서 사용하는 서아프리카 언어-역주)로 다음과 같은 내용의 영상을 내보냈다.

"멋진 삶을 위해 자신을 희생할 필요는 없다. 목숨은 소중하고 바다는 위험하다."(2)

게다가, 유럽의 냉소주의는 치명적이다.

글 · 세르주 알리미 Serge Halimi / 번역 · 이푸로라

(1) 알리 탕디앙(Aly Tandian) 교수와의 인터뷰, 2023년 2월 28일, www.theconversation.com
(2) 〈Il Fatto quotidiano〉, Rome, 2023년 9월 22일.

여름, 운명을 스스로의 손에

인류의 자발적 멸종 운동

"모든 인류가 더 이상 자녀를 갖지 않기로 결심한다면, 지구의 생태계는 예전의 찬란했던 모습을 되찾을 것이다. 그러면 남은 모든 생명체들은 자유롭게 살아가고, (그들이 원한다면!) 진화하고, 죽음을 맞이하며, 어쩌면 자연이 오랜 세월 동안 시도했던 수많은 실험들처럼 자취를 감출 것이다."

결혼 통계 23만 5,000건

2018년 프랑스에서 이뤄진 결혼 건수다. 수십 년간 이어진 감소세가 최근 조금 반등한 수치다. 2013년 5월 동성결혼이 합법화된 후 이듬해인 2014년에는 전체 결혼 중 동성결혼 비율이 4.3%까지 치솟았다가, 최근에는 3% 선에서 안정세를 보이고 있다. 한편 2017년 시민연대협약(PACS) 체결 건수는 18만 6,614건으로, 이 중 동성 커플은 3.9%였다.

"먹여 살릴 수 있는 만큼의 인구만이 존재한다"

* 18세기 프랑스 경제학자 빅토르 드 미라보(Victor de Mirabeau)의 저서 『L'Ami des hommes 인류의 친구』에서 나온 문구(역주).

축구가 부른 전쟁

1969년 6월 28일, 1970년 월드컵 예선전에서 엘살바도르와 온두라스가 맞붙었다. 경기 후 수주간 쌓였던 양국의 긴장이 폭동으로 번졌고, 결국 전쟁으로 치달았다.

이 전쟁의 뿌리에는 두 가지 원인이 있었다. 하나는 1962년 중앙아메리카 공동시장이 열리면서 생긴 무역 갈등이었고, 다른 하나는 엘살바도르의 급격한 인구 증가였다. 영토는 온두라스의 6분의 1밖에 안 되는 작은 나라 엘살바도르의 사람들이 넘쳐나면서 이웃 나라로 계속 흘러들어갔던 것이다. '100시간 전쟁'이라 불린 이 짧은 충돌로 3,000여 명이 목숨을 잃었고, 수많은 엘살바도르인들이 고국으로 돌아와야 했다.

출처: 〈르몽드 디플로마티크〉 프랑스어판, 1969년 8월.

최저 출산율 0.813

2002년 마카오는 세계에서 가장 낮은 출산율을 기록했다. 옛 포르투갈 무역기지였던 이곳은 면적이 30 평방킬로미터에 인구 66만 7천 명이 살고 있는데, 2018년 출산율이 0.92로 다소 올랐다. 이웃한 홍콩 역시 높은 인구밀도와 낮은 출산율 기록을 세웠다. 1841년에는 5천 명에 불과했던 홍콩 인구가 현재는 700만 명을 넘어섰으며, 여성 1명당 출생아 수는 2001년 0.93명에서 2018년 1.07명으로 소폭 증가했다.

출처: UN, 마카오 통계 센서스국, 홍콩 통계국.

식민 지배의 인구 재앙

스페인이 정복한 뒤, 중앙아메리카와 안데스, 카리브해 지역의 원주민들은 거의 전멸 위기에 처했다. 대표적으로 멕시코의 경우, 1518년에 2,500만 명이던 인구가 1603년에는 100만 명으로 급감했다. 심지어 여러 섬의 원주민들은 흔적도 없이 사라져버렸다.

출처: 서번 쿡과 우드로 보라, 『인구사 에세이』, 켈리포니아 대학교 출판부, 1971.

법령의 아이들

1965년 루마니아 공산당의 서기장이 된 니콜라에 차우셰스쿠는 이듬해, 법령 770호를 통해 갑작스럽게 낙태를 금지했다. 성교육 부족과 현대적인 피임 수단의 부재로 인해, 당시에는 낙태가 출산 조절의 주요 수단이었다. 이렇게 태어난 ≪법령의 아이들≫로 인해 1967년과 1968년에 출생률이 두 배로 급증했지만, 이후 점차 감소했다. 이는 여성들이 불법 낙태를 회피하는 방법을 배우면서 발생한 결과였으며, 이로 인해 산모 사망률이 동반 상승했다. 루마니아는 2000년까지 3천만 인구 목표를 달성하지 못했으며, 1989년 12월 차우셰스쿠 정권이 몰락한 이후 낙태 권리가 회복되었다. 강력한 이민 현상의 결과로, 현재 루마니아의 인구는 1989년보다 400만 명 줄어든 1,930만 명에 머물러 있다.

출처: 게일 클리그먼, The Politics of Duplicity: Controlling Reproduction in Ceausescu's Romania, University of California Press, 1998; 장-필립 르고, Enfants perdus de Roumanie, Vendémiaire, 2019.

중국의 부상인가, 쇠락인가?

여러 측면에서 중국은 신흥 강대국으로 떠오르고 있다. 2020년이면 중국 인구는 14억 3,900만 명에 달해 세계 인구의 18.4%를 차지했다. 그러나 이는 200년도 채 안 된 과거와 비교하면 절반 수준에 불과하다. 1850년 당시 중국은 이미 4억 3,500만 명의 인구를 보유해 전 세계 인구의 35%를 차지했었다.

출처: 제라르프랑수아 뒤몽, 『세계의 인구』, 아르망 콜랭, 2004.

난민 7,080만 명

유엔난민기구(UNHCR)가 2018년 말 유엔에 보고한 자료에 따른 숫자이다. 이들은 전쟁에서 피난했거나, 박해나 갈등 등으로 도피했던 사람들이다. 1950년 UNHCR이 창립된 이래 20년 만에 난민은 두 배가 되었다. 이들 대부분은 생활터전이었던 조국을 떠나 이웃 국가로 도피했다.

수치가 주는 경각심

"UN 인구통계학자들은 자신들이 내놓는 수치들이 이를 읽는 사람들을 불안하게 만들 것이란 걸 잘 알고 있다. 아마도 2100년까지의 추계를 내놓은 것은 정책 결정자들에게 경각심을 주기 위해서일 것이다."

에르베 르 브라(프랑스 인구통계학자, 역사학자), 〈프로제 리뷰〉, 제359호, 2017년 여름.

이주 여성과 출산율

2017년 프랑스에서 태어난 아기들 중 18.8%가 이주 여성이 낳은 아이들이다. 가임기 여성 중 이주 여성이 12%밖에 되지 않아, 이들이 출산율에 미치는 영향은 제한적이다. 전체 출산율을 여성 1명당 1.8명에서 1.9명으로 조금 높이는 정도다. 이주 여성들은 대체로 프랑스에 온 뒤에 출산하는 경향이 있지만, 이들의 최종 출산율은 프랑스 현지 여성보다 0.6명 정도 더 높을 뿐이다. 현재 프랑스 현지 여성들의 출산율은 유럽에서 가장 높은 수준을 유지하고 있다. 장기적으로 볼 때 이주 여성들과 현지 여성들의 출산 행태는 점차 비슷해지는 추세다.

출처: 〈Population & Sociétés 인구와 사회〉, 제568호, 2019년 7~8월.

백세 인구

프랑스는 2016년 1월 1일 기준으로 백세 인구가 2만 1천 명에 이르렀다. 2013년 기준으로 유럽에서 가장 높은 비율로, 1973년에 60세였던 인구 1만 명당 146명이 백세를 넘겼으며, 이는 스페인과 이탈리아를 앞서는 수치다. 백세 인구 6명 중 5명이 여성으로 나타났다. 평균 수명은 계속 늘어나고 있으며, 1990년에 태어난 여성의 90%, 남성의 80%가 80세 이상까지 살 것으로 추정된다. 프랑스는 2070년에 백세 인구가 27만 명에 이를 것으로 예상된다.

출처: 〈Insee première〉, 제1620호, 2016년 11월.

담배

피할 수 있는 사망 원인 중 1위인 담배는 매년 약 600만 명의 조기 사망을 초래하며, 미국에서는 사망 5건 중 1건이 담배와 관련이 있다. 인구학적으로 담배는 사망률 곡선에 뚜렷한 영향을 미친다. 예를 들어, 스웨덴 여성들은 다른 유럽 여성들보다 일찍 대규모로 흡연을 시작했기 때문에 기대수명 곡선이 이웃 국가들보다 먼저 감소했다. 흡연자는 평균적으로 기대수명에서 10년을 잃는다. 하지만 금연 시기에 따라 일부 수명을 되찾을 가능성도 있다.

출처: 세계보건기구(WHO), 질병통제예방센터(CDC).

"인구 과잉은 우리 지구가 당면한 최대 문제입니다. (…) 말하기 끔찍하지만, 세계 인구를 안정시키려면 하루에 35만 명을 제거해야 합니다. 이런 끔찍한 말은 입에 담지도 말아야 하겠지만, 우리가 직면한 전체 상황이 한탄스러운 일입니다. 이것은 비용의 문제입니다. 15년 동안 매년 4천억 달러가 필요합니다. 사람들에게 식수를 공급하고, 여자아이들을 학교에 보내고, 모든 노인들에게 적은 연금이라도 지급하기 위해서입니다. 15년 동안 매년 4천억 달러를 투자하면 인구 압박을 줄일 수 있을 뿐만 아니라, 인구 증가가 멈출 수도 있습니다."

출처: 자크이브 쿠스토와의 인터뷰, 〈유네스코 저널〉, 1991년 11월.

노인에게 집중된 지원

2015년 프랑스의 연금 지출은 GDP의 14.9%를 차지했다. 여기에 의료비까지 합하면 노인을 위한 지원이 서유럽 국가에서 생산되는 부의 약 4분의 1에 달한다. 반면, 젊은 부모와 자녀를 위한 지출은 프랑스와 독일에서 GDP의 3%에 불과하며, 출산율이 가장 낮은 국가인 이탈리아와 스페인에서는 1%에도 미치지 않는다.

출처: 『인구에 대한 사상과 정책의 역사』, 제7권, INED, 2006 (업데이트된 자료).

"인구 통계가 역사의 운명을 좌우한다면, 인구 이동은 그 원동력이다."

새뮤얼 헌팅턴, 『문명의 충돌』(1996), 오딜 자콥, 2007

2억 4천 3백만 명

2015년 기준, 태어난 나라가 아닌 다른 나라에서 살고 있는 사람은 2억 4천 3백만 명에 달하며, 이 중 48%가 여성이다. 해외 거주자가 4,600만 명에 이르는 미국이 외국인을 가장 많이 받아들였다. 독일(1,200만 명), 러시아(1,160만 명), 사우디아라비아(1,010만 명)가 뒤를 이었다. 그다음으로 영국, 캐나다, 프랑스(780만 명), 호주 순이다. 인구 대비 외국인의 비율이 가장 높은 나라는 아랍에미리트로, 외국인이 전체 인구의 84%를 차지했다. 카타르(75.5%)와 쿠웨이트(73.6%)가 그 뒤를 따랐다. 반면, 인도네시아, 쿠바, 베트남, 중국은 외국인 비율이 가장 낮아 전체 인구의 0.1%에 불과했다.

출처: UN, 2017.

합법적 죽음의 연령?

1962년 DNA 구조를 발견한 공로로 노벨 생리의학상을 받은 영국 생물학자 프랜시스 해리 컴프턴 크릭은 "합법적 죽음의 연령을 80세로 정하자"라고 제안했다. 이는 연금 재정을 해결하기 위한 매우 독특한 방식이었다. 그러나 정작 그는 88세에 암으로 생을 마감했다.

출처: 〈르몽드 디플로마티크〉 프랑스어판, 1971년 8월.

"이 세기 후반부에서 가장 극적이며 가장 큰 영향을 미친 사회적 변화는 농민 계층의 소멸이다. 이는 과거의 세계와 우리를 영원히 단절시킨 사건이다."

에릭 홉스봄(역사학자), 『극단의 시대, 20세기의 역사』, 1994.

03 　　　가을, 균형인가?
　　　　　　붕괴인가?

인류는 '인구학적 겨울'에 다가가고 있는 걸까? 유럽의 대다수 국가들은
이미 출생률보다 사망률이 더 높다. 동유럽에서는 베를린 장벽 붕괴 이후 심각
한 인구 감소가 뒤따랐다. 아프리카를 제외한 모든 대륙에서 출산율이 급격히 감소
했다. 현대 인구 변동의 또 다른 특징은 국가 권력의 탐욕이 빚은 약자들의 축출이다.

인구 급감한 루마니아,
이제는 아시아 노동자 수혈

마린 르뒥 Marine Leduc

〈르몽드 디플로마티크〉 기자.
노동 이주, 노동자의 권리, 여성의 권리 등에 관해 보도하고 있다.

1989년 공산주의 체제 붕괴 이후 루마니아는 350만 명의 인구를 잃었다. 이는 전체 인구의 15%에 해당한다. 출생자 수가 사망자 수보다 적어진 것 외에도, 이 나라는 지난 30년간 연평균 10만 명의 인구가 유출되는 부정적 이주 흐름을 겪고 있다. 자국 노동력을 붙잡지 못한 고용주들은 이제 아시아에서 인력을 모집하고 있다.

2019년 5월 9일, 인도 국적 남성 50여 명이 루마니아의 부쿠레슈티 공항에 도착장에 모였다. 루마니아 방송국 여러 곳에서 이들 중 몇 명을 인터뷰하기 시작했다. 얼마 후 한 남성이 이들을 버스에 태워 트란실바니아의 브라쇼브로 향했다. 이들은 곧 이 도시에서 가장 높은 빌딩이 될 어번 플라자(Urban Plaza) 주거단지 공사 현장으로 향했다.

루마니아의 채용에이전시인 조던 리버는 이 공사를 위해 총 100여 명의 인도인을 고용했다. "이러한 현상이 점점 확대되고 있다. 우리는 노동력이 부족하고, 그들은 자국보다 3배 높은 임금을 받아 가족에게 송금할 수 있어 양측 모두에게 이롭다"라고 에이전시의 안느-마리 스타브리 대표가 말했다.

그녀는 최근 고용주들과 함께 인도 북부 지역을 방문하고 돌아왔다. 아시아에 설립된 인력 공급망 외에도, 루마니아에서는 지난 2년간 15개의 인력 채용 회사가 새로 설립되어 건설, 패

〈사람과 사람들〉, 2019 - 아드비예 발 ▶

스트푸드, 재활용 등 여러 분야의 인력증가 수요에 대응하고 있다.

　　노동사회정의부 자료에 따르면, 2018년 루마니아 기업들이 채우지 못한 일자리가 49만 1,000여 개에 달했다. 기업의 81%가 일부 직종에 채용의 어려움을 겪고 있다고 보고했으며, 이는 일본에 이어 세계에서 두 번째로 심각한 인력난을 겪고 있는 것으로 나타났다.[1]

루마니아의 인력난, 임금 덤핑 현상마저

　　루마니아 정부는 EU 역외 노동자 쿼터를 대폭 늘려야 했다. 2016년 3,000명이던 쿼터는 2019년 2만 명으로 증가했다. 2019년 1월에서 4월 사이 이민국이 발급한 비자는 7,500건. 이 중 베트남이 1,884건으로 가장 많았고, 인도 765건, 네팔 677건이 뒤를 이었다.

　　이주 노동자 대부분은 25세부터 45세의 기혼 남성으로 자녀를 두고 있다. 이들은 교육을 받았거나 주로 걸프국가에서 일한 경험이 있다. 여성들은 주로 스파의 마사지사나 가사도우미로 일한다.

　　이들의 근로계약은 1년마다, 취업 허가는 2년마다 갱신된다. 고용주는 왕복 항공권과 함께 자격과 업무에 따라 440~700유로의 월급을 지급하고, 의료보험과 교통, 숙식도 제공해야 한다. 참고로 루마니아의 최저임금은 440유로다.

　　2019년 초 루마니아 정부는 건설업 최저임금을 630유로로 올려 노동자 유치에 나섰다. 하지만 이는 여전히 서유럽의 1/2~1/3 수준에 불과하다. "이는 임금 덤핑의 연쇄 효과이다"라고 루마니아 최대 노조인 알파(60만 회원)의 보그단 호수 위원장이 지적했다.

　　서유럽으로 떠난 루마니아인들의 자리를 아시아인들이 메우고 있다는 것이다. 그는 지역 불균형도 꼬집었다. "기업들은 국경 근처 서부 지역에만 몰려있는데, 최근 조사를 보면 동부와 남부는 실업률이 9%나 된다. 전국 평균은 3%인데."[2]

　　특히 25세 미만 청년 실업률은 18%에 달한다. 2019년 4월 기준 실업자는 26만 2,000여 명. 루마니아 정부는 지역 격차를 줄이기 위해 노동자들의 이주를 장려금으로 지원하고 있지만, "집을 떠나야 한다면 차라리 서유럽을 선택한다"는 게 호수 위원장의 설명이다.

단열 공사에 투입된 베트남 노동자들, 컨테이너에서 열악한 생활

낙후된 도로와 철도는 루마니아 기업들이 동부와 남부 지역에 자리 잡는 것을 꺼리게 만드는 요인이다. 호수 위원장은 정부가 근로 조건 개선과 채용에 관한 장기 계획을 내놓지 않고 있다고 지적했다. 공산 체제 붕괴 이후 문을 닫은 직업학교들을 되살리기 위한 구체적인 대책도 없다는 것이다.

2019년 3월, 온라인 매체 바이스 루마니아는 건설회사 에르바슈에서 일하는 베트남인 200명의 비위생적인 생활 실태를 고발했다.[3] 이들은 베트남 인력업체 타막스에 2,800달러를 주고 루마니아에 왔다. EU 기금으로 진행되는 수도의 건물 단열 공사에 투입된 것이다. 주 60시간을 일하는 이들은 공사장 가건물에 12명씩 살고 있는데, 200명이 함께 쓰는 샤워실은 9개, 화장실은 6개뿐이었다.

최근 루마니아에 생긴 인력업체들은 근로자들의 생활과 근무 조건을 꼼꼼히 점검한다고 강조한다. 2017년 문을 연 인터내셔널 워크 파인더의 다나 블라스케아누 영업이사는 "아시아 근로자들도 루마니아인과 똑같은 권리를 갖는다. 우리는 고객사와 협력 업체를 고를 때 매우 엄격하다. 조금이라도 문제가 있다 싶으면 계약하지 않는다"라고 말했다.

루마니아 문화 차이에 힘들어하는 네팔 노동자들

2019년 4월에 그녀는 1년 전 네팔 인력업체를 통해 루마니아에 온 네팔인 4명을 새로 채용했다. 이들이 전에 일하던 클루지나포카의 물류회사가 임금을 반으로 줄이려 했기 때문이다. 현재 부쿠레슈티의 패스트푸드점에서 일하는 24~36세의 이들은 문화 차이를 느낀다고 말했다.

"쉬는 날이 수요일이고 출퇴근에만 왕복 2시간이 걸린다. 여기서는 일요일이나 공휴일에도 일한다. 60세 넘은 분들도 일하는 걸 봤다. 우리 네팔에서는 노인분들이 일을 하지 않는다. 더구나 토요일에는 아무도 일하지 않는다."

월급 520유로에 주 60시간 근무 조건으로 계약했지만, 블라스케아누 이사는 초과근무수당을 따로 주고 있으며, EU 기준인 주 48시간(초과근무 포함) 근무 제한을 지키기 위해 충분한 휴식 시간을 보장한다고 강조했다.[4]

"이 나라 규정을 잘 모른다"라고 말한 한 네팔 근로자는 이름을 밝히길 꺼리며 "어차피 우리는 여기에 돈 벌러 왔으니까"라며 말끝을 흐렸다.

글 · 마린 르뒥 Marine Leduc

번역 · 아르망

1 「인재 부족 해결하기, 2018 인재 부족 조사」, 맨파워 그룹이 43개국 3만 9,145개 기업을 대상으로 실시한 조사.
2 스테판 구가, 「루마니아 임금근로자들의 상황」, 신덱스의 2018년 연례 연구.
3 「당신의 아파트 단열을 위해 루마니아로 데려온 베트남인들의 컨테이너 생활」, 〈바이스 루마니아〉, 2019년 3월 20일.
4 근로시간에 관한 EU 지침, 2003/88/EC.

탄자니아 정부가 마사이족을 추방하는 이유

세드릭 구베르뇌르 Cédric Gouverneur

언론인, 정치학자

1968년, 비틀즈는 명상과 인도 호랑이 사냥에 미친 서양인, '방갈로 빌(호랑이 사냥꾼을 고발한 비틀즈의 노래에 영감을 준 인물-역주)'을 조롱했다. 현대의 타르타랭(알퐁스 도데의 소설 『타르스콩의 타르타랭』에 나오는 병사로, 알제리로 사자를 잡으러 떠난다-역주)의 후예들은 아랍에미리트인들이다. 그들은 동아프리카의 계곡과 초원에서 큰 사냥감을 추격하고 있다. 이 돈 많은 포식자들에게 특혜를 주기 위해 탄자니아 정부는 현지 부족을 강제로 추방하는 일조차 서슴지 않는다.

붉은색 전통의상 '슈카'를 두르고, 목동 지팡이를 손에 쥔 아벨[1]과 그 가족들이 그들의 거주지 '보마'에서 취재진을 반갑게 맞이했다. '보마'란 전통가옥과 가축우리로 구성된 마사이족의 마을을 뜻한다. 사바나에는 초식동물들이 많다. 따라서 사자가 마사이족의 가축까지 공격하는 일은 드물지만, 혹시 모를 사자 무리의 습격을 막기 위해 주변이 가시나무와 쐐기풀로 빙 둘러져 있다.

탄자니아 정부는 맹수보다 훨씬 더 위험한 존재

"저희 얼굴은 찍지 마세요. 정체가 알려질 만한 것은 남기면 안 됩니다."

아벨이 간청했다. 그가 이처럼 조심하는 것은, 이들에게 맹수보다 훨씬 더 위험한 존재인 '탄자니아 정부' 때문이다. 얼마 전 아벨은 다른 마사이족 20여 명과 함께 아루샤 감옥에 투옥

가을, 균형인가? 붕괴인가?

됐다. "우리는 25명용 감방에 70명이 비좁게 지냈다. 그들(탄자니아 정부)은 원주민 수장들, 학자들, 그리고 서구 단체 관련자들을 탄압했다."

여기서 서구 단체란 물론 원주민의 인권을 보호하는 서바이벌 인터내셔널(영국), 오클랜드 연구소(미국) 등의 단체들이다.

아벨은 "그들(탄자니아 정부)은 우리가 OBC에 조직적으로 맞서지 못하게 악착같이 막고 있다"라고 강조했다. OBC(Otterlo Business Corporation)는 아랍에미리트 계열 사냥업체를 말한다. 2022년 6월 6일, 탄자니아의 아루샤 주는 OBC에 독점 면허를 내주기 위해, 1,500km^2에 달하는 롤리온도 구역(응고롱고로 자연보호구역의 북부, 세렝게티 자연보호구역의 동부에 위치) 주민들을 강제퇴거시키라는 명령을 내렸다. 얼마 후 수백 명의 경찰들이 400여 개의 금지구역 표지들을 설치하러 왔다.

"롤리온도 관할 경찰이 우리를 소환했다. 퇴거명령은 대통령의 명이니 무조건 따라야 한다고 했다. 그들이 자세한 사항은 나중에 논의하자고 했다. 당연히 우리는 항의했다. 대체 '자세한 사항'이란 게 무엇인지도 궁금했고, 이 나라에서 앞으로 우리가 온전한 시민으로 남을지 알아야 했다. 우리가 항의하자, 금방 분위기가 험악해졌다. 결국 그날 밤 우리는 전부 경찰서에서 자는 신세가 됐다."

그 사이 제한구역이 설치되던 지역 인근의 마사이족들이 마을 사람들에게 휴대전화를 걸어 이 사실을 알렸고, 공권력과 대치했다. 그해 6월 9일에서 10일로 넘어가는 밤, 표지는 철거됐다. 새벽녘에 경찰이 최루탄과 실탄까지 발사하며 시위대를 해산시켰다. 이날 붉은색 전통복장과 초록색 혹은 파란색 전투 복장이 서로 대치하는 모습은 SNS를 통해 고스란히 전 세계로 전파됐다. 부상자는 수십 명에 달했다. 일부 전사들은 투창과 화살을 휘두르며 탄자니아 경찰에 맞섰다. 경찰의 카를루스 므위타 가를루스 반장이 머리에 화살을 맞고 숨을 거뒀다.

얼마 뒤 마사이족 수백 명은 사바나를 가로질러 친족들이 사는 이웃 나라 케냐로 피신했다. 탄자니아 내무부장관 하마드 마사우니는 국경 경비를 강화하고, 롤리온도 구역에서 활동 중인 비정부기구(NGO)들을 조사하라고 명령했다. 2022년 11월 말, 케냐로 이주한 마사이족은 투옥된 지도자들이 형사소추 없이 석방되는 것을 지켜보며 상황이 진정됐다고 생각해 대부분 탄자니아로 돌아왔다.

거주민 퇴거 조치의 피해자는 약 7만 명으로 추산됐다. 아벨이 그 당시의 상황을 설명했다. "저들은 제한구역 표지를 넘어간 이들에게 10만 실링(2023년 4월 24일 기준 한화로 약 5만 7,000원-역주)의 벌금을 물리기 시작했다."

외국 관광객들과 부자 사냥꾼들을 위한 강제 이주정책

하지만 마사이족은 물물거래를 했기 때문에 벌금을 낼 돈이 없었다. 벌금을 내려면 기르던 소를 팔아야 했다. 다른 사람이 좀 더 구체적으로 증언했다. "건기라서 소들이 많이 야윈 상태라, 대부분 헐값에 팔아야 했다. 벌금을 내지 못하면 정부 당국이 가축을 빼앗기도 했다." 오클랜드 연구소의 조사에 따르면, 2022년 11~12월 총 5,880마리의 소와 767마리의 양이 압류

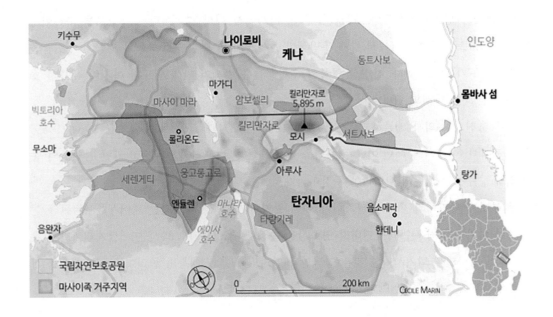

가을, 균형인가? 붕괴인가?

됐다.[2] 탄자니아 정부의 이같은 압류 조치는 2023년 1월에도 지속됐다.

"자연보호라는 명분을 앞세워 우리를 쫓아냈다! 하지만 정부는 우리에게 자연보호를 말할 자격이 없다. 우리는 야생동물을 죽이지 않는다. 야생동물을 사냥하는 것은 외국인 부자들이다. 우리는 야생동물과 더불어 살아왔다. 동물을 위험에 빠뜨린 건 우리가 아니다! 탄자니아나 케냐의 마사이족 거주 지역에는 다른 곳보다 더 많은 동물이 서식 중이라는 게 그 증거 중 하나다."

여기서 국제자연보전연맹(IUCN)이 '거주민 없는 자연공원'이라는 개념을 오랫동안 옹호해 온 사실을 주목할 필요가 있다.[3] 세계자연기금(WWF)도 마찬가지였다. 하지만 최근 WWF는 생태 보전에서 농목업자와 채집자가 수행하는 중요한 역할을 인정했다.

"다양성 보전은 원주민과 지역공동체의 온전한 참여 없이 불가능한 목표다."[4]

여러 통계수치도 이 사실을 뒷받침한다. 일례로 원주민 토지 중 91%는 생태학적으로 매우 훌륭한 상태이며, 핵심보전지역(Keys conservation areas)의 36%는 원주민 영토에 속하는 것으로 조사됐다.

1904~1911년, 영국령 동아프리카(훗날의 케냐)에서 이미 영국식민지 행정부는 마사이족의 50~70%를 그들의 영토에서 강제 추방했다. 마사이족의 터전을 동물들과 영국인 수렵꾼들에게 넘겨주기 위해서였다. 사실상 영국의 수렵꾼들은 반세기 만에 인도와 아시아 대륙의 호랑이를 몰살시키다시피 했다.[5]

서독 출신의 수의사 베른하르트 그르지멕(1909~1987)과 그의 아들 마이클(1934~1959)은 서구에서 '아프리카 에덴'이라는 개념을 대중화했다. 아프리카가 아프리카인 본인들의 손에 의해 순수성이 훼손되고 있다는 주장이었다.

두 부자가 탕가니카(미래의 탄자니아)에서 촬영한 영화 〈세렝게티는 죽어서는 안 된다〉는 1960년 아카데미 최우수 다큐멘터리 영화상을 수상했다. 그르지멕 박사는 세렝게티와 응고롱고로에서 거주민을 퇴거시켜줄 것을 영국인과 탄자니아 초대 대통령 줄리어스 니에레레를 상대로 설득했다.

전후 프랑크푸르트 동물원 원장으로 활동한 그르지멕은 사실 나치 독일군의 수의사이자, 독일 국가사회주의노동자당(NSDAP)의 당원이었다. 사실상 거주민을 몰아낸 아프리카의 자연이란 개념은 인종주의와 전혀 무관하다고 볼 수 없다.

역사학자 기욤 블랑은 세벤느 공원(프랑스)의 경우 다양성 보전에서 농목업이 차지하는 역할을 인정하면서도, "아프리카의 자연공원은 무조건 거주민이 없어야 한다"[6]라고 주장했다. 그는 '거주민을 몰아낸 자연이라는 이상'은 일종의 '녹색 식민주의'에 해당하는 것이라면서, "식민지 시대에 백인이 문명 전파의 짐을 짊어졌다면, 지금은 서구 전문가들이 생태주의의 짐을 어깨에 진 것"과 같다고 분석했다. 결국 "현대 문명 세계는 아프리카를 계속 아프리카인으로부터 구원할 의무를 지고 있다"라는 주장이다.

식민지 독립 후, 많은 식민지 공직자 출신들은 공원 관리 일로 인생 2막을 열었다. 신생 독립국가들도 이들 자연보호구역을 성역화했다. 그것이 모두 관광(코로나 팬데믹 사태 전까지, 탄자니아 국내총생산의 10%를 차지)[7]을 활성화하고, 탄자니아 정부의 중앙집권적 시스템이나 일부 현대성의 개념과 공존할 수 없는 생활방식(유목, 수렵 및 채집, 나체 생활 등)으로 살아가는 소수인종을 통제하기 위해서였다.

아랍에미리트 부자들이 자행하는 만행

마사이족은 강력한 전투적 전통을 지닌 유목민이지만, 더 이상 사냥을 즐기지 않는다. 젊은 전사가 사자를 때려죽여 힘을 과시하던 시대는 과거에 불과하다. 마사이족 목동들은 가축이 누 등 야생동물과 접촉하지 않도록 주의한다. 자칫하면 악성 카타르열 등의 질병에 감염될 수 있기 때문이다.

마사이족이 키우는 가축은 사바나의 풀을 뜯어먹고, 땅에 자연 거름을 줌으로써 사바나의 자연을 보존하는 역할도 한다. 세렝게티를 지키는 경비대는 1959년 이 지역에서 마사이족을 몰아낸 이후, 정기적으로 덤불 제거를 하며 진땀을 빼야 했다. 마사이족이 떠난 이후 도깨비

바늘(Bidens pilosa) 등 외래종 식물이 범람했기 때문이다. 1974년의 강제 추방 조치 이후로는 초식동물의 개체 수도 현저하게 급감했다.[8]

"이미 우리는 지구온난화의 여파를 온몸으로 감내하고 있다. 우기였던 1월에 이제 비를 구경하기가 힘들다. 이제 OBC 문제까지 겪고 있다. 앞으로 우리의 운명이 어떻게 될지 알 수 없다. 이 모든 사태가 우리 삶의 방식을 180도 바꿔놓고 있다." 아벨이 이야기를 끝맺었다.

1992년 이후 탄자니아에서 트로피 사냥(상업적 목적이 아닌 단순 오락을 위해 대형 야생동물을 사냥하는 행위-역주)을 주관하고 있는 OBC는 무함마드 압둘 라힘 알알리가 소유한 알알리 홀딩 그룹 계열의 회사다. 알알리는 아랍에미리트의 국방차관으로, 2015년 '파나마 페이퍼스'(역외 금융 서비스를 전문으로 하는 파나마의 최대 로펌 모색 폰세카가 보유한 약 1,150만 건의 비밀문서. 이 문서에 20만 개 이상의 역외회사에 관한 금융 및 고객 정보가 들어 있다-역주)의 명단에도 이름을 올린 인물이다.

OBC의 주요 고객 중에는 두바이의 지도자, 셰이크 무함마드 빈 라시드 알 막툼이나 그의 아들 함단 왕자 같은 인물도 있다. 사실상 이 아랍에미리트의 기업은 최근 롤리온도에서 발생한 폭력 사태에 대해서는 SNS상에서 일절 함구하고 있다.

기껏해야 셰이크 알 막툼 재단이 후원 중인 인도주의 단체, 'UAE 물 구호재단'이 설치한 우물 옆에서 오가는 마사이족 여인들의 사진만 게시했을 뿐이다. 2017년 12월 13일 OBC는 "수렵 통제구역 인근 지역공동체들은 지역공동체 개발프로그램을 통해 이런 구호 혜택을 누릴 수 있어야 한다"라는 트윗글을 게시했다.

하지만 15여 년 전부터 탄자니아 경찰은 이 수렵 통제구역에서 주기적으로 마사이족을 쫓아내고 있다. 한편 OBC는 '지속가능한 수렵'에 대해서도 자화자찬을 늘어놓는다. 하지만 탄자니아 지역 언론이나 케냐의 마사이환경자원연합은 2002년부터 아랍에미리트인들이 자행하고 있는 각종 만행을 고발해오고 있다. 가령 그들은 헬리콥터를 동원해 사냥감을 몰거나, 소금석(Salt stone)을 미끼로 동물을 유인하거나, 정해진 수렵 쿼터를 지키지 않는 등의 행위로 온갖 물의를 빚고 있다.[9]

사실 롤리온도 보호구역은 응고롱고로와 세렝게티, 그리고 케냐의 마사이 마라 공원 사이, 초식동물떼(그리고 이들을 잡아먹는 포식동물들)의 이동 경로에 위치하고 있다. 2000년대 케냐(1977년 이후 트로피 사냥을 금지)는 롤리온도를 건너던 도중 목숨을 잃은 동물들이 늘어나면서, 확연하게 이 지대의 동물 수가 급감한 사실을 확인했다. 더욱이 OBC의 보호구역에는 걸프만과 직항으로 연결하기 위해 개인 비행기 활주로까지 설치된 상태다. 일부 마사이족은 두바이 동물원과 야생동물 밀매가 이뤄지고 있을 것이라고 의심한다.[10]

탄자니아 경찰, 불법적으로 마사이족 거주지에 불 질러

폭력을 동원한 마사이족 강제퇴거 조치가 세상에 널리 알려진 것은 2009년 7월 4일이었다. 당시 탄자니아 경찰은 마사이족 주민을 몰아내기 위해 200여 개 보마에 불을 질렀다. 당시 이런 사실은 탄자니아독립인권위원회와 탄자니아 주재 덴마크 대사 비야네 H. 쇠렌센과 UN 원주민 인권 특별보고관 제임스 아나야의 고발로 드러났다. 분명 이는 탄자니아 법률로도 불법적인 퇴거 조치에 해당했다. OBC의 수렵면허만으로는 토지권 행사가 불가능하기 때문이었다.[11]

강제퇴거 조치는 2013년과 2017년 8월에도 계속됐다. 하지만 2017년 10월, 존 폼베 마구풀리 탄자니아 대통령이 쥬마네 마겜베 천연자원관광부 장관을 마침내 경질했다. 신임 장관 하미시 키강갈라는 강제퇴거 조치를 중단했고, 압류된 가축을 반환하도록 명령하는 한편, 반부패사무국(Prevention and Combating of Corruption Bureau)에 조사를 의뢰하고, 천연자원관광부 산하 야생동물국 국장 알렉산더 손고르와 등 OBC의 뒤를 봐준 것으로 의심되는 여러 책임자들과 치안담당자들을 해임했다.[12]

동시에 탄자니아 출신의 OBC의 최고경영자 아이작 모렐도 감옥행 신세가 됐다. 아랍에미리트인들에게 특혜를 준 것으로 의심되는 집권당(샤마 샤 마핀두지, '혁명당') 총서기 압둘라마네 키나나도 2018년 5월 사임했다. 이로써 OBC는 탄자니아에서 명줄이 다한 듯 보였다.

하지만 2021년 3월, 돌연 마구풀리 탄자니아 대통령이 세상을 떠났다(코로나19 바이러스로 인한 사망으로 추정). 대통령 자리를 승계한 사미아 술루후 핫산 부통령은 아랍에미리트와 돈독한 관계를 맺고 있었다. 2022년 2월 그녀가 두바이를 공식 방문했을 때, 세계 최고의 마천루 부르즈 할리파 타워는 탄자니아 국기색의 조명으로 환하게 물들었다.

탄자니아 대통령은 2022년 4월 집권당 부대표로 문제의 인물인 키나나를 임명했다. 두바이 방문 4개월 뒤, 탄자니아 대통령은 롤리온도의 수렵 통제구역을 포위해 '깨끗이 정리'하라고 명령했다. '추방'이라는 말은 쓰지 않았다.

마사이족의 족장 샤를르는 한숨을 쉬며 말했다. "우리 가족은 1959년 세렝게티에서 추방당했다. 당시 영국인들은 분명 더 이상 추방은 없다고 우리와 협정을 맺었다. 하지만 우리는 결국 배반당했다."

현재진행형인 이주정책은 응고롱고로 보호구역(NCA)으로까지 점차 확대되고 있다. 마사이족 언어로, '응고롱고로'는 '종'을 의미한다. 거대한 분화구 속에서 울리는 가축의 목에 매달린 방울 소리에서 비롯된 이름이다.

1959년 그르지멕 덕분에 조성된 총 면적 8,288㎢의 응고롱고로 보호구역은, 300㎢ 남짓한 세계에서 가장 광대한 칼데라(화산이 무너지면서 생긴 분화구)를 가슴에 품고 있다. 응고롱고로 분화구는 매년 지프차를 타고 야생동물을 구경하러 50만 명의 세계 여행객이 찾는 명실상부한 사파리의 성지로 자리매김했다.

1974년 이후 마사이족은 이 장소를 떠나야 했지만, 대신 나머지 보호구역의 지대는 '다채로운 용도'의 사용이 허가됐다. 쉽게 말해, 나머지 지대에서는 목농업이 허용됐다는 뜻이다. 현재 수많은 마을과 단단하게 지은 주택들, 학교, 병원이 들어서 있는 이 지대는 적어도 8만 명의 마사이족이 거주하고 있는 것으로 추산된다.

대다수가 과거 세렝게티에서 추방된 가정의 후손들이다. 그런데 2022년 1월 이후 탄자니아 정부는 난데없이 보호구역의 '인구 과밀'을 우려하고 나섰다. 1960년대까지만 해도 마사이족의 수가 불과 수천 명에 불과했다는 이유를 들면서 말이다.

"자연보전은 한낱 핑곗거리, 관광 활성화가 속셈"

사미아 술루후 하산 탄자니아 대통령은 "우리는 현재 응고롱고로를 잃어가고 있는 중"이라고 선언하며, "자발적 재배치 프로그램의 실시"를 결정했다. 카심 마잘리와 총리는 2022년 2월 응고롱고로의 주민들을 만나 이주를 '제안'했다.

하지만 취재진이 만난 이들의 증언에 따르면, 모든 것은 사전에 결정돼 있었다. 2021년 12월부터 저들은 한데니 지역에 이주자용 주택을 짓기 시작했다는 것이다. 이주를 결심한 가정은 각자 집 한 채와 2헥타르의 토지, 1,000만 실링(2023년 4월 24일 기준 한화로 약 570만 원)의 보상금을 받았다. 2022년 1월, 이미 마사이족 5,000명이 응고롱고로를 떠났다. 나머지 5,000명도 서둘러 이주를 준비했다. 롤리온도와 응고롱고로 사이 지대에서는 15만 명 이상의 마사이족이 이주할 것으로 보인다.

유엔인권고등판무관실은 2022년 6월 15일 이후로 "사전에 아무런 자유의지에 의한 명백한 동의"도 없이 자행된 "국제법으로 금지된 자의적인 이주"를 비난해오고 있다.

필립은 응고롱고로 분화구 인근 마을을 대표하는 족장이다. 4륜 자동차를 타고 사파리 관광을 끝낸 일부 외국인 관광객이 이곳에 와서 사진에 담을 만한 근사한 마사이족 문화체험을 즐기거나, 전통 노래와 춤을 구경하거나, 막대기를 비벼 불을 붙이는 모습을 지켜보거나, 전통 가옥을 방문하거나, 오색영롱한 진주 팔찌 같은 수공예품을 구매한다고 했다.

마사이족은 종종 관광객에게 다가가 '하쿠나 마타타'(스와힐리어로 '아무 문제 없다'라는 뜻이다)라는 말을 건네기도 한다. 이 표현은 디즈니 제작 만화영화 〈라이언킹〉(1994년작)을 통해 세계적으로 유명해졌는데, '하쿠나 마타타'는 디즈니 소유의 상표권이 된 상태다.

탄자니아 정부는 마사이족이 응고롱고로를 떠나도록 타 지역에 새로운 거주지까지 제공하며 유인책을 쓰고 있다. 하지만 동시에 응고롱고로 보호구역(NCA) 내 각종 서비스를 조직적으로 악화시키는 수법도 동원하고 있다.

1965년 이후로 아루샤 교구가 관리해온, NCA 내 유일한 의료기관인 엔둘렌 병원은 매일

20명 이상의 환자를 받고 있다. 보조금이 끊기자 병원은 직원을 줄여야 했다. 현재 병원은 거의 보건소 수준으로 전락했다. 2021년 이후, 탄자니아 정부는 응고롱고로 보호구역 내에 더 이상 어떤 건설허가도 내주지 않으며 건물 리모델링을 가로막고 있다.

"마사이족은 온전한 시민 취급을 받지 못해,
그저 관광자원일뿐"

아루샤 소재 비정부기구(NGO) '플라잉 메디컬 서비스'는 본래 작은 경비행기로 외딴 마을의 환자들에게 구급차 역할을 하고 있는데, 더 이상 응고롱고로를 출입할 수 없게 됐다. 취재진은 엔둘렌 부근을 자동차를 타고 은밀히 둘러보는 동안 정부가 주민들의 재입주를 막기 위해 버려진 가옥과 보마들을 파괴하고 있다는 사실을 확인할 수 있었다. 인부들이 400명의 학생들이 다니던 오소트와 초등학교를 허물고 있는 것도 목격했다. 남은 8개 학교와 4개 교회, 심지어 경찰서도 같은 운명에 놓일 것이다.

"이곳은 롤리온도와는 다르다. 보는 눈이 너무 많다. 관광과 폭력은 공존할 수 없으니까. 그래서 은밀하게 압력을 가해 주민들을 몰아내려고 한다."

현지 사정에 밝은 엔둘렌의 정보원, 다니엘이 귀띔했다. 병원도 학교도 없어지면, 사람들은 떠날 수밖에 없을 것이다. 한편 우리의 정보원은 과거 마사이족이 살던 곳에 분명 '5성급 호텔'이 들어설 것이라고 확언했다.

"자연보전은 한낱 핑곗거리에 불과하다. 관광을 활성화하려는 속셈이다. 실제로는 호텔 등 관광시설이 마사이족보다 훨씬 자연환경을 해칠텐데…."

동쪽으로 600킬로미터 떨어진, 탕가 연안지대에는 음소메라 마을이 자리하

〈사람과 사람들〉, 2019 – 아드비예 발 ▶

가을, 균형인가? 붕괴인가?

고 있다. 이곳은 응고롱고로를 떠난 사람들의 새로운 보금자리가 되고 있다. 음소메라 마을은 본래 많은 마사이족이 수세대에 걸쳐 살아가고 있는 인구 밀집지대였다. 음소메라의 마사이족은 주로 농업(옥수수, 강낭콩 재배)에 종사하고 정착 생활을 한다는 점에서 반유목 생활을 하는 서부의 마사이족과는 서로 구분된다. 그런데 음소메라의 토박이 마사이족은 탄자니아 정부가 새로운 이주민을 받아들이기 위해 그들의 땅에 주택을 짓는 것을 보고는 경악을 금할 수 없었다.

그들은 "더 이상 잃을 것이 없다"라며, "위험해지더라도 실명으로 증언하겠다"라고 나섰다. 그들은 자신들의 참상을 보여주겠다며 차창이 어둡게 선팅된 차량에 탑승해 취재진을 마을로 안내했다. 때때로 탄자니아 군대가 설치한 바리케이드를 피해 번번이 길을 돌아가야 했다.

"어느새 응고롱고로의 주민들이 우리 땅에 정착했다." 위풍당당한 태도로 지휘봉 '오링가'를 손에 쥔 60대 추장 윌리엄 카닌쥐가 통탄하며 말했다. "현지 언론들은 이 문제를 절대 다루지 않는다. 정부도 항의하는 사람들을 위협한다."

증언자들이 골함석 지붕이 덮인 작은 초록색 가옥을 가리켰다. "나는 이 땅에서 35년을 살았다. 그런데 저따위 집과 교회를 짓겠다고 나를 쫓아내다니…." 에마뉘엘 킬로수가 격노한 어조로 말했다. 그는 자신이 "50헥타르 중 40헥타르"의 땅을 잃은 것이 분명하다고 확신했다. 그 곁의 루카스 시메온도 비석들을 가리키며 말했다. "저기를 보시오! 저기가 우리 집이다! 저기가 우리 조상들의 무덤이고! 저들이 우리 땅을 새로운 이주민들에게 내주었다. 더 이상 우리는 우리 땅에 출입할 수가 없다." 합법적 주인들은 계속 본인들의 땅을 경작하겠다고 고집을 부려봤지만 허사였다. 새 이주민이 경찰에 신고해 저항자들을 쫓아냈다.

"지금까지는 지난해 수확물과 친지들의 도움으로 겨우 입에 풀칠을 할 수는 있다. 하지만 내년에는 대체 어찌해야 되나?" 킬리수의 얼굴에 근심이 묻어났다. 데네스 음와라부도 자신의 땅이 전직 응고롱고로의 위원에게 돌아가는 것을 지켜봐야 했다. 새 이주민들과의 관계는 최악이다. "우리 아이들은 새 이주민들의 아이들과 학교에서 싸운다. 군인들이 철수하면, 폭력 사태를 피할 수 없을 거다." 현재 새 이주민들은 울타리와 바리케이드를 설치하고 있다.

1977년 탄자니아 헌법 제24조에 따르면, 마사이족은 그들 토지에 대한 권리를 관습법에 의거해 인정받을 수 있다. 법적으로 엄격한 절차를 준수하지 않고는 절대 그들의 토지를 압류할 수 없다.

아루샤에서는 변호사 조셉 올레샹가이가 이 문제를 해결하기 위해 법적 투쟁에 나서기로 했다. 하지만 2022년 9월 30일, 마사이족은 첫 번째 고배를 마셔야 했다. 동아프리카사법재판소(EACJ)가 탄자니아 정부를 상대로 낸 그들의 소송을 기각한 것이다.

"정부는 마사이족이 관광자원일 때만 그들의 존재를 인정해준다. 하지만 자신들의 권리를 요구하는 마사이족은 더 이상 온전한 시민 취급을 받지 못한다."

올레샹가이가 이야기를 끝맺었다.

글 · 세드릭 구베르뇌르 Cédric Gouverneur

번역 · 허보미

1 인터뷰에 응한 사람들의 신변 보호를 위해 가명 처리했음.
2 「Tanzania Government Resorts to Cattle Seizures to Further Restrict Livelihoods of Maasai Pastoralists」, Oakland Institute, Oakland(California), 2023년 1월 24일, www.oaklandinstitute.org.
3 「"The state of indigenous peoples' and local communities lands and territories」, 2021년 7월 7일, IUCN.org.
4 John Vidal, 「Armed ecoguards funded by WWF 'beat up Congo tribespeople'」, 〈The Guardian〉, London, 2020년 2월 7일.
5 Cf. Lotte Hughes, 『Moving the Maasai : a colonial misadventure』, Polgrave McMillan, Basingstoke, 2006년. 「Maasai eviction : Tanzania is repeating Kenya colonial past」, 〈The Star〉, Nairobi, 2022년 7월 25일.
6 Guillaume Blanc, 『L'intervention du colonialisme vert 녹색식민주의의 개입』, Flammarion, Paris, 2022년.
7 Statista.com.
8 Ismael Selemani, 「Indigenous knowledge and rangelands biodiversity conservation in Tanzania : success and failure」, 〈Biodiversity and conservation〉, 제29호, 제14호, 2020년 12월, link.springer.com.
9 Cf. John Mbaria, 「Game Carnage in Tanzania alarms Kenya」, 〈The East African〉, Nairobi, 2002년 2월 4일. 「The killing fields of Loliondo」, maasaierc.org.
10 http://twitter.com/tubuluTLS20/status/1611996178589040641?s=20&t=TiFAnPF_iA7wM_IdwqREtg.
11 「Tanzania Human Rights Report 2009 : State of indigenous people : the Maasai forceful eviction」, 2009년 7월, www.humanrights.or.tz.
12 〈The Citizen〉, Dar es Salam, 2017년 11월 6일

아랍 세계에 찾아온 청춘

일각에서 주장한 바와 달리, 아랍 세계의 높은 청년층 비율이 이슬람 근본주의의 확산으로 이어지지는 않았다. 지중해 남안과 북안 지역 국가들의 인구구조 변화는 지난 20년간 꾸준히 비슷한 양상으로 전개됐다. 과거 이슬람 문화권에 부정적 이미지를 가져올 정도였던 (1) 이슬람권의 출생률만 해도 그렇다. 레바논, 튀니지, 모로코, 터키, 이란의 출생률은 유럽 국가들과 비슷한 수준에 이르렀다.

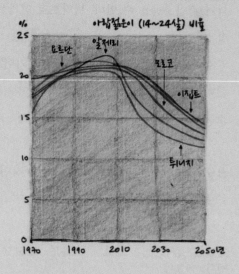

이런 인구구조 변화는 돌이킬 수 없는 정치적 변화를 가져왔다. 모로코의 경우 1975년 이후 출생률이 지속적으로 감소해, 2009~2010년 통계조사에서는 여성 1명당 2.19명으로 나타났다. 도시 지역에서는 인구 대체 수준인 2.05명에도 못 미치고 있는데, 튀니지도 지난 10년간 이와 별반 차이가 없었다.

인구 측면에서 봤을 때, 아랍 국가들에서 일어난 정치봉기는 불가피한 일이었다. 18세기 후반 유럽 국가들이 겪은 변화가 전세계로 확산됐고, 지중해 남안 국가들도 예외가 아니어서 지난 40년간 인구적·문화적·인류학적으로 유사한 변천을 겪었다. 아랍 세계가 예외라고 믿는 것은 근본적으로 진보에 부정적인 호모 아라비쿠스(Homo Arabicus)와 호모 이슬라미쿠스(Homo Islamicus)라는 개념을 만들어내, 본질주의라는 과오를 범하는 것과 다름없다.

19세기부터 선교사들이 설립한 대학의 수혜자였던 레바논 기독교인을 제외하면, 일부 아랍 세계는 1960년대 들어 교육 확대와 출생률 저하에 힘입어 변화하기 시작했다. 하비브 부르기바 정권하의 튀니지는 국가 근대화를 추진하면서 남녀 모두에게 교육의 길을 열었다. 모로코의 경우 독립 초기 정부가 교육을 선결 과제로 삼았으나, 정치적 위계질서에 불안정을 가져올지 모른다는 우려로 좌절되고 말았다. 현재 농촌 지역 여아들의 문맹률이 높은 것도 이에 기인한다고 봐야겠다.
학교 교육의 보편화는 출산 억제와 피임기구 사용 확대와 맞물려 진행됐다. 일부 아랍 국가의 출생률 저하가 두드러졌는데, 심지어 부계 중심 사회라는 근본 가치가 흔들릴 정도였다. 부계 중심 가족의 가치가 흔들린다는 것은 곧 '국민의 아버지'에 대한 가치가 흔들림을 의미한다고 볼 수 있는데, 튀니지와 이집트의 사례가 이를 잘 드러낸다.

근친혼인도 눈에 띄게 감소했는데, 사회제도의 폐쇄성과 사회그룹 간 배타성의 원인이기도 한 친족 중심의 폐쇄성이 약화됐다고 볼 수 있다. 사회가 외부에 개방적으로 변하면, 독재정권에 대한 저항도 상대적으로 용이해진다. 학교 교육의 대중화와 출생률 저하 또한 간접적으로 의식을 개선시켜 정치봉기를 장려할 수 있다.

가족관계의 변화가 가져온 영향은 두 가지 상반된 모습을 보인다. 자녀 수를 줄이면서 자녀를 더 잘 보살피고, 더 잘 먹이고, 아이들에게 더 높은 수준의 교육을 더 오랫동안 받게 하는 것이 가능해졌다. 아랍 세계가 향해 가고 있는 핵가족 모델에서는 남편과 아내, 부모와 아이들의 관계가 좀 더 '민주적'일 수밖에 없고, 이는 정치·사회상으로 긍정적 영향을 낳는다. 하지만 교육받은 자녀와 교육받지 못했으나 여전히 가부장적 문화에 젖어 집안에서 절대권력을 행사하는 아버지가 동거하면서 문제가 생기기 마련이고, 이로써 한 지붕 아래 동거하는 것이 '불화'로 이어진다. 가족 간의 불화는 사회 전체적 차원으로 이어지는데, 이슬람 문화권에 나타나는 현상도 부분적으로 이에 기인한다.

학교 교육의 보편화가 남성에 이어 여성에게까지 확대되면서 의식 변화를 가져왔고, 심지어 세상에 대한 환멸도 자아내면서 사회의 세속화를 가져왔다. 정치봉기에 처음으로 뛰어든 것도 대학생 청년 실업자들이었다. 하지만 모로코에서 요르단에 이르기까지 남녀 가릴 것 없이 모두 시위에 참여했고, 다양한 연령층과 사회계층을 아울렀다. 종교의 영향과는 무관한 이 정치혁명은 젊은이들만의 전유물은 아니었다.

헌팅턴 논리의 허점, '젊은 층의 물결'

새뮤얼 헌팅턴은 『문명의 충돌』에서 인구 내 청년층 비중 증가가 세계에 불안을 야기하고 이슬람주의의 확산을 가져오는 요소라 설명했다. 즉, 사회불안과 전쟁, 테러리즘을 야기한다는 것이다.(2)

헌팅턴의 논리에 따라 일부 정치학자들은 청년층과 폭력 간의 상관관계를 찾으려 했다. 이 이론이 가진

가을, 균형인가? 붕괴인가?

허점은 한시적 현상을 보편적 현실인 양 취급하며, 종교적 · 문명적 요소에서 원인을 찾으려는 데 있다. 1980년대 이전 높은 출생률과 사망률 저하에서 비롯된 '젊은이의 물결'은 아랍권이든 이슬람권이든 간에 모로코에서 인도네시아에 이르기까지 모두에게 공통적인 사고방식과 불가분의 관계에 있다.

하지만 인구상의 수치로 보면 여건은 각기 상이하며, 특히 '젊은 층의 물결'이 일시적이라는 게 드러난다. 헌팅턴의 논리를 따르면, 젊은 층이 조장한 폭력에 이어 이 세대가 흡수되면서 사회적 안정이 찾아와야 한다. 모로코와 알제리, 사우디아라비아에서조차 이런 물결은 이미 2000년대에 지나가 버렸다. 선구자 격이던 레바논의 젊은 층 인구가 정점에 도달한 때에는 내전이 한창인 1985년이었고, 터키는 1995년이었다. 이집트와 시리아는 2005년이 되어서야 이를 겪었다.

청년층 비율 감소가 겨우 시작된 예멘과 2020년에나 정점에 도달할 것으로 예상되는 팔레스타인을 제외하고는, 높은 젊은 층 인구 비율은 앞으로 30년 안에 사라져 유럽 국가 수준으로 접어들 것이다.

글 · 유세프 쿠르바즈 Youssef Courbage   번역 · 김윤형

(1) 오리아나 팔라시,『분노와 오만』, 파리, 플롱, 2002.
(2) 새뮤얼 헌팅턴,『문명의 충돌』, 오딜자코브, 파리, 2000(1996년 초판 발행).

사헬 공중보건의 핵심, 10대 여성의 자율성

아이사 디아라 Aïssa Diarra

의사 겸 인류학자,
니제르 니아메 사회 역학 및 지역발전 연구소(Lasdel)

사헬 지역(세네갈에서 수단 남부까지 사하라 사막과 사하라 이남 아프리카 북부 사바나 사이의 경계에 있는 점이지대)의 공중보건 분야 최우선 과제는, 10대 여성들의 자율성이다. 불평등과 빈곤이 만연한 이 지역 여성들에게 출산결정권이란, 지위 향상과 특정 사회문화적 규범으로부터의 해방이라는 의미를 지닌다.

2015년에 SDG(Sustainable Development Goals: 지속가능발전목표)로 새롭게 명명한 MDGs(Millennium Development Goals: 새천년개발목표)를 2000년 처음 채택한 이후 각국 정부는 자국의 보건·사회 정책을 평가하는 각종 지표를 도입해왔다. 그동안 사헬지역 사회 정책 결과는 매우 미흡했다. 성 불평등은 여전하고, 극빈층이 인구의 30~40%를 차지하며, 국가별 합계출산율은 4.1~7.6명을 맴돈다.(1)

이에 따라, 사헬 지역 여러 정부와 그 상대국은 인구구조 변화의 조건과 출산율 감소 방안을 검토하게 됐다. 오늘날 이들은 가족계획 사업을 통해 10대 여성들의 보건에 주력하고 있다. 이 실천방안은 각종 개발 계획에 널리 반영돼온 원칙인 '10대 여성의 자율성 강화'라는 주제를 아우른다.

이 목표를 달성하려면, 다양한 주체의 참여와 공동의 노력이 뒷받침돼야 한다. 사헬 지역의 각국 정부는 다양한 국제기구(유엔아동기금, 유엔인구기금, 세계보건기구)와 협력단체(프랑스 개발청, 스위스 개발협력청, 벨기에 개발청), 세계의사회(Médecins du monde)나 패스파인더(Pathfinder)와 같은 비정부기구의 지원과 협력으로 이 문제를 풀고자 노력 중이다.

이슬람 시민사회, 출산율 통제 받아들이기 힘들어

여성의 자율성 강화 운동은 영어에서 파생된 '임파워먼트(Empowerment: 역량 강화)'라는 개념에 힘입어 촉진되고 있다. 2019년 3월 뉴욕에서 열린 CSW(Commission on the Status of Women: 유엔 여성 지위위원회) 제63차 회의와, 그해 6월 밴쿠버에서 열린 IAW(International Alliance of Women: 국제 여성 동맹)에서도 이 주제를 중점과제로 다뤘다.

자율성 강화 운동은 10대 소녀들이 대상이 아닌 주체라는 기본 원칙을 제시한다. 소녀들에게 필요한 맞춤형 사업을 제공하고 성·생식 보건환경을 개선해 서비스를 제고하는 일은 아프리카 국가들이 당면한 복합적인 의미의 도전과제다.

페미니즘 운동, 인권운동에 영향을 받은 이 접근 논리가 서구사회의 맥락에서는 자명한 이치로 통할지 모른다. 하지만 가부장적 이데올로기 중심의 사회적 관습과 종교가 지배하고 서구와는 전혀 다른 가치를 추구하는 사회에서는 이러한 논리가 당위성을 상실한다.

이슬람 국가에서는 살라프파(이슬람 수니파 극단주의 종교운동)의 원리주의 색채가 짙은 종교 규범 및 가부장적 논

▲ 〈사람과 사람들〉, 2017 - 아드비예 발

리가 가족과 남녀관계를 정의한다.[2] 이런 사회적 관념은 근본적인 성 불평등을 정당화하여 일부다처제, 조혼, 성관계 의무, 이혼, 불평등한 상속권 등의 사회문제를 야기한다.

불평등한 성 관념은 출산을 중요하게 만든다. 자녀를 많이 낳을수록 여성의 사회적 위상이 높아진다고 보는 인식 때문이다. 게다가 사회보장망이 불안정하거나 부재해 인구 대다수가 출산을 곧 '노령보험 가입'으로 받아들이는 경향을 보인다.

실제로 부모의 노후를 자녀가 책임지는 일이 많다. 자녀 출산은 재산, 상속, 사회적 위신이나 일부다처 제도권 내 아내들 간의 알력다툼, 가난 때문에 일을 해야만 하는 아이들 등, 각종 사회문화 및 경제 문제와 복합적으로 얽혀있다. 이런 사회 인식은 기독교가 주를 이루는 국가의 가장 보수적이고 가부장적인(특히 복음주의나 오순절 교회에서 장려하는) 가족, 성, 출산 관행과도 맞닿아 있다.

서구권에서 강력히 주창하는 피임정책은 사헬 지역의 사회 · 종교 · 경제 규범과는 다소 어긋난다. 에마뉘엘 마크롱 프랑스 대통령은 2017년 7월 함부르크에서 열린 G20 회의에서 통제 없이 인구가 증가할 경우, 국가발전에 걸림돌이 된다는 견해를 노골적으로 지지한 바 있다. 높은 출산율을 부와 발전의 동인으로 여기는 타 국가들의 사정은 전혀 고려하지 않은 발언이었다. 특히 이슬람 시민사회 관점에서는 정부와 국제사회가 주장하는 출산율 통제의 정당성을 받아들이기 어렵다.[3]

사헬지역 보건당국의 이중성

사헬 지역에서 가정과 종교 영역에서 남성이 모든 주도권을 장악하고 있다. 특히 사헬 지역 여성들은 의사 결정권이 없는 경우가 많아 산아를 제한하는 현대 의료체계에 쉽게 접근하지 못한다. 이때문에 필요시에는 암암리에 공동체 내 시술자(치유자, 행상인, 도사 등)를 찾는 등 관습이나 민간요법에 의존할 수밖에 없다.

사실상 가임기의 여성이 사회로부터 출산 가능성에서 배제되는 시기는 생애에 걸쳐 1) 결혼 전, 2) 모유 수유 중(대부분 2년), 3) 짧은 기간 다산한 경우, 4) 남편이 멀리 떨어져 있는 경우, 5)재혼 전, 보통 이렇게 5가지다. 따라서 성관계나 출산은 여성의 자유의지를 제약한다. 순응하지 않는 이에게 오명과 낙인을 덧씌우는 사회문화 규범의 틀 안에 여성을 가두는 셈이다.

이 지역의 사회문화와 종교적 규범은 의료보건 종사자들의 인식에도 깊이 내재되어 있다. 대표적인 피임법은 피임약, 살정제, 자궁 내 피임장치이며, 15~49세 여성의 피임률은 15.2%로 매우 낮다.[4] 상당수의 간호사와 조산사는 10대 소녀들의 피임 시술에 반대해 이들에게 피임약을 처방하지 않으려 한다.

캠페인에 참여한 니제르의 어느 의료계 종사자는 "우리는 낙태를 도울 의무가 없고, 그런 일을 하겠다고 서약한 바도 없다. 언젠가는 우리 모두 신 앞에 지은 죄를 회개해야 한다"라고 주장했다. 종교윤리와 직업윤리 간의 근본적인 갈등을 보여주는 이들의 주장은 오늘날 사헬 지역의 높은 출산율과 연관 지어 연구해볼 만한 흥미로운 주제다.

제도적 행위자(정부 부처, 보건 당국, 선출직 공무원 등)들의 태도는 양면성을 드러내기도 한다. 이들은 가족계획, 여아 취학, 영유아 사망 퇴치 운동을 통해 인구증가율을 통제하자고 목소리를 높이며 서구사회의 권고를 따르는 모습을 보여준다. 그러나 니제르에서 실시한 연구결과에 따르면 제도적 행위자들은 개인적으로 완전히 상반된 의견을 견지하기도 한다.[5]

이때문에 인구 프로그램은 종종 계획했던 방향과 반대로 흘러간다. 종국에는 사람들이 목적의 당위성에 의문을 품기 때문이다. "주로 출산 간격, 특히 가장 바람직한 관계 빈도에 관심의 초점을 맞춥니다. 그런데 과거에는 가족계획 총괄 부처를 만드는 데 반기를 든 대통령도 있었죠." 이는 익명을 요구한 전직 나이지리아 정부 관계자의 설명이다.

서구의 음모, '신맬서스주의'인가?

힘의 균형이 기울어진 국제 협상 테이블에서 사헬 지역의 각국 정부는 인구통제 정책에 대한 자신들의 불신을 좀체 드러내지 않는다. 한쪽에는 아프리카의 빈곤국들이 있고, 다른 한쪽에는 풍부한 재원과 강력한 정책 결정권을 가진 국제기구와 교역국이 있다. 인도주의적 원조 인식에 관한 연구 인터뷰에 응한 니제르 시민단체 관계자는 "원조받는 처지에서 반기를 들 수는 없지요"라고 이 상황을 설명했다.[6]

인구정책은 (사회, 문화, 경제 등) 다차원으로 접근해야 한다. 특히 아프리카 지역 10대 소녀들을 대상으로 한 정책은 더욱 그렇다. 아프리카 지역 특성상 소녀들이 처한 사회문화(가족 구조, 남녀관계, 상속제도, 일부다처제 등 혼인제도 및 관습), 종교(이슬람의 무게와 이슬람 극단주의 종파인 와하브파와 기독교 근본주의의 빠른 확산) 여건이 일반적인 서구의 생각과는 매우 상이하기 때문이다. 사헬 지역, 특히 시골에 거주하는 10대 소녀들 대다수가 물질적·윤리적 자율성을 누리지 못한 채 살아간다. 물론 난항이 있다고 해서 결과를 예단할 필요는 없다.

아프리카의 높은 출산율은 서민층에 집중되고 있으며 이는 종교와 지역사회 규범의 영향이다. 인구변화는 도시 거주 중산층과 부유층에 국한돼 나타나는 현상이며, 가장 큰 자율성을 보이는 부류도 역시 해당 계층에 속한 여성들이다. 반대로 조혼과 부부 강간, 일방적 이혼의 피해자들은 피임약을 구하지 못하는 10대 소녀들과 빈곤층 여성들이다. 무엇보다 조혼이 학업중단의 주된 원인임은 익히 알려진 사실이다.[7]

10대 소녀와 여성의 자율성 강화 논리는 여러 개발프로그램과 피임 캠페인으로 홍보되고 있지만 지역 사회와 종교의 규범이라는 장벽에 부딪혀 서민계층에 제대로 전해지지 못하고 있다. 게다가, 해당 논리가 서구의 신맬서스주의(Neo-Malthusianism)에서 비롯된 음모라는 시각도 적지 않다. 가난한 이들에게는 다산이 유일한 부의 원천이므로, 이들의 저항을 과소평가하는 것은 위험하다.

글 · 아이사 디아라 Aïssa Diarra

번역 · 이푸로라

1 합계출산율은 가임기 여성 1명이 평생 출산할 것으로 기대되는 자녀의 수를 의미함.
2 Abdoulaye Sounaye, 「Instrumentalizing the Qur'an in Niger's public life 니제르의 공공생활에서 쿠란을 제도화하기」, 제27-1호, 케이프타운, 2007년.
3 Aissa Diarra; Abdoulaye Sounaye; Issa Younoussi, 「Genre et population. Étude socio-anthropologique sur les déterminants des politiques de population au Niger 성별과 인구. 니제르의 인구정책 결정요인에 관한 사회-인문학적 연구」, Études & Travaux, 〈Lasdel〉, 제123호, 니아미, 2017.
4 「Niger. Performance monitoring and accountability 2020 니제르. 2020년 성과 모니터링 및 개발원조의 책임」, PMA2020, 니아메, www.stat-niger.org
5 Aissa Diarra; Abdoulaye Sounaye; Issa Younoussi, op. cit.
6 Philippe Lavigne Delville; Aghali Abdelkader, 「À cheval donné, on ne regarde pas les dents 남이 준 말에 대해 왈가불가해선 안된다. 니제르 실무자들이 본 원조 메커니즘과 영향」, Études & Travaux, 〈Lasdel〉, 제83호, 니아미, 2010년 2월.
7 Aissa Diarra, 「Mariages d'enfants au Mali et au Niger, comment les comprendre? 말리와 니제르의 조혼 관습을 어떻게 이해할 것인가?」, 〈The Conversation〉, 2018년 11월 27일, www.theconversation.com

유럽 국경의 두 얼굴

모르방 뷔렐 Morvan Burel

노동운동가.
세관노조 '단결 세관(Solidaires douanes)' 전 사무총장

컨테이너와 자본은 'Yes', 이주자는 'No'

각종 재정, 경제, 보건 위기가 발생할 때마다 현실은 늘 그대로다. 유럽은 여전히 자유무역 기조를 고집하며 지속적으로 프랑스의 일자리를 파괴할 뿐이다. 오늘날 각국은 난민 유입을 막기 위해 국경 경비를 강화하는 추세다. 하지만 지금은 오히려 1980년대 말 이후 대대적으로 축소된 관세를 재도입해 소셜 덤핑을 해소하는 것이 더 시급해 보인다.

냉전의 '승자'는 1989년 베를린 장벽 붕괴가 모든 장벽을 허무는 계기가 됐다고 말한다. 지리적 경계를 구분 짓는 장벽부터 시작해서 말이다. 요컨대 프랜시스 후쿠야마가 선언한 '역사의 종언'은 국경의 종말을 알리는 예고편에 해당했다.[1]
동일한 이념, 정치, 경제, 사회 시스템을 전 세계로 전파해야 하는 상황에서 국가의 경계를 구분 짓는 도구란 시대착오적이었다. 어느새 세계는 상업적인 성격을 갖춘 하나의 마을로 변모했다. 덕분에 걸림돌 없는 자유로운 상거래가 가능해졌다.

유럽 국경, 난민행렬에 맞춰 부활돼

바야흐로 글로벌 자유무역 시대가 활짝 열린 것이다. 30년 뒤 재화와 자본의 이동을 가로막던 규제들이 대거 철폐되자, 모든 교류의 자유화가 완성 단계에 이른 것처럼 보였다.

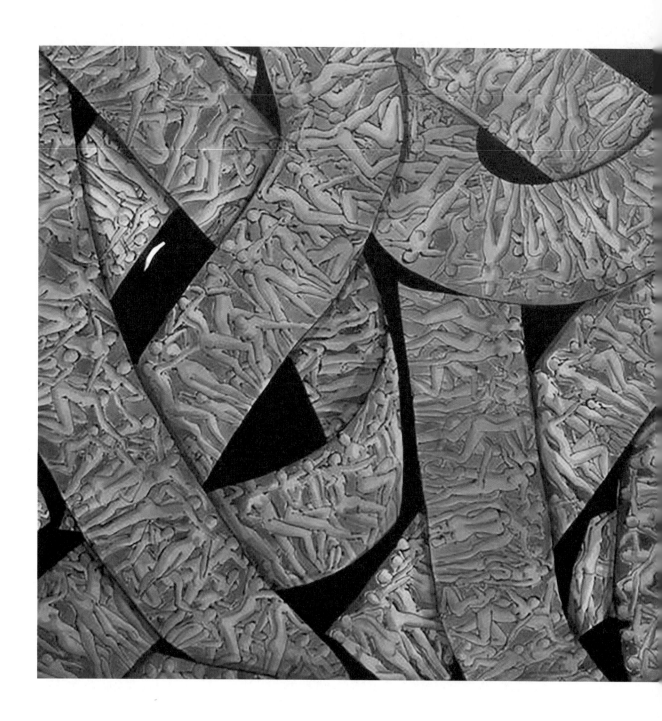

인간붕괴, 지구의 위기

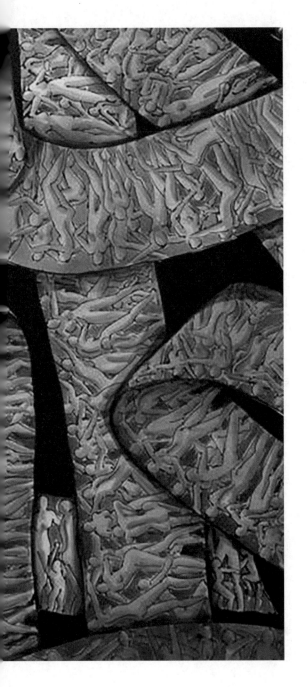

2010년대 중반, 미디어들은 유럽 국경의 부활 소식을 알렸다. 자유무역의 교리는 지키는 한도 내에서 국경은 부활했다. 2016년 8월 6~7일, 〈리베라시옹〉은 「다시 국경과 함께 살아가다」라는 제목의 기사를 대서특필했다.

시리아와 리비아 사태로 인해, 그리스 등 유럽연합(EU)의 국경에 대대적인 난민 행렬이 몰려오던 시기였다. 초국적 통상 흐름을 규제하던 국경은 점차 느슨해진 반면, 난민 등 인간의 이동을 막는 국경은 점차 강화됐다.

이는 결코 우연이 아니다. 유럽의 지도자들은 신 글로벌 경제질서를 저해하지 않는 선에서 어떻게든 세계화가 낳은 불평등에 대한 불안감을 해소해야만 했다.

결국 난민 통제에 역점을 둔 유럽 국경 강화책을 추진하게 된 것이다. 그런 식으로 유럽 각국은 세계화의 프로세스를 통제하고 있다는 환상을 불어넣으려 했다. 대표적인 난민 유입 경로마다 높은 장벽이 쳐졌다.

대표적인 예가 세르비아나 크로아티아와 국경을 접하고 있는 헝가리의 발칸 루트, 그리고 모로코에 위치한 스페인의 고립영토(어떤 국가영역의 일부인 동시에 외국 영토에 의해 완전히 둘러싸여 있는 영토 - 역주) 세우타와 멜리야였다.

그리스 레로스 섬의 난민캠프도 역시 울타리를 두른 폐쇄시설로 전환됐다. 일부 솅겐조약(유럽 각국이 공통의 출입국 관리 정책을 사용하여 국경 시스템을 최소화해 국가

◀ 〈사람과 사람들〉, 2020 - 아드비예 발

간의 통행에 제한이 없게 한다는 내용을 담은 조약. 1985년 6월 14일 프랑스와 독일 등 5개 국이 체결했으며, 그후 유럽 대부분의 국가가 서명했다.-역주) 가입 국가들은 인간의 자유로운 통행을 중단하는 조치를 단행했다. 가령 2016년, 슬로베니아나 이탈리아와의 접경지대에 담장을 설치한 오스트리아가 대표적이었다.

이런 강압적인 정책은 자유주의 경제를 완벽하게 보완했다. 어떤 의미에서는 자유주의 경제를 먹여 살리는 역할까지 했다. 유럽 국경 지대를 군사시설로 만드는데 필수적인 요소가, 바로 글로벌 대기업의 첨단 감시기술(열 감지 카메라, 동작 감지 센서, 드론 등)이기 때문이다.

가령 탈레스 그룹은 솅겐 지역의 생체 인식 감시 시스템을 설치할 사업자로 선정됐다.[2] 현재 총 1만 4,000km에 달하는 유럽연합 역외 국경 중 무려 60%에 감시 시스템이 설치돼 있다.[3] 프랑스와 영국 간 국경에만 1998년 이후로 12억 8,000만 유로 규모의 국경 감시 기술 및 설비 투자가 이뤄졌다. 그 가운데 4억 2,500만 유로가 2017~2021년에 투입됐다.[4]

유럽 국경 장벽, 민주주의와 인권을 가로막아

유럽 국가들은 관문 하나를 폐쇄해도 결국 또 다른 유입 경로를 통해 난민들이 국경을 넘는다는 사실을 잘 알기에, 감시망을 국경 너머로까지 확대하고 있다. 가령 출발국이나 경유국으로까지 통제의 범위를 넓히고 있다.

2016년 3월 18일 유럽은 튀르키예를 경유해 유럽에 유입되는 불법 이민자를 다시 튀르키예로 돌려보내는 조건으로 튀르키예 정부와 협정을 맺었다. 대신 에르도안 튀르키예 정부에 60억 유로의 대가를 지불하기로 했다.

이런 정책은 아프리카 사헬 지역, 리비아를 상대로도 시행되었다. 심지어 유럽연합은 리비아 정부가 자국민의 민주주의 권리를 보호해야 할 의무를 포기하는데도, 협상을 위해 리비아 민병대들과 접촉하기를 서슴지 않았다.[5]

미국은 멕시코 접경지대에 과시하듯 거대한 장벽을 세웠다. 또한 영국은 불편한 난민 관리 업무를 르완다에 외주로 넘겼다. 유럽연합이라고 별로 나을 건 없다. (프론텍스(Frontex)란 이름으로 더 알려진) 유럽 국경·해안경비청은 유럽의 역외국경에 대한 출입 통제 관리 및 조율을 담당하는 진정한 유럽의 통합 관할 기구다.

하지만 최근 이 기구는 유럽부패방지청(OLAF)의 조사 결과, 그리스-튀르키예 간 국경지대의 난민을 추방하는 과정에서 기본권을 유린한 혐의가 드러났다. 이 바람에 파브리스 레제리 국장이 사임하기도 했다.[6]

오늘날 유럽연합은 이주민 정책은 강화하면서도, 정작 초국적 통상 규제는 대거 철폐하고 있다. 사실상 재화와 자본의 자유로운 이동은 유럽연합의 기본 토대를 이루기도 한다. 가령 유럽의 단일시장은 각종 관세 조치를 적용하지 못하도록 금지하고 있다.

그런가 하면 수입품 관련 업무를 관할하는 기관은 통상 규제 완화를 표방한 유럽연합 집행위원회다. 더욱이 통상 규제 완화는 유럽연합 조약으로도 명문화돼 있는데, 이는 개별국의 법률에 우선시된다. 요컨대 유럽법이 자유무역을 '헌법화'하고 있는 셈이다.

2022년, 유럽연합 수입품에 적용된 평균 관세율은 1.48%에 불과했다. 1957년 로마 조약(유럽경제공동체 설립의 근간이 된 조약-역주)이 체결되기 전, 프랑스 관세는 18%, 독일은 26%였다. 점진적인 관세 완화 조치는 여러 다국적 기업이 이른바 '노동비용'(자유주의 세력이 임금과 사회보장분담금의 수준을 거론할 때 쓰는 용어) 측면에서 가장 유리한 입지에 생산 및 자본 기지를 자유롭게 설치하거나 이전할 수 있는 길을 활짝 열어주었다.

이런 현상은 임금 노동자에 대한 의존도가 높은 분야에서 특히 강하게 나타났다. 대표적으로 생산업 부문이다. 1980~2007년 340만~530만 개였던 프랑스의 일자리는 이후 총 190만 개가 생산업 부문에서 사라졌다. 의류-피복 분야의 일자리도 1989~2007년 13만 2,288명으로 무려 3/4이나 감소했다.[7]

해외이전으로 인한 탈산업화 현상은 특정 산업 분야 의존도가 높은 지역에 특히 타격을 입혔다. 섬유산업이 발달한 보주 지역, 금속산업이 주를 이루는 티에르(퓌 드 돔) 지역이 대표적이다. 해당 지역에는 프랑스 전체 인구의 20%가 거주하는 만큼, 구조적인 지역 격차는 사회 전반의 양극화를 초래했다.[8]

영불해협 화물, 2분 12초면 국경 넘어

무역 규제 완화는 유럽 기업들이 이윤을 극대화하겠다며 짐을 싸거나, 더 나아가 지속적으로 정부를 협박하는 명분이 됐다. 유럽 기업들은 '경쟁력'을 미명으로 내세워 자신들이 요구하는 기준을 충족해줘야만 자국 땅에 생산시설과 일자리를 남기겠다고 으름장을 놓았다. 유럽 각국은 무역자유화 협정으로 인해, 결국 스스로 무능함을 드러내는 '장인'으로 전락했다.

2004년 이후 구 사회주의 진영의 국가들이 유럽연합에 속속 가입함에 따라, 유럽연합 내에는 관세 철폐로 인한 덤핑 현상이 더욱 극대화됐다. 구소련 국가들은 특히 임금 등의 다양한 기준을 다른 회원국 수준으로 사전에 조정하지 않은 채 역내 시장에 진출했다.

10년이 지난 뒤에도 유럽에서는 월 최저임금 격차가 여전히 1~12배 수준까지 벌어졌다. 가령 불가리아의 월 최저임금은 159 유로인 반면, 프랑스는 1,430 유로에 육박한다. 2017년 프랑스를 떠난 기업들 대부분(62%)은 유럽의 역외 국가로 향했다.[9]

자유무역 기조를 중시하는 현상은 영국이 유럽연합을 탈퇴하는 과정에서도 여실히 확인됐다. 유럽연합 회원국들은 영국의 보수당 지도자들과 뜻을 함께 했다. 양측은 모두 양자 간 무역에 관세 장벽이 부활하는 것을 원하지 않았다. 2020년 12월 24일 체결된 조약의 결론도 그와 같았다. 양측은 '통관 절차'를 재도입하기로 하면서도, 기본 원칙으로 '스마트(지능형) 세관'을 내세웠다.

2019년 세계관세기구(WCO)가 개발한 개념인 '스마트 세관'은 '원활한 무역, 걸림돌 없는 인간과 상품의 이동'[10]을 활성화하는 것을 목표로 한다. 말하자면, 상품이 수입국에 도달하기 이전에 통관 절차를 진행하는 것을 의미한다.

결국 영국-EU 관세협정에 따라, 브렉시트 이후 모든 재화의 거래는 '국경지대에 차량 대기'[11] 없이 논스톱으로 진행됐다. 영불해협을 건너기도 전에, 화물차등록협회의 사전 바코드 신고로 모든 통관 절차가 사전에 처리되는 것이다.

대신 하역 전 검문이 필요하다고 판단되는 차량만 잠시 국경에 멈춰 조사를 받게 했다. 2022년 관세 당국은 '스마트 시스템의 성공적 운영'을 자찬했다. 매년 영국을 방문하는 360만 대 차량 중 80%가 중도 대기 없이 논스톱으로 국경을 건넜다.

이런 방식은 관세 당국이 세운 정책 목표에도 부합한다. 화물 운송이 지연되거나 다른 차량에 화물을 옮기는 일이 줄어들면 그만큼 관세 당국이 정한 연간 평균 화물 대기 시간(국경을 통과하는 총 화물량 대비 세관 검색에 소요되는 시간) 목표를 달성하는 것이 유리해진다.

가령 오늘날 평균 화물 대기 시간은 2021년 2분 12초(12)에 그칠 정도로 꾸준히 감소하는 추세다. 10년 전만 해도 평균 통관 시간은 5분 50초에 달했고, 2004년에는 자그마치 13분이나 걸렸다.

이런 변화는 무엇보다 세관 검문 건수가 현저히 감소했기 때문이다. 공식적인 통계자료는 없지만, 가령 프랑스의 최대 항구인 르아브르항에 입항한 컨테이너선 가운데 물리적인 세관 검색을 거친 선박은 1%도 채 되지 않았다.

자유무역의 폐해 드러낸 팬데믹 사태

코로나 팬데믹 사태는 자유무역의 해로운 여파를 여실히 드러내는 계기가 됐다. 2020년 3월 31일 에마뉘엘 마크롱 프랑스 대통령은 이렇게 선언했다.

"프랑스에서, 우리 땅에서 더 많은 상품을 생산해야 한다. 우리는 현 위기를 통해 어떤 재화나 상품, 자재는 전략적인 성격상 유럽이 지배권을 쥐고 있어야 한다는 사실을 깨달았다. 대외 의존도를 줄이기 위해 자국 땅에서 더 많은 상품을 생산해야 하고, 장기적인 차원에서 생산 설비를 갖춰나가야 한다."

하지만 불과 몇 달 뒤 프랑스의 마스크 공장들은 동아시아산 상품들과의 가격 경쟁력에서

뒤쳐져 결국 문을 닫았다. 2022~2023년 프랑스는 파라세타몰, 아목시실린 등 각종 의약품 부족으로 몸살을 앓았다. 그럼에도 여전히 유럽연합은 자유무역을 나침반으로 삼으며, 남미공동시장(MERCOSUR), 멕시코, 칠레 등과도 새로운 협정을 맺기를 바란다.

지금은 국경에 대한 원칙을 완전히 전복시켜야 할 때인지도 모른다. 이제 덤핑을 막는 제도를 강화하고, 인간의 통행을 막는 장벽을 낮춰야만 한다. 반(反)덤핑 제도는 관세, 쿼터제, 금수조치 등을 통해 노동조건, 조세정의, 자연환경을 침해하면서 생산된 제품들이 결코 역내에 발을 들일 수 없는 새로운 공간을 창출해줄 것이다.

이런 종류의 국경은 주권국의 국민과 그 대표자들이 선택한 정책을 적용할 영토를 만들 것이다. 이 '민주적 선택'은 새로운 상품과 자본의 흐름에 기여하거나 기여해야 할 것이다.

그런 의미에서 유럽인의 삶의 조건을 개선하기 위해 필요한 것은 결코 유럽이라는 성채를 난공불락으로 만들겠다며(더욱이 이런 시도는 무용하다) 첨단 기술 경쟁을 벌이는 것이 아니다. 오히려 법적, 인적 수단을 갖춘 제대로 된 관세 행정을 확립하는 것이다.

만일 각국의 영토 내에서 통관 검색이 이뤄질 수만 있다면 지금처럼 국경 지대에 그토록 비대한 감시 시스템을 동원할 이유가 없다. 이런 새로운 국경은 사람들의 자유로운 통행을 저해하지 않을 것이고, 솅겐조약 체결로 발효된 자유 통행의 권리를 침해하지 않을 것이다.

다만 유일한 난관이 있다면 이런 종류의 국경이 유럽연합 조약에는 위배된다는 점이다. 유럽연합 조약은 사실상 단일시장 내 모든 통상 규제를 금지하고 있기 때문이다.

다른 분야와 마찬가지로 이 분야에 있어서도, 결국 유럽이 기존의 신자유주의 기조를 벗어나기 원한다면 무엇보다 일관성 있는 정책적 노력이 뒷받침돼야 할 것이다.

글 · 아이사 디아라 Aïssa Diarra

번역 · 이푸로라

1 Francis Fukuyama, 『La Fin de l'histoire et le dernier homme 역사의 종언과 최후의 인간』, Flammarion, Paris, 1992년.

2 「Thalès séléctionné pour préparer la France au nouveau système d'entrée/sortie de l'espace Schengen 프랑스의 새로운 솅겐지역 출입 시스템 사업자로 선정된 탈레스」, 탈레스 그룹의 발표문, 2021년 3월 22일.

3 Anne-Laure Amilhat Szary, 『Qu'est-ce qu'une frontière aujourd'hui? 오늘날 국경이란 무엇인가?』, PUF, Paris, 2015년.

4 Pierre Bonnevalle, 「Rapport d'enquête sur 30 ans de fabrique politique de la dissuasion 30년간의 억제 정책 조성에 관한 조사 보고서」, 난민지지플랫폼(PSM), 2022년.

5 Ian Urbina, 「La Libye, garde-chiourme de l'Europe face aux migrants 유럽의 난민 감시자, 리비아」, 〈르몽드 디플로마티크〉 프랑스어판 2022년 1월.

6 Cédric Vallet, 「Refoulement des migrants aux frontières : Fabrice Leggeri, directeur de Frontex, démisionne 국경지대 난민 추방 : 파브리스 레제리 프론텍스 국장 사퇴하다」, 〈Mediapart〉, 2022년 4월 29일.

7 「Contre le dumping, le protectionnisme : bâtir un "gouvernement des échanges" régulateur 반(反)덤핑, 보호주의 근절: "무역 규제 거버넌스" 구축」, 〈Intérêt général〉, 제12호, www.intertgeneral.net.

8 Laurent Davezies, 『La crise qui vient : la nouvelle fracture territoriale 다가오는 위기: 새로운 지역 격차』, Seuil, Paris, 2012년.

9 『Les entreprises en France 프랑스의 기업들』, 〈Insee Références〉, 2022년판.

10 쿠니오 미쿠리야 세계관세기구 사무총장의 선언문, 2018년 11월 8일, www.wcoomd.org.

11 「Le rétablissement d'une frontière : anticipation, identification, automatisation 국경의 회복 : 예견, 식별, 자동화」, 〈Douane Magazine〉,제16호, Montreuil, 2020년 12월.

12 「Présentation des résultats 2021 de la Douane 2021년 관세청 실적 발표」, 2022년 2월 14일, www.douane.gouv.fr.

인구 증가에 따른 재앙

"내가 태어났을 때, 지구에는 15억 명의 사람이 있었다. 내가 학업을 마치고 사회에 나섰을 때는 20억 명이었다. 지금은 60억, 내일은 80억 또는 90억이 될 것이다. 이는 내가 알던, 사랑했던, 또는 상상할 수 있던 세계가 더 이상 아니다. 나에게는 도저히 이해할 수 없는 세계. 2050년쯤 정점에 도달한 뒤 감소할 것이라는 이야기를 듣는다. 좋다, 그럴 수 있다. 하지만 그 사이에 발생하는 재앙들은 결코 만회되지 않을 것이다."

클로드 레비스트로스, 디디에 에리봉과의 인터뷰, 〈누벨 옵세르바퇴르〉, 2002년 10월 3일.

나이지리아 실제 인구, 예상보다 3,400만 명 적어

1991년 11월, 나이지리아가 오랜만에 인구조사를 실시했다. 1952년 이후 거의 40년 만의 일이었다. 결과는 충격적이었다. 실제 인구가 8,850만 명으로 밝혀졌기 때문이다. 이는 국가통계청이 추정했던 수치보다 무려 3,400만 명이나 적은 숫자였다. 더구나 여러 국제기구들도 이 잘못된 추정치를 계속 인용해왔다고 한다. 이런 큰 차이가 발생한 이유는 아마도 그동안 제대로 된 인구조사를 하지 못했기 때문일 것이다. 실패를 거듭하다가 드디어 성공한 이번 조사로 나이지리아의 실제 인구 현황이 드러난 셈이다.

출처: 〈Population & Sociétés 인구와 사회〉, 제272호, 1992년 10월.

프랑스의 지배력

루이 14세부터 나폴레옹 시대까지 유럽에서 프랑스(와 프랑스어)가 지배력을 행사할 수 있었던 것은 인구 규모 덕분이었다. 1789년 당시 프랑스의 인구는 2,800만 명으로, 영국과 웨일스를 합친 인구(총 800만 명)의 3배에 달했다. 이는 러시아 제국 전체 또는 남북 아메리카 대륙 전체의 인구와 비슷한 수준이었다.

출처: 〈Population & Sociétés 인구와 사회〉, 제233호, 1989년 3월.

프랑스의 인구 감소 추세

프랑스는 오랫동안 주변국들보다 훨씬 더 많은 인구를 보유했지만, 다른 나라들보다 100년 이상 일찍 출산율이 떨어지기 시작했다. 사망률은 여전히 높은 수준을 유지했고, 1919년부터 1946년 사이에 태어난 세대를 제외하면 프랑스 여성들의 출산율은 지난 200년간 인구 유지에 필요한 수준에도 미치지 못했다. 다른 유럽 국가들과는 달리 프랑스 사람들은 식민지나 신대륙으로 크게 이주하지 않았다. 19세기 중반부터는 오히려 많은 이민자들이 유입되었지만, 이것으로도 인구 감소 추세를 막을 수는 없었다. 결국 1866년에는 독일의 인구가 프랑스를 앞지르게 되었고, 1800년에 유럽 전체 인구의 15%를 차지하던 프랑스의 비중은 1939년에 7.9%까지 떨어졌다.

출처: 『인구에 관한 사상과 정책의 역사』, INED, 2006.

> "인간만이 진정한 부와 힘의 원천이다. (…) 신민과 시민의 수가 너무 많아지는 것을 결코 두려워할 필요가 없다."

장 보댕, 『국가론 6권』, 1576년.

같은 도시에서도 기대수명은 천차만별

기대수명의 차이는 전 세계적으로도 크지만, 같은 도시 안에서도 놀라울 만큼 큰 격차를 보인다. 예를 들어 시카고에서는, 오크 스트리트 비치 지역에서 태어난 아이의 기대수명이 90세인 반면, 셔먼 공원 근처 사우스 저스틴 스트리트의 아이는 62세에 불과하다. 미국 전체를 살펴보면 서로 맞닿아 있는 지역들 사이에서도 기대수명이 20년 이상 차이 나는 곳이 약 20곳이나 된다.

출처: 댄 코프와 대니얼 울프가 쓴 「당신 동네의 기대수명은 무슨 이야기를 하는가?」, 〈Quartz〉, 2018년 12월 12일, 온라인 지도 https://qz.com

인구 정책과 삶의 질 향상

18세기 프랑스의 대표적 계몽사상가 콩도르세는 인구 문제에 대해 매우 혁신적인 시각을 제시했다. 그는 이성과 과학의 발전이 조화를 이루고 미신적 편견이 사라진 사회에서, 인류는 중요한 깨달음을 얻게 될 것이라고 보았다. 그가 말하는 깨달음의 핵심은 인구 증가 자체가 목적이 되어서는 안 된다는 것이다. 아직 태어나지 않은 사람들에 대한 우리의 의무는 단순히 그들에게 생명을 주는 것이 아니라, 행복한 삶을 보장하는 것이어야 한다고 주장했다.

더 나아가 콩도르세는 "불행한 존재들로 지구를 채우는 것"은 유치한 발상이라고 비판했다. 대신 인류 전체, 우리가 살고 있는 사회, 그리고 우리가 속한 가족의 전반적인 복지를 추구해야 한다고 강조했다. 이는 당시로서는 매우 진보적인 관점으로, 인구 정책의 목표를 '양적 성장'에서 '삶의 질 향상'으로 전환해야 한다는 새로운 방향을 제시한 것이다.

콩도르세, 『인간 정신의 진보에 대한 역사적 개요』, 1795년.

한 잔의 술이 15분의 수명을 빼앗아 간다

일주일에 순수 알코올 100g, 즉 맥주(250ml) 또는 와인(100ml) 10잔 정도까지는 건강에 큰 해가 없는 것으로 나타났다. 하지만 이 양을 넘어가면 술 한 잔마다 수명이 15분씩 줄어든다. 전 세계적으로 매년 330만 명이 과도한 음주로 목숨을 잃고 있으며, 특히 20~39세 사망자의 4분의 1이 음주가 원인인 것으로 밝혀졌다.

출처: 〈The Lancet〉, 2018년 4월 14일, 세계보건기구.

가뭄과 문명의 몰락

고전기(6~9세기) 전성기에 마야 문명은 700만에서 1,100만 명의 인구를 보유했으나, 10세기에 들어 문명이 붕괴했다. 이러한 붕괴를 설명하는 여러 가설 중에는 옥수수 농업에 큰 타격을 준 심각한 가뭄을 포함한 기후 변화설이 있다.

출처: 〈Science〉, 2018년 9월 28일, 리처드슨 길, 『위대한 마야 문명의 가뭄들』, 뉴멕시코 대학교 출판부, 2001.

"억제되지 않는다면, 인구는 기하급수적으로 증가한다. 하지만 식량은 오직 산술적으로만 증가할 뿐이다...
이 두 가지 불균형한 힘의 영향을 균형 있게 유지하기 위해 자연의 법칙이 작용하며, 이 법칙은 식량을 인간에게 필수적인 생존 요건으로 만든다."

토머스 로버트 맬서스, 『인구론』(1798)

놀라운 인구성장

1960년대 '조용한 혁명' 이전까지 프랑스계 캐나다인의 인구 증가는 세계 역사에서 손꼽힐 정도로 가파르게 이루어졌으며, 전 세계 평균보다 거의 20배에 달하는 수준이었다. 1608년 사뮈엘 드 샹플랭이 퀘벡을 설립한 때부터 1763년 파리 조약을 통해 프랑스가 뉴프랑스를 영국에 양도할 때까지 캐나다로 이주한 프랑스인들 중 절반 정도는 정착하지 않고 떠났다. 결국 약 1만 명만이 영구적으로 정착했고, 이후로도 이민은 거의 이루어지지 않았다.
1961년에는 이들의 후손이 퀘벡에서만 약 400만 명에 이르렀으며, 빈곤을 피해 다른 주나 미국으로 이주한 수백만 명의 프랑스계 캐나다인들은 포함되지 않았다. 1711년부터 1880년까지 프랑스계 캐나다 여성의 평균 출산율은 약 7명에 달했지만, 1980년대 이후로는 서구 국가 중에서도 가장 낮은 수준으로 떨어졌다. 현재 퀘벡의 출산율은 여성 한 명당 약 1.5명(2017년 기준 1.54명) 수준을 유지하고 있다.

출처: 〈Population〉, 제30-1호, 1975; 〈퀘벡 통계청, 퀘벡 인구통계 보고서〉, 2018.

선거와 고령화

지난 유럽 의회 선거에서, 70세 이상 유권자 중 3분의 1이 레퓌블리크 앙 마르슈(La République en marche) 당의 후보에게 투표했지만, 18~24세 젊은 층에서는 단 12%만이 해당 당을 지지했다(전체 유권자 중에서는 22.4%).
반면, 2007년 대통령 선거 결선 투표에서는 18~24세 젊은 유권자의 63%가 세골렌 루아얄 후보에게 투표했으며, 65세 이상 유권자의 67%는 니콜라 사르코지 후보를 지지했다.

출처: Ipsos, 2019; Cevipof, 2007.

자를란트를 통해 본 증거

인구 감소의 영향을 받은 자를란트(Sarre) 지역은 현재 인구가 100만 명 이하로, 1971년에 비해 10% 감소했다. 1957년 독일연방공화국(RFA)에 편입되기 전, 이 지역은 프랑스의 보호령이었으며 독자적인 주권을 가지고 있었다. 특히 가족 정책 분야에서는 RFA보다 훨씬 더 관대한 지원금을 제공했고, 당시 출산율도 프랑스만큼 높았다.
하지만 1959년부터 지원금이 다른 연방주의 수준으로 조정된 이후, 출산율은 빠르게 감소했으며 이후로도 회복되지 않았다.

출처: 자를란트 통계청; Population, n° 44, 1989.

정규군의 역할

"유럽의 재앙이자 인구 감소의 원인인 정규군은 단 두 가지 목적에만 쓰인다. 하나는 이웃을 공격하여 정복하는 것이고, 다른 하나는 시민들을 속박하고 노예화하는 것이다."

장 자크 루소, 『폴란드 정부에 대한 고찰』, 1782.

다른 곳을 꿈꾸며

수단인 두 명 중 한 명이 이민을 고려하고 있다. 마그레브와 중동 11개국에서도 세 명 중 한 명이 같은 소망을 품고 있다. 요르단인의 45%, 모로코인의 44%, 이라크인의 33%가 이에 해당한다. 이 현상은 특히 젊은 층과 고학력자들 사이에서 두드러진다. 주요 원인은 경제적 상황에 있으며, 유럽과 걸프 국가들이 가장 선호되는 이민지로 꼽히고 있다.

출처: 〈Arab Barometer〉, 2019.

흑사병

1347년부터 1350년 사이, 환자들에게 검은 반점이 생기는 흑사병(페스트)이 유럽과 지중해 연안 지역을 휩쓸었다. 지역과 사회 계층에 따라 차이가 있었지만, 인구의 8분의 1에서 3분의 2가 사망했다. 참고로, 1914년 프랑스 인구의 3.4%가 제1차 세계대전 동안 목숨을 잃었다. 이 재앙은 정치적, 경제적, 심리적으로 중대한 영향을 미쳤다. 흑사병으로 인해 대규모 인구가 사망하면서 농경지에 대한 인구밀도가 크게 감소하는 결과를 낳았고, 몽펠리에와 같은 일부 도시는 과거에 누렸던 중요성을 잃었다.

출처: 〈Population〉, 제3권, 1948.

열 명으로 도시를...

"열 명의 사람으로는 도시를 이룰 수 없으며, 십만명이라 해도 도시를 이룰 수 없다."

아리스토텔레스, 『니코마코스 윤리학』, 기원전 4세기.

"이 문제들은 미디어에서 거의 다뤄지지 않는다. 하지만 이는 매우 중요한 주제이며, 앞으로의 주요 흐름을 파악하려는 사람이라면 다가올 인구 변화의 충격을 더 잘 이해할 필요가 있다고 본다."

장-피에르 슈베네망, 〈공화국(Res Publica) 재단 보고서 및 연구〉, 2016년 10월.

04

겨울, 냉혹한 디아스포라

인류는 역사상 삶의 질이 가장 높은 시기를 맞고 있으나 지역별, 국가별로 그 양상이 다르다. 교통과 통신의 발달에 힘입어 많은 사람들이 저마다 행복을 찾아서 좀 더 살기 좋은 곳으로 이주하고 있다. 과거에 비해 삶의 질을 추구하는 자발적인 이동이지만, 디아스포라의 현실은 늘 그렇듯이 냉혹하다.

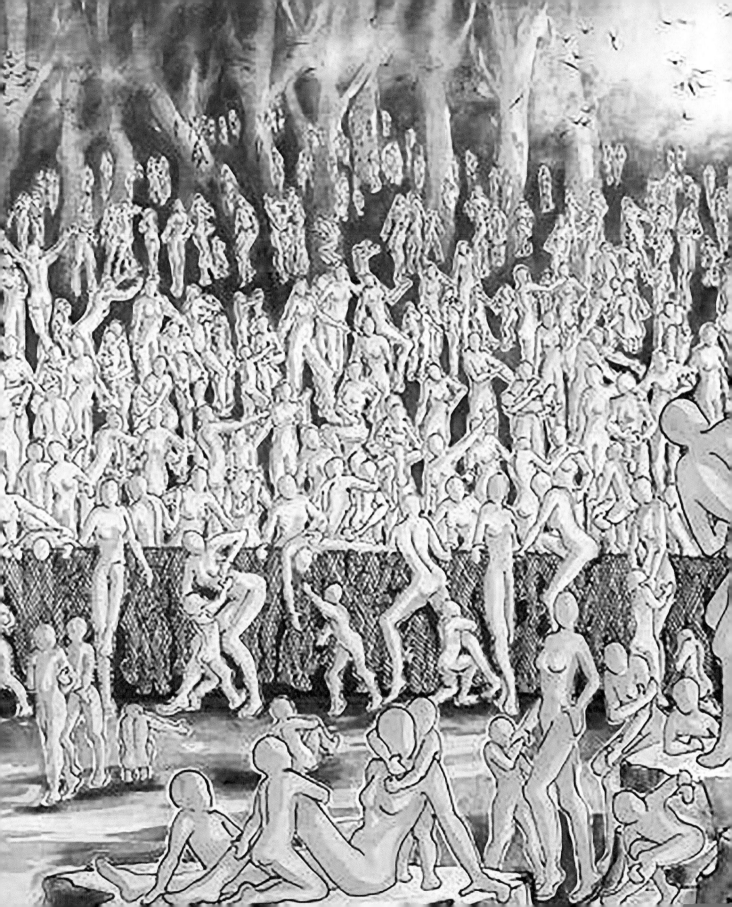

기후를 위한 출산 파업

레아 뒤크레 Léa Ducré

〈르몽드 디플로마티크〉 기자

환경 운동의 한 형태로서 출산 거부

1900년대 유럽에서는 여성 4명 중 1명은 아이가 없었다. 이후 경제가 성장하고 사회보장제도와 출산장려정책이 시행되면서 지난 세기 중반에는 그 비율이 10명 중 1명으로 크게 줄었다. 하지만 최근 들어 다시 무자녀 비율이 늘고 있다. 특히 도시에 사는 여성들과 고학력자들 사이에서 이런 선택이 자발적으로 증가하고 있다.

"그냥 아이를 갖고 싶다는 이유만으로 낳으면 안 될 것 같아요."

도쿄에서 살고 있는 이미 니그리스(30)의 말이다. "인구 밀도가 너무 높아서 모든 공간이 꽉 찼어요."라고 그는 깊은 생각에 잠겨 말했다. 청소년 시절부터 이런 공간 과밀함에 대한 불편한 감정이 그를 떠나지 않았다.

"지구가 숨을 못 쉬고 있어요. 이렇게 많은 인구를 우리가 감당할 수 없다는 게 분명합니다." 그래서 이미는 아이를 갖지 않기로 했다. 영원히. 1년 반 전 프랑스를 떠나기 전, 이 젊은 예술가는 불임 수술 절차를 밟기 시작했다. "더 이상 이런 고민을 하지 않기 위해서입니다. 아예 가능성 자체를 없애버리고 싶었습니다."

이미는 첫 상담부터 수술까지 4개월이 걸리기 때문에, 이제 프랑스로 돌아가서 이 절차를 마무리 지으려고 한다. 하지만 이미에게 아이를 갖지 않겠다는 이 결정은 일종의 희생처럼 느

〈사람과 사람들〉, 2019 - 아드비예 발 ▶

껴진다. "내 마음대로만 한다면 아이를 가질 수 있습니다. 감정적으로는 정말 아이를 갖고 싶습니다. 하지만 이성적으로 생각해보면 그러면 안 될 것 같아요."

지구를 위한 결단, 비출산

우리는 계속 아이를 가져야 할까? 아직도 아이를 가질 수 있는 걸까? 이런 고민을 하는 건 이미 혼자만이 아니다. 벨포르 근교에 사는 37살 카트린, 낭트의 32살 리나, 클레르몽페랑의 33살 나탈리[1], 브뤼셀의 27살 베티나 줄리도 '친환경, 비출산'을 의미하는 긴크(GINK. Green Inclination, No Kids) 운동에 동참했다.

2011년 미국의 칼럼니스트 리사 하이마스가 시작한 이 운동은 점차 유럽에서도 호응을 얻고 있다. 관련 포럼과 토론 그룹도 계속 늘어나고 있다.

"아이를 가질 수 있는 나이가 됐을 때부터 난 아이를 원하지 않았습니다."

베티나 줄리는 마치 당연한 듯 말했다. 그녀는 2019년 출간한 에세이에서 그 이유를 상세히 밝혔다.[2] 이미와는 달리 베티나는 이 결정을 희생이라고 생각하지 않는다.

"아이를 안 갖고 싶다는 마음과 환경에 대한 고민, 이 두 가지가 내가 엄마가 되지 않기로 한 선택에 있어서 똑같은 비중을 차지합니다. 환경 문제를 고민하지 않았더라도 난 아이를 원하지 않았을 것입니다. 다만 그런 고민이 없었다면 다른 사람들의 영향을 더 많이 받았을지도 몰라요."

사회가 시각을 바꾸게 될 때

"나는 왜 아이를 안 낳는지 그 이유를 꼭 하나로 정할 필요는 없다고 봐요. 내 삶을 사는 것과 지구를 지키는 것, 이건 결국 하나로 이어진 생각이니까요."

37살 카트린도 자신의 선택에 영향을 준 여러 이유에 순위를 매기지 않는다. 카트린은 오히려 대화의 방향을 바꾸는 방법을 택했다.

"왜 아이를 안 갖느냐고 묻는 사람들에게 이렇게 되묻지요. '왜 아이를 가져야 하나요?'라고요."

심리학 박사 에디트 발레는 아이를 갖지 않으려는 여성들이 비정상이라고 손가락질 받던 시절을 기억한다.[3] 그녀는 환경에 대한 고민이 이들의 결정을 더욱 굳건하게 만들어준다고 말한다.

"이런 여성들이 인구 과잉 문제를 언급하는 것은, 사회가 그들에게 지우는 죄책감에 맞서는 방법이기도 해요. '이기적'이라고 비난하는 사람들에게 이들은 '저는 인류를 위해 행동하고 있습니다'라고 반박하죠. 무책임하다며 손가락질하는 사람들에게는 오히려 아이를 낳는 것이야말로 얼마나 무책임한 일인지 되묻고 싶어요."

논쟁의 성격이 달라졌다. 단순히 사회적 관습 탓에[4], 아이를 낳았다고 속내를 털어놓은 코린 마이어는 이런 문제 제기가 다시 불거진 것을 반겼다. "환경문제와 관련된 주장이 맞는지는 모르겠고, 알고 싶지도 않아요. 내가 중요하게 생각하는 건 드디어 사회가 시각을 바꾸게 될 거란 점이죠. 이제는 오히려 아이를 갖기로 마음먹은 사람들이 이기적인 사람이 될 수도 있지요."

자녀 한 명의 탄소 배출량

자녀를 원하지 않는 이유에 대한 최근 연구가 부족해서 이런 현상을 정확히 파악하기가 쉽지 않다. 가장 최근의 믿을 만한 조사였던 2010년 연구를 보면, 남성의 6.3%와 여성의 4.3%는 자녀가 없고 앞으로도 가질 생각이 없다고 답했다.[5]

가임기가 끝나는 시점에서 자녀가 없는 여성의 비율인 최종 무자녀율의 경우는 좀 더 정확히 알려져 있는데, 1968년생 프랑스 여성 중 14%, 같은 해에 태어난 독일 여성 중 23%가 이에 해당한다.[6]

겨울, 냉혹한 디아스포라

육아가 환경에 미치는 영향을 논하는 움직임은 아직 사회적 합의와는 거리가 멀다. 2017년 〈AFP통신〉이 세스 와인스와 킴벌리 A. 니콜라스의 연구[7]를 바탕으로 한 그래프를 공개했는데, 여기에는 탄소 배출을 줄이는 여러 방법이 나와 있었다.

연구진은 자녀를 한 명 덜 낳으면 연간 이산화탄소 배출량을 58.6톤이나 줄일 수 있다고 했다. 이는 차를 아예 안 갖는 것(연간 2.4톤)이나 채식을 하는 것(연간 0.8톤)보다 훨씬 더 큰 효과가 있다는 얘기다.

프랑스 언론에서 이 연구를 다루자 논란이 일었다. 계산 방식에 문제가 있다는 지적이 나왔다. 미래 세대가 배출할 탄소량을 현세대의 책임으로 돌렸기 때문이다. 이 계산대로라면 부모는 자녀가 평생 배출할 탄소의 절반, 손주 한 명당 배출량의 4분의 1에 대한 책임이 있다는 것이다.

하지만 이런 수치들은 지금으로서는 전혀 알 수 없는 것들이다. 그런데도 불과 1년 뒤에 한 과학자 단체가 "인구 증가를 늦춰야 한다"라고 주장하면서[8] 논쟁은 다시 불이 붙었다.

문제는 인구 과잉일까, 과소비일까?

이것은 완전히 새로운 문제가 아니다. 이미 1892년에 프랑스의 마리 위오는 '자궁 파업'을 주장했는데,[9] 이는 사회가 혁명적으로 변화할 때까지 전면적으로 출산을 중단하자는 것이었다. 그녀의 주장 역시 그 당시 큰 논란을 일으켰다.

오늘날 사회에서 이런 소수 의견의 흐름은 반출산주의적 입장을 취하기 어렵게 만든다. "이런 식으로 생각하는 게 걱정돼요"라고 카트린은 말한다.

"왜냐하면 금세 보기 좋지 않은 방향으로 흐르거든요. 우생학이나 맬서스주의 같은 얘기가 나오기 시작하는데, 저는 절대 그쪽으로 가고 싶지 않아요."

환경을 고려해 자녀를 갖지 않기로 한 사람들은 인구 증가 통계와 미래 전망을 정확히 알고 있다. 하지만 이들도 인구 과잉 문제를 다른 각도에서 바라보고 있다.

"진짜 문제는 인구가 너무 많은 게 아니라 너무 많이 소비한다는 거예요"라고 리나는 지적했다.

"전 세계 70억 인구가 방글라데시 아이들처럼만 소비해도 지구는 지금보다 훨씬 건강할 거예요." 하지만 이런 생각은 오히려 그녀의 신념을 더 굳건하게 만들 뿐이다.

"아이들에게 쓰레기 분리수거부터 환경 보호까지 다 가르친다고 해도, 나중에 어른이 되어서 어떻게 할지는 아무도 모르잖아요. 결국 그들도 소비자가 될 수밖에 없으니까요."

글 · 레아 뒤크레 Léa Ducré

번역 · 아르망

1 이름 뒤에 별표(*)가 있는 사람들은 성을 밝히기를 원하지 않았다.
2 베티나 주를리, 『차일드프리, 나는 아이를 원하지 않는다』, 스피넬 출판사, 파리, 2019.
3 에디트 발레, 『아이는 없다고 그녀가 말했다…모성의 거부』, 이마고 출판사, 파리, 2005.
4 코린 마이어, 『노 키드, 아이를 갖지 않아야 할 40가지 이유』, 미샬롱 출판사, 파리, 2007.
5 샬롯 드베스트, 마갈리 마쥐, 「무자녀로 살기: 주류에 반하는 삶의 선택」, 〈인구와 사회〉 제508호, 파리, 2014년 2월.
6 에바 보주앙, 토마시 소보트카, 주잔나 브르조조프스카, 크리스토프 제만, 「유럽의 무자녀 여성 비율이 정점에 달했나?」, 〈인구와 사회〉 제540호, 2017년 1월.
7 세스 와인스, 킴벌리 A. 니콜라스, 「기후변화 완화 격차, 교육과 정부가 놓치고 있는 가장 효과적인 개인 행동들」, 〈환경 연구 레터〉, 2017.
8 「인구 증가 억제는 절대적 필요사항」, 〈르몽드〉, 2018년 10월 9일.
9 이후 출판된 컨퍼런스 발표문. 「삶의 고통」, 〈자각하는 세대〉, 파리, 1909.

트리에스테, 기억에서 지워진 피의 국경

장아르노 데랑스 Jean-Arnault Dérens & 로랑 제슬랭 Laurent Geslin

기자, 특파원. 최근 공저, 『Les Balkans en cent questions. Carrefour sous influence
발칸 반도에 관한 100가지 질문. 영향권 내의 교차점』(Tallandier, Paris, 2023)

트리에스테는 이탈리아 동북부, 프리울리베네치아줄리아주에 있는 도시이다. 프리울리베네치아줄리아주의 주도이며, 슬로베니아 국경 근처에 있는 항구 도시이다. 트리에스테는 1857년에서 1918년 사이 오스트리아-헝가리 제국에 속할 당시에는 오스트리아-헝가리 제국 입장에서는 지중해로 진입하는 거의 유일한 항구 도시였으므로 크게 번창하였다. 그러나 제1차 세계 대전과 제2차 세계 대전을 거치면서 그 귀속을 둘러싸고 분쟁이 일어나기도 하였다.

결국 냉전시대에 이탈리아 변방에 위치한 국경도시가 되었다. 여러 차례 소속이 바뀐 역사를 반영하여, 주민 구성은 복잡하다. 이탈리아인 외에도, 슬로베니아어를 사용하는 소수민족이 있고, 그 외에도 프리울리어, 크로아티아어, 독일어를 사용하는 사람도 있다.

"떠나고 싶다는 생각이 들게 하는 것은 바다가 아니라 가까운 국경입니다. 유고슬라비아 시절, 이 국경은 낯선 미지의 세계로 열려 있었거든요."

여행작가 파올로 루미츠는 발코니에서 트리에스테만의 산업지대를 둘러싼 고원을 바라보며 말했다.[1] "트리에스테는 아드리아해의 끝자락 막다른 곳에 있지만, 망명자들이 서유럽으로 향하는 길에 지나는 관문이자 도시였어요."

1990년대에 이탈리아의 이 넓은 항구는 유고슬라비아를 분열시킨 전쟁을 피해 온 난민들이 거쳐 가는 곳이었다. 오늘날 이곳은 유럽연합으로 가려는 이민자들이 지나는 '발칸 경로'의 주요 관문이 됐다. 1993년, 망명자들을 돕기 위해 설립된 이탈리아 연대 연합(CIS)의 잔프

〈사람과 사람들〉, 2019 - 아드비예 발 ▶

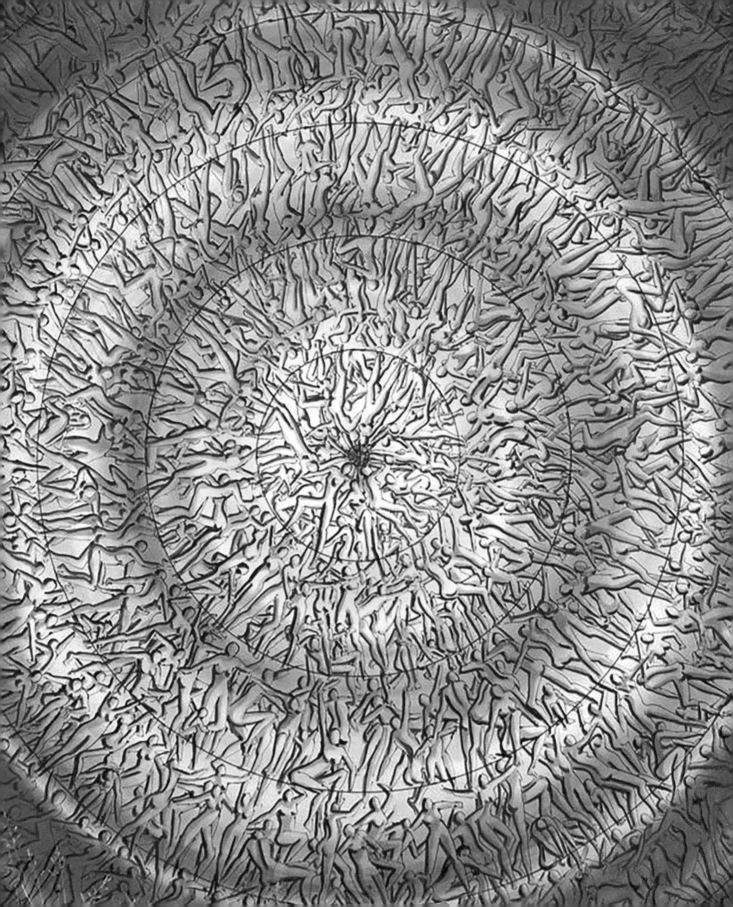

란코 스키아보네 회장은 "망명자들을 많이 도왔습니다"라며 말을 이어갔다.

"최근 몇 달, 망명자 수가 2배로 늘었습니다. 2022년에는 1만 5,000명이 등록됐는데, 주로 아프간에서 온 사람들이었죠. 전에도 이런 상황을 겪어 봤어요. 이탈리아의 조르지아 멜로니 정부는 '이주민 비상사태'를 선포했지만, 접수센터에서 수용할 수 있는 할당 인원을 줄였습니다. '비상사태'라는 구호는 순 엉터리예요."

매일 저녁, 자원봉사자들이 역 맞은편 리베르타 광장 공원에서 교대로 신규 이주민을 맞이한다. CIS에서 접수센터를 운영하는 다비데 피티오니는 튀르키예에서 이탈리아로 가는 길에 발칸반도를 건너려면, 밀수꾼들에게 1만 달러만 주면 된다고 설명했다.

트리에스테에서는 어디에나 국경이 있다. 도시 전체가 내려다보이는 카르스트 고원으로 이어지는 길에는 페세크(또는 페르네티) 검문소가 있고, 검문소를 지나면 슬로베니아로 이어진다. 슬로베니아가 2004년에 유럽연합에, 2007년에는 셍겐 조약에 가입하면서 도로가 개통됐다.

그러나, 모든 이들에게 개방된 것은 아니다. 이탈리아 경찰은 1996년 슬로베니아와 체결한 양자 출입국 협정에 따라 오랫동안 페세크로 들어오는 망명자들을 거부해왔다. 이렇게 추방된 이주민들은 보스니아 헤르체고비나까지 강제송환 되기도 했다. 하지만 이런 조처는 유럽

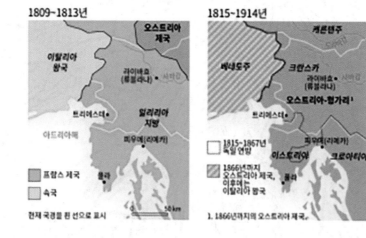

연합 난민의 망명에 관한 규정에 어긋나 2021년에 이탈리아 법원은 자국 정부에 유죄판결을 내렸다. 이탈리아 연대 연합(CIS)의 스키아보네 회장은 "이탈리아 정부는 강경하게 대응했지만, 슬로베니아 정부의 반대로 협정은 재개되지 않았습니다"라고 설명했다.

이탈리아의 국가적 관심사로 떠오른 '추모의 날'

텅 빈 주차장과 버려진 건물이 있는 페세크 검문소는 논란거리인 추모유적지 포이바 (Foiba, 구덩이) 디 바소비차에서 가까운 곳에 있다. 이탈리아의 정치인 안토니오 타야니는 2019년 2월 10일 공식 '추모의 날' 행사 당시, 바로 이곳에서 "이스트리아 이탈리아 만세, 달마티아 이탈리아 만세!"를 외쳤고, 슬로베니아와 크로아티아는 분노로 들끓었다.[2]

당시 유럽의회 의장(전진 이탈리아 및 유럽 국민당)이었던 타야니는 2022년 10월 조르지아 멜로니

겨울, 냉혹한 디아스포라

(극우 성향의 정당인 이탈리아 형제들 소속)가 구성한 이탈리아 정부에서 외무장관을 맡았고, 국경 보호를 보장하고자 슬로베니아, 크로아티아와의 파트너십을 주장했다.

이 '추모의 날'은 제2차 세계 대전 말에 유고슬라비아 파르티잔이 자행한 학살의 희생자들을 기리고자 2004년 제정됐다(파르티잔은 파시스트이거나 파시스트로 의심되는 사람들을 포이바에 매장했다). 구 이탈리아 공산당의 분파인 좌파 민주당(이후 민주당으로 명칭을 변경)이 제안한 이 법안은 이탈리아 의회에서 만장일치로 통과됐다.

트리에스테주 이탈리아 파르티잔 전국협회(ANPI)의 두산 칼크 부회장은 안타까운 표정을 지으며 "원래 목적은 당시 상황을 우익 세력이 왜곡하지 못하게 하는 것이었다"라고 설명했다. "그런 면에서 이 법은 동부 국경 지대에서 일어난 폭력의 피해자를 모두 포용한다고 볼 수 있어요. 그런데 결과적으로, 이탈리아인을 상대로 자행된 범죄만 기억하게 됐네요."

포이바 문제는 이탈리아에서 국가적 관심사로 떠올랐다. 지난 몇 년간 광장이나 거리에 노르마 코세토의 이름을 붙인 도시가 전국적으로 100개가 넘는다. 비시나다(비지나다) 마을에 살던 노르마 코세토의 이야기는 〈라디오 텔레비전 이탈리아(RAI)〉에서 영화로 제작되고, 연재만화로 제작돼 피에몬테주 학교에서 학생들에게 배포됐다.[3]

이 젊은 여성은 1943년 가을, 이탈리아가 항복한 이후 이스트리아 봉기 중에 강간당하고 포이바에 던져졌다. 수십 년 동안 괴롭힘과 박해를 견뎌온 슬라브인들은 당시 이탈리아인, 특히 파시스트 정권을 지지하던 사람들에게 대항해 봉기를 일으켰다.

모두가 함구하는 암묵적 합의

동부 국경은 오랫동안 이탈리아 우파의 텃밭으로 여겨졌다. 1915년에 이탈리아가 전쟁에 개입한 것은 (트렌토, 고리치아, 트리에스테 지방과 이스트리아, 그 인근의 섬, 달마티아 해안을 점령해) 국가 통합을 달성하기 위한 것이었다. 이전에는 베네치아였던 이 모든 지역이 당시에는 오스트리아-헝가리의 영토였다.

1915년 6월부터 1917년 9월까지 이손초강의 깊은 계곡에서 총 12차례에 걸쳐, 베르   전투의 이탈리아판이라 할 수 있는 이손초 전투(산악전)가 벌어졌다. 이탈리아는 희망을 다 이루지 못했다. 이탈리아군은 트리에스테를 탈환했지만, 연합군은 달마티아 대부분을 1918년에 개국한 '세르비아인 크로아티아인 슬로베니아인국(1918년 발칸 반도에 수립된 미승인국으로, 그해 12월, 유고슬라비아 왕국으로 통합됐다-역주)'에 넘겼다.

전쟁 중 팽창주의로 전향한 과거의 사회주의자 베니토 무솔리니는 참전 용사들의 좌절감과 '도둑맞은 승리'라는 주제를 활용했다. 역사학자 라울 푸포는 "우리는 유럽 접경의 크라이나 민족"이라고 말한다. 기독교민주당의 지역 지도자를 지낸 라울 푸포는 국경관련 역사 전문가다.

"포이바 문제는 숱한 왜곡을 불렀어요. 정확한 희생자 숫자도 알 수 없고요. 2차 세계 대전이 끝날 무렵, 파시스트 관리, 경찰관, 사법부 구성원 등 수천 명이 숙청됐습니다. 총살되거나 수용소에서 죽은 사람도 있지만, 이는 포이바를 이야기할 때 거론되는 '대량 학살' 정도는 아니었죠." 포이바 데 바소비차에 얼마나 많은 시신이 묻혔는지는 아무도 모른다. 콘크리트로 막은 구덩이는 한 번도 발굴된 적이 없기 때문이다.

2차 세계 대전 말 유고슬라비아가 탐냈던 트리에스테는 마침내 특별한 대우를 받게 됐다. 1947년에 '트리에스테 자유 지구'가 만들어진 것이다. 처음에는 연합군이 관리했지만, 1954년 이탈리아(A구역)와 유고슬라비아 사회주의 연방 공화국(B구역)으로 분할됐고, 1975년에 오시모 조약이 체결되기 전까지 이 경계선은 국제 국경으로 인정되지 않았다.

"이 구역에 사는 모두가 피해자인 동시에 가해자였죠."

이 역사학자의 부인은 이스트리아 난민 출신으로, 집단 이주가 포이바보다 훨씬 중요한 현상이라고 본다. 전쟁이 끝난 후에는 20만~30만 명의 이탈리아인이 유고슬라비아를 떠났고, 이탈리아와 유고슬라비아가 A구역과 B구역으로 자유 지구를 나눈 후 1954년에는 이주민 수가 정점에 달했다.

이런 망명자들 중 상당수가 프리울리베네치아줄리아주에 정착했다. 그중 일부는 지배층이

겨울, 냉혹한 디아스포라

됐고, 대다수가 반공 성향의 우익과 중도당에 투표했다. 이탈리아와 슬로베니아 사이의 국경이 차츰 개방되자 A구역과 B구역 주민들은 상대국으로 왕래할 수 있게 됐다.

　이탈리아인들은 값싼 담배와 술, 휘발유를 구하러 유고슬라비아로 갔고, 유고슬라비아인들은 청바지와 같은 서구 소비재를 사려고 트리에스테로 몰려들었다. 푸포는 "매우 번창했던 시기였어요"라고 인정한다. "하지만 사업을 하지 않는 트리에스테 주민들은 '발칸 무리'가 주말마다 마을을 침입한다고 생각해서 도시를 떠났어요."

　현재 이탈리아 의회에서 슬로베니아 소수민족을 대표하는 의원은 타티아나 로이츠 상원의원뿐이다. 이탈리아에는 약 10만 명의 소수민족이 있지만, '민족' 조사는 거부한다. "파시즘의 잔재 때문에 조사를 거부할 겁니다. 성을 '이탈리아식'으로 바꾼 사람도 많습니다."

　공산주의에 동조했다는 의혹만으로도 탄압을 받았던 이탈리아의 슬로베니아 소수민족은 2차 세계 대전이 끝난 후에도 계속 의혹에 시달렸다. "트리에스테와 고리치아 지방은 우리의 문화적, 언어적 권리를 인정했지만 우디네 지방은 그렇지 않았습니다." 로이츠 의원이 설명했다.

　프리울리 계곡은 공산주의 침략을 막기 위해 이탈리아 내무부가 북대서양조약기구(NATO)와 협력해 만든 비밀 첩보 기관 '글라디오(Gladio)'의 활동 무대였다. 글라디오는 이탈리아 공산당(PCI)의 집권을 막기 위해서라면 물불을 가리지 않던 1970년대의 이른바 '긴장 전략'의 막후에서 작업한 것으로 알려졌지만, 슬로베니아 산악 마을 인구를 줄여 국경 지역 '청소'에도 일조했다.

　2022년 상원 선거에 앞서 민주당 권역 명부 전당대회를 이끈 로이츠 의원은 교회와 기독교 민주주의를 통해 이탈리아 사회에 더 잘 통합된 가톨릭 집안 출신의 '백계(白系)' 슬로베니아인이다. 하지만 1948년 티토와 스탈린의 분열이 지금까지도 치유되지 못할 상처를 남겼음에도 슬로베니아 민족의 대다수는 여전히 '좌익'을 지지한다.

　트리에스테가 내려다보이는 고원에 있는 트레비차노(트렙체)는 슬로베니아인들의 보루다. 이 마을 중앙에는 전쟁 중 전사한 주민 104명을 추모하는 비석에 붉은 별이 새겨져 있으며,

대다수는 유고슬라비아의 파르티잔(이른바 빨치산) 대열에 속했다.

민주당의 지역 활동가 마우로 크랄은 "우리가 1947년에 처음으로 그 사람들을 기리는 기념비를 세웠습니다"라고 자랑스럽게 설명했다. 멜로니 이탈리아 총리가 집권한 지 6개월 만인 2023년 4월 25일, 해방 기념식이 긴장된 분위기 속에서 열렸다.

그런 가운데, 이탈리아 사회운동(MSI)부터 이탈리아의 형제들까지, 극우파의 아바타로 불리는 이냐치오 라루사 상원 의장이 "반파시즘은 헌법에 명시되지 않았다"라는 (허튼) 주장을 폈다.[4] 트리에스테에서는 경찰을 대대적으로 배치해 무정부주의 시위자들이 공식 행사에 들어가지 못하게 통제했다.

이탈리아 국립 당파 협회(ANPI) 지역 회장 파비오 발론 옆에 있던 칼크 씨는 한숨을 내쉬었다.

"우파는 어두운 기억을 달랜다는 명목으로 반파시즘에 대한 모든 기록을 지우고 싶어 합니다. 하지만 이미 1948년 공산당 서기장 팔미로 톨리아티가 승인한 파시스트 범죄 사면법으로 이미 '유화 조치'가 있었어요."

옆에 있던 발론 회장은 이렇게 말했다.

"공유된 기억을 이야기한 것은 좌파의 실수였어요. 기억은 주관적이니까요. 역사적 사실은 과학적으로 규명해야 합니다. 오늘날 가치가 전복되면서 당파적 범죄 혐의를 선전하는 극우를 비판할 때 수정주의자라고 비난을 받는 것은 반파시스트들입니다. 이탈리아에는 뉘른베르크식 재판도 없었고, 파시즘을 타파하려는 노력도 없었습니다. 오히려 전쟁 후 집권당이 이탈리아 공산당에 맞서려고 과거 파시스트들을 이용했죠."

역사를 다시 쓰겠다는 합의도 없어

베를린 장벽 붕괴의 충격은 역사 수정주의의 물꼬를 텄고, 2차 세계 대전 말에 일어난 사건에 관한 논쟁이 다시 이탈리아에서 제기됐다. 1953년 가을, 트리에스테의 지위를 두고 이탈리

겨울, 냉혹한 디아스포라

아와 유고슬라비아가 팽팽히 맞섰다. 이탈리아와의 합병을 옹호하는 시위대는 강압적으로 진압되었고, 그중 일부는 트리에스테의 골도니 광장에서 목숨을 잃었다.

슬로베니아 측에서도 오랜 침묵이 이어졌다. 하지만 2021년, 슬로베니아 코페르 대학의 인류학자 카티아 호로바트비를로게트는 2차 세계 대전 이후 이탈리아인의 탈출에 관한 첫 책에서 한때 금지됐던 주제를 다뤘다.[5]

"2차 세계 대전 이후 유고슬라비아를 떠난 이탈리아인들은 이탈리아 출신의 파시스트나 공무원들이어서, 대부분의 슬로베니아인은 문제가 해결된 줄 알았습니다"라고 한 역사가는 설명했다.

"하지만 이탈리아에 도착했을 때 망명자들은 파시스트로 간주됐고, 일부 '빨갱이' 마을에서는 기차에서 내리지도 못했어요. 망명자 중에는 크로아티아인과 슬로베니아인, 그리고 정체성이 모호한 사람까지 다양한 사람들이 있었는데, 하나같이 서구에서의 더 나은 삶을 꿈꿨죠."

유고슬라비아 당국은 때에 따라 이런 이주를 장려하기도 했지만 막기도 했다. "가족들은 뿔뿔이 흩어졌고, 남은 사람들에게는 함구령이 내려졌어요."라고 말했다. 증인들을 인터뷰하다 보면 대화는 곧잘 눈물로 끝났다.

스테파노 루사는 얼마 남지 않은 슬로베니아계다. 이 50세 언론인은 '카포 디스트리아(Capo d'Istria)'라는 라디오 프로그램을 진행한다. 프로그램 명칭은 슬로베니아의 주요 항구 도시 코페르의 이탈리아어식 이름에서 따왔다. 스테파노 루사는 "이탈리아어 텔레비전 방송도 있습니다"라며 설명을 이어갔다.

"이 지역 이탈리아 인구가 2,000명도 안 되는 점을 생각하면 특이해 보일지도 모르지만, 유고슬라비아 시대에 선전 도구로 만들어진 것입니다. 텔레비전 방송은 이탈리아 북부 전체로 전파됐고, 〈라디오 텔레비전 이탈리아(RAI)〉보다 먼저 컬러 방송으로 전환했어요. 꽤 대담한 영화를 내보내기도 했는데, 그 덕에 인기가 참 좋았죠."

스테파노 루사는 웃으면서 "오늘날까지 이런 미디어가 살아남은 이유는 슬로베니아가 이탈리아 소수민족의 권리를 보장한다고 선전할 수 있기 때문입니다"라고 말했다. 1991년 독립 이후에 슬로베니아의 우파는 공산주의자와 파르티잔의 범죄를 수시로 거론했다. 매우 보수적인 성향의 야네스 얀샤 슬로베니아 총리는 2022년 4월 총선에서 패배하고 퇴임을 며칠 앞둔 시점에, 그해 5월 17일을 '공산주의 범죄를 반성하는 날'로 정하는 법령에 서명했다.

하지만 중도좌파 로베르트 골로프 정부가 해당 법령을 취소하면서 우파의 분노를 자극했다. 그렇게 해서 추모 논쟁에 불이 붙었고, 다시금 이 작은 나라를 분열시켰다. "주로 나치에 협력한 슬로베니아의 도모브란스트보(domobranstvo, 자체 지역방위군)의 역할에 관한 논쟁이 주를 이뤘고, 이탈리아인들이 겪은 일은 거의 언급되지 않아요."

류블랴나 출신 역사가 네벤카 트로하는 유고슬라비아가 붕괴할 때까지 기록 보관소가 폐쇄돼 있던 와중에 이 주제를 처음으로 거론한 사람 중 하나다. "유고슬라비아의 문화유산을 인정하는 좌파와, 슬로베니아 애국주의의 이름으로 과거 부역자들의 행적을 미화하고 싶어 하는 우파가 문제를 함구하는 암묵적 합의를 이어가고 있습니다."

크로아티아의 상황도 다르지 않다. 이스트리아 북서쪽 끝에 있는 크로아티아의 작은 도시 부예(Buje)는 아드리아해에서 약 10km 떨어진 바위 절벽 위에 들어서 있다. 구시가지와 미식으로 유명한 이스트리아 반도는 관광객을 끌어들이지만, 오래된 집들이 폐허로 변해가는 이곳과는 무관한 일이다. 이곳의 (이탈리아계) 부시장 초라도 두시흐는 이렇게 설명했다.

"2차 세계 대전 이후 주민 절반이 마을을 떠났고, 소유자가 등록되지 않은 집들이 수두룩했어요. 이곳 주민들은 농민이었고, 파시스트도 공산주의자도 아니었는데 수많은 사람이 집에서 쫓겨났고, 목숨을 잃은 사람도 있었어요. 이 동네 커피집 주인은 딸이 이탈리아 군인과 함께 떠났다는 이유로 파르티잔들에게 납치됐는데, 아무도 그 사람을 다시 보지 못했답니다. 그 이후, 유고슬라비아 전역에서 온 노동자들이 공장 주변에 형성된 마을로 모여들었죠."

마을 광장에는 여전히 파르티잔 기념비가 서 있다. 유고슬라비아 시절에 세워진 비석은 크로아티아가 독립하면서 상당수가 철거됐지만, 이스트리아에는 여러 거리와 광장에 '티토 원수'의 이름이 그대로 남아 있다. 1990년대 이스트리아의 부의장을 지낸 시인 로레다나 볼륨은 이렇게 설명했다.

겨울, 냉혹한 디아스포라

"오래된 상처를 다시 건드리게 될까 봐 아무도 이런 기념비를 철거할 엄두를 못 내요. 우리의 역사를 다시 쓰겠다는 합의가 없는 상황에서, 파르티잔에 대한 기억은 모두가 받아들이는 공통의 역사로 남을 겁니다."

1991년 크로아티아가 독립한 이후, 크로아티아령 이스트리아반도는 독특한 정치 노선을 택했다. 크로아티아 내에서 높은 지지를 받는 민족주의 정치 노선을 거부한 것이다. 중도좌파 지역주의 정당 이스트리아 민주의회(starski demokratski sabor)는 크로아티아령 이스트리아반도를 거점으로 삼아 30년 넘게 압도적 우위를 차지하고 있다.

이곳에서는 크로아티아어와 이탈리아어를 공용어로 사용한다. 이스트리아는 1918년까지는 오스트리아 영토였다가, 이후 이탈리아와 유고슬라비아를 거쳐, 마침내 슬로베니아령과 크로아티아령으로 나뉘기까지 국경이 복잡한 그물처럼 얽혀 있었다.

해안 마을 우마크에서 이탈리아어를 가르치는 마리안나 옐리치츠흐 부이치는 "유고슬라비아 시절에는 이탈리아로 가는 것이 지금보다 더 쉬웠는데, 역설적으로 유고슬라비아가 해체되고 크로아티아와 슬로베니아가 유럽연합에 가입하면서 모든 게 전보다 복잡해졌어요."라고 지적했다.

경계 지대는 곧 이스트리아의 정체성이나 마찬가지다. 민족주의자들은 독창적인 서사를 투영해 서로를 구분하려고 하지만, 일상생활에서는 교류와 다국어 사용이 만연해 있기 때문이다.

자신이 역사의 상처를 덜 입은 세대이자 '유고슬라비아'에 대한 향수를 간직한 세대라고 자부하는 옐리치츠흐 부이치는 고향 이스트리아를 무척이나 아끼며, 이스트리아-베네치아 방언이 영토 정체성을 보여주는 지표라고 믿는다.

"이스트리아에서 사람들이 예전부터 사용해온 언어예요. 20세기에는 이탈리아어와 크로아티아어를 의무로 배워야 했거든요. '이스트리아-베네치아 축제'를 창설하기도 한 이 활동적인 40대 여성은 부예의 중심가에 있는 한 카페에서 걸음을 멈추고 코소보 출신 알바니아계 주인에게 인사를 건넸다. "보세요. 이분도 이스트리아-베네치아 방언을 써요. 우리 공동체의 일원이니까요!"

전후에 수많은 이탈리아인이 옛 B 지구를 탈출했지만, '사회주의 건설을 위해' 유고슬라비아로 건너간 사람도 있다. 자코모 스코티는 이런 '역이주'를 감행한 마지막 생존자 가운데 한 명이다. 1928년 나폴리 지역에서 태어난 자코모 스코티는 1943년 연합군의 시칠리아 침공 이후 영국군과 미군의 민간인 보좌관으로 이탈리아 전역을 돌아다니다가 트리에스테에서 국경을 넘어 유고슬라비아로 밀입국했다. 전직 기자였던 자코모 스코티는 유고슬라비아에서 골리오토크가 여전히 민감한 주제였던 시절, 이 불운한 사람들의 삶을, 처음으로 거론했다.

"수많은 이탈리아인이 재건 작업에 참여했지만 일부는 곧 고국으로 돌아갔어요. 생활고와 굶주림에 시달렸거든요. 다른 사람들은 티토와 스탈린이 헤어졌던 1948년에 심각한 문제를 겪었고 일부는 '교도소 섬' 골리 오토크에 갇히기도 했습니다."

2차 세계 대전이 끝난 후 연합군의 주도 하에 이탈리아와 유고슬라비아 사이의 국경을 획정하기 위한 위원회가 구성됐다. 유고슬라비아 국기를 게양한 트리에스테 외곽의 슬로베니아계 마을 론제라·로니에르처럼 양측 모두 소속감을 고취하기 위해 국기를 내걸었다.

트란살피네 광장, 화해의 상징으로 변신

유명한 반군국주의 노래는 "고리치아, 저주받은 고리치아"라고 외친다. 이 곡은 1차 대전 당시 프랑스 군대가 부르던 〈크라온의 노래(Chanson de Craonne)〉에 비견된다. 트리에스테 만에서 북쪽으로 약 20킬로미터 거리에 있고, 슬로베니아 국경에 있는 이손초강 유역에 있는 이 도시는 지역 역사의 축소판이다.

이탈리아가 오스트리아-헝가리 제국으로부터 이스트리아와 달마티아를 빼앗아 통일을 이루기 위해 치열한 전투를 벌였던 곳이기도 하다. 이탈리아와 슬로베니아 두 나라에 걸쳐져 있는 도시를 굽어보던 몬테산토 대성당은 잿더미로 변했다.

고리치아(고리차)는 1918년에 이탈리아에 귀속됐지만 1945년에는 잠시 유고슬라비아로 넘어갔다가, 1947년 9월 16일에 철조망이 트란살피네 광장을 둘로 가르면서 새로운 국경이 세워졌다. 유고슬라비아령에서는 1948년부터 르코르뷔지에의 슬로베니아인 제자이자 건축가 에드바르트 라우니카르의 지휘로 자원병들이 투입돼 노바고리차(새로운 고리치아)라는 신도시가 들어섰다.

"티토는 노바고리차를 국경을 넘어 확산할 사회주의의 전시장으로 만들고자 했어요." 스토얀 펠코는 회상했다. 그는 2025년 유럽 문화 수도 프로그램의 책임을 맡았다. 유럽 광장으로 개명한 과거의 트란살피네 광장은, 이제 두 도시의 화해를 상징하는 장소가 됐다. 펠코는 이렇게 설명했다.

"지난 10여 년간 두 지자체는 교통 등 공공 서비스를 공동으로 조직했어요. 2020년 3월에 슬로베니아 당국이 코로나19 확산을 억제하기 위해 갑자기 A구역에 장벽을 올렸을 때 두 도시 인구가 얼마나 서로 밀접하게 얽혀 있는지를 알 수 있었습니다. 고리치아에는 슬로베니아계 소수민족이 많이 살고, 더 좋은 학교를 찾아 노바고리차로 이주하는 이탈리아인들이 늘고 있어요."

이제, 노바고리차의 부동산은 고리치아보다 비싸다.

글 · 장아르노 데랑스 Jean-Arnault Dérens & 로랑 제슬랭 Laurent Geslin

번역 · 이푸로라

1   Paolo Rumiz, 『Aux frontières de l'Europe 유럽의 국경들』(2011)과 『Le Phare, voyage immobile 등대, 움직이지 않는 여행』(2015)의 저자
2   오늘날 이스트리아반도는 크로아티아, 이탈리아, 슬로베니아로 나뉘며, 달마티아는 대부분 크로아티아의 영토며, 나머지 영토는 몬테네그로. 보스니아 헤르체고비나로 나뉜다.
3   Roberto Pietrobon, 「Foiba rossa, propaganda nera. Un fumetto revisionista nelle scuole del Piemonte」, 2020년 2월 15일,www.micciacorta.it
4   Benoît Bréville, 「Assauts contre l'histoire 역사에 대한 공격」, 〈르몽드 디플로마티크〉, 2023년 6월호.
5   Katja Hrobat-Virloget, 「V tišini spomina: "eksodus" in Istra, Založba Univerze na Primorskem / Založništvo tržaškega tiska」, Koper-Trieste, 2021.

아메리칸 드림, 마그레브에서 캘리포니아까지

아크람 벨카이드 Akram Belkaïd

〈르몽드 디플로마티크〉 프랑스어판 편집장. 저서로는 『L'Algerie, un pays empeche (en 100 questions)
알제리, 어려운 처지의 나라(질문 100가지)』(2019), 『Pleine Lune sur Bagdad 바그다드의 보름달』(2017) 등이 있다.

마그레브(북아프리카계 사람들) 디아스포라를 생각하는 사람이라면 곧바로 프랑스를 떠올린다. 그러나 수십 년 전부터 알제리, 모로코, 혹은 튀니지를 떠나온 사람들은 걸프 지역, 퀘벡, 캘리포니아 등으로도 이주하고 있다.

스탠퍼드 대학교에서 강의하는 마리 피에르 울로아는 꼼꼼한 자료 조사가 돋보이는 책(1)을 통해 '마그레브계 캘리포니아 사람들'을 역사적·사회학적·정치적인 관점에서 연구하고 있다. 물론 캘리포니아에 사는 마그레브인들의 수는 적지만(2010년 통계에 의하면 모로코인 8,000명, 알제리인 2,500명), 이들의 이주 경로 및 동기, 그리고 통합(또는 동화) 전략을 보면 이들의 이주를 새로운 시각으로 이해할 수 있다.

코스모폴리탄 마그레브인들, 폐쇄적인 민족주의 벗어나

실리콘밸리의 역동성에 이끌린 엔지니어와 기술자들, 의사와 연구원들처럼 마그레브의 고급인력은 미국에서 가장 부유한 주에 속하는 실리콘밸리에 매료됐다. 물론 저자가 밝힌 대로 본국에서 취득한 학위를 미국에서 인정받지 못한 상태로 일하는 마그레브인들도 있다.

이 책은 마그레브인들을 4개 그룹으로 나눠 기술한 것이 특징이다. 코스모폴리탄 마그레브인들, 프랑스의 마그레브인들, 마그레브 지역의 마그레브인들, 마그레브계 유대인들로 분류해 분석하고 있다.

우선, 코스모폴리탄 마그레브인들은 마그레브 지역, 프랑스, 기타 북미의 여러 도시 출신이다. 이들은 폐쇄적인 민족주의, 지역주의 범주를 벗어나 한 곳에 뿌리내리기보다는 이주를 선호한다.

모로코 출신의 프랑스인이며 캘리포니아의 대학에서 문학을 가르치는 메리엠이 대표적이다. 메리엠은 마그레브인 사회뿐만 아니라, 아프리카인 사회와도 잘 접촉하지 않으며 로스앤젤레스의 프랑스인 사회와는 접촉조차 하지 않는다.

한편, 프랑스의 마그레브인들은 프랑스와 애증의 관계를 맺을 때가 많다. 이들은 스스로 프랑스인이라 생각하고, 그렇게 인정받고 싶어 한다. 그렇기 때문에 일터에서 프랑스의 정체성을 드러내는 경우가 많다.

이들은 프랑스에서 받은 차별에 따른 분노와 실망 때문에 프랑스를 떠났지만, 프랑스 문화에 익숙하다. 그리고 그로 인해 직업 기회를 얻기도 한다. 프랑스 문화의 정체성을 대표하는 '요리'가 이런 직업 기회에 속한다.

"저는 100% 미국인이자, 마그레브인입니다"

마그레브의 마그레브인들은 뿌리에 대한 애착이 더 강하지만, 이주한 나라에 동화되려는

▲ 마리 피에르 울로아의 저서 『Le Nouveau Rêve américain. Du Maghreb à la Californie 아메리칸 드림, 마그레브에서 캘리포니아까지』 표지.

의지도 강하다.

"저는 100% 미국인이자, 알제인(알제리의 수도에 사는 사람)이자, 마그레브인입니다."

실리콘밸리에 사는 어느 마그레브 이민자의 이야기다.

독자들 입장에서는 마그레브계 유대인들이 책에 등장한다는 게 의아할 수 있다. 하지만 마리 피에르 울로아는 이들 마그레브계 유대인들이 앞서 소개한 세 그룹의 마그레브인들과 가까운 관계라는 것을 잘 보여준다.

"마그레브계 유대인들은 그들의 뿌리에 자부심이 있지만, 스스로 마그레브인이라고 생각하지 않는다. 이들에게 마그레브인이란 무슬림 마그레브인을 의미한다. 이들은 자신을 마그레브가 아니라 북아프리카계 사람으로 불러 달라고 한다." 저자의 설명이다.

알제리인 기자 아레즈키 메트레프는 북미에 정착한 마그레브인 동포들을 만나러 갔다.(2) 퀘벡에서 캘리포니아까지 마그레브인 이민자들은 다양한 언어를 사용하며 살아간다(알제리 아랍어, 카빌리아어, 프랑스어, 퀘벡식 프랑스어, 영어).

이처럼 다양한 언어를 섞어 사용하는 북미의 마그레브인들은 어느 한 곳에 온전히 뿌리를 내리지 못한 설움을 품고 있지만, 물질적·정신적으로는 평온하게 생활하며 이주한 현지에서 높은 적응력을 보여준다.

아레즈키 메트레프는 실리콘밸리의 마그레브인들처럼 일상생활에 만족스러워하는 알제리인들을 만나본 적이 없다고 지적했다.

글 · 아크람 벨카이드 Akram Belkaïd

번역 · 이주영

1 Marie-Pierre Ulloa, 『Le Nouveau Rêve américain. Du Maghreb à la Californie 아메리칸 드림, 마그레브에서 캘리포니아까지』, CNRS Éditions, Paris, 2019.
2 Arezki Métref, 『Mes cousins des Amériques 아메리카 대륙에 사는 내 사촌들』, Éditions Koukou, Alger, 2017.

유럽의 인기 실버타운된 스페인, 당면한 난제들

엘리사 페리게르 Élisa Perrigueur

〈르몽드 디플로마티크〉 특파원, 기자

"연중 300일 햇볕이 내리쬐니 더 바랄 것이 없다."

"알리칸테의 프랑스인(혹은 독일인, 영국인)처럼 행복하다"라는 표현이 생길지도 모르겠다.

스페인 코스타 블랑카, 그리스, 포르투갈에서 은퇴 후 삶을 보내는 사람이 점점 늘고 있다. 유럽 은퇴자들은 남유럽의 따뜻한 태양을 즐기며 더 적은 돈으로 더 평온한 삶을 누린다.

하지만 외국인 유입으로 스페인 부동산 가격은 상승 곡선을 그리고 있다. 이에 반해 스페인 현지 주민들은 살 곳을 찾아 헤매고 환경오염은 나날이 나빠지고 있다.

지중해 코스타 블랑카 해변 뒤로 솟아오른 베나칸틸산의 산타 바바라성에 장밋빛 석양이 드리운다. 3월치고는 너무 더운 바람이 스페인 17개 자치주 중 하나인 발렌시아주에 속한 인구 33만 명의 해안 도시 알리칸테의 거리를 스치고 지나간다.

나무가 우거진 광장이 내려다보이는 패스트푸드점 2층에서 프랑스어가 들린다. 2022년부터 매주 목요일 이곳에서 열리는 프랑스어 사용자 친목 행사 '아페로 프랑코폰(apéro francophone)'에 참석한 20여 명의 부부 또는 독신 은퇴자가 즐거운 시간을 보내고 있다.

이 행사를 통해 친분을 쌓은 이들은 겨울 동안 혹은 연중 내내 코스타 블랑카에 거주하는 프랑스, 스위스, 캐나다 출신이라는 공통점을 갖고 있다. 이들 대부분은 알리칸테에 연고가 없다.

프랑스 릴 출신 전직 산업 디자이너인 71세 피에르[1]는 "기후와 평온한 삶" 때문에 이곳을

〈사람과 사람들〉, 2015 – 아드비예 발 ▶

선택했다. "연중 300일 햇볕이 내리쬐고 스페인 사람들은 매우 친절하다. 더 바랄 것이 없다. 아직 은퇴 전인 프랑스 친구들은 이곳에 올 날만을 기다린다."

발렌시아주에는 연중 2만 명의 프랑스인이 거주하며 이 중 60세 이상이 1/3 이상을 차지한다.[2] 총 16만 1,000명의 프랑스 기본연금 수령자가 스페인 전역에 거주한다. 정식으로 거주지를 이전하지 않고 겨울철에만 머물다 가는 이들도 수천 명에 달한다. 스페인과 프랑스 언론은 이들을 철새에 빗대어 "제비"로 부른다.

"나는 더 이상 파리로 돌아가지 않는다"

날이 갈수록 성황을 누리는 모임 '아페로 프랑코폰'을 시작한 피에르는 "새로운 얼굴이 자주 등장한다"라고 설명했다. 피에르가 2년 전 페이스북을 통해 이 모임을 시작한 이유는 "프랑스어 사용자들 간 인맥을 형성하고, 만남의 장을 제공하고, 유용한 정보를 공유"하기 위해서다.

피에르는 자신은 카스티야어를 배우고 있지만 "다른 프랑스인들은 그렇지 않은 경우가 많다"라고 아쉬워했다. 테이블에 둘러앉은 프랑스 노인들은 해변가의 저렴한 레스토랑, 산 중턱의 스파, 유명 관광지인 알리칸테의 자연공원에서 즐길 수 있는 하이킹 등에 대해 대화를 나눴다. 마르세유의 한 병원에서 IT 관리자로 일하다 은퇴한 릴리안은 "편하게 돌아다닐 수 있고 흥미로운 문화 활동에 참여할 수 있는 평온한 국제도시"에 혼자 정착하고 싶었다고 설명했다. 알리칸테 도심에 위치한 박물관들은 로마, 페니키아, 무어 문명을 거친 지중해 연안의 역사를 보여준다. 산타크루스 지구는 특유의 흰색 건물들의 사진을 찍는 관광객들로 붐빈다. 라 람블라가(街)의 관광객들은 타파스(스페인 요리에서 간식의 일종―역주)를 즐긴다. 휴양지를 연상시키는 모습이다.

릴리안은 "오랫동안 해외 이주를 꿈꿨지만 일과 아이들 때문에 엄두를 내지 못했다"라고 털어놨다. 알리칸테는 릴리안의 친지들도 쉽게 방문할 수 있는 곳이다. 파리에서 2시간 거리의 알리칸테 공항에는 항상 비행기가 뜨고 내린다. 이 국제공항의 운항 편수는 매년 증가하는 추세다.

릴리안은 "일자리 부족으로 프랑스의 빈곤, 치안, 생활 수준이 날이 갈수록 악화되는 것을 지켜봤다. 이러한 상황 때문에 일상생활이 매우 힘들었다"라고 덧붙였다. 피에르가 알리칸테를 선택한 이유 역시 치안이 큰 몫을 했다.

피에르는 "밤늦은 시간에도 아무 걱정 없이 혼자 걸어서 집에 갈 수 있다. 파리에 살 때는 지하철에서 강도를 당한 적도 있다. 나는 더 이상 파리로 돌아가지 않는다"라고 설명하며 '점점 더 악화되는' 프랑스의 상황을 한탄했다. "아이들이 마약을 놓고 난투극을 벌이는 모습에 충격을 받았다. 물론 알리칸테도 모든 것이 완벽하지는 않다. 하지만 프랑스와는 분위기가 다르다."

"스페인은 진정한 다인종 국가다. 다양한 사람들이 서로 존중하며 살아"

릴리안과 피에르를 비롯한 일부의 왜곡된 시각일까? 다른 은퇴자들 역시 "지금보다 살기 좋았던 예전" 프랑스에 대한 향수를 털어놓았다. "얼마 되지 않는" 연금을 수령하며 알리칸테의 서민 거주 지구에 살고 있는 81세의 에메 브룅은 "스페인은 진정한 다인종 국가다. 외국인들은 문제를 일으키지 않고 스페인 사회에 동화된다. 다양한 사람들이 서로 존중하며 함께 살아간다"라고 평가했다.

본토로 귀환한 알제리 출신 프랑스인 2세인 브룅은 알리칸테에서 피에 누아르(pieds-noirs, 프랑스 식민지 시절 알제리에 정착해 살았던 유럽계 백인—역주) 후손들과 재회했다. 1962년 본토로 귀환한 약 3만 5,000명의 알제리 출신 프랑스인이 알리칸테 지역에 정착했다. 알리칸테에서는 피에 누아르 단체들이 여전히 활동 중이다.

기업을 운영하다 은퇴한 브룅은 프랑스로 '돌아갈' 생각이 없다. 10년 정도 지나면 의료상의 문제로 프랑스로 돌아가는 프랑스인의 수도 적지 않다. 하지만 브룅은 스페인의 의료 체계를 신뢰한다. "이곳의 의료 체계는 평판이 좋다. 병원에 며칠 입원한 적이 있는데 치료비를 문제없이 환급받았다."[5]

주민 고령화에 비해 부족한 스페인 의사들

스페인의 의료 역량은 지역별로 차이가 크다. 하지만 2022년 스페인 보건부 발표에 따르면 2027년 전국적으로 9,000명의 의사가 부족해질 전망이다. 저임금에 시달리는 스페인 의료 인력이 해외로 빠져나가고 있기 때문이다.[4] 발렌시아주 역시 주민 고령화로 "매우 큰 난관"에 직면했음을 인정한다.

세계보건기구(WHO)는 공립 양로원 수용 능력을 65세 이상 인구 100명당 5명으로 권고한다. 이에 비교하면 발렌시아주의 수용 능력은 2만 3,000명 부족한 상태로 스페인 전 지역 중 최하위권에 속한다. 발렌시아주 당국 역시 이 사실을 인정한다.

스페인 전체 65세 이상 인구는 950만 명으로 2050년에는 1,600만 명으로 증가할 전망이다. 이들이 수령하는 연금은 편차가 매우 크지만 프랑스와 비교해 평균적으로 낮은 수준이다. 스페인 중부에 거주하는 은퇴 교수 마르틴 루이스는 "어렵기는 하지만, 경제적인 이유로 가족을 떠나 해외 이주를 꿈꾸는 스페인 노인은 거의 없다"라고 설명했다.

스페인은 프랑스인들이 선호하는 나라 3위

반면 해외에서의 노후를 꿈꾸는 프랑스인의 수는 점점 늘고 있다. 현재 프랑스 기본연금 수령자 1,530만 명 중 1,100만 명이 해외에 거주하고 있다. 이는 30년 전보다 5배 이상 증가한 수치다. 고령 인구 증가 역시 이러한 추세의 요인 중 하나다.

2003년 대비 64세 이상 인구는 46% 이상 증가한 반면 프랑스 전체 인구(6,800만 명)는 훨씬 더 완만한 속도로 증가했다.[5] 해외로 이주하는 은퇴자 수는 계속 빠르게 증가하다 2013년 이후 다소 감소하고 있는 추세다. 하지만 스페인 이주 은퇴자 수는 계속 증가하고 있다. 스페인은 포르투갈, 알제리에 이어 은퇴한 프랑스인이 3번째로 선호하는 나라다.

남유럽 국가에게 외국인 은퇴자 유치는 고수익을 보장하는 사업이다. 지난 10년간 남유럽 국가의 경제는 잦은 긴축 정책에 시달렸다. 따라서 이들 국가는 자국민보다 높은 구매력을 보유하고 따뜻한 태양을 꿈꾸는 외국인 은퇴자의 이주 열풍에 편승해 서로 이들을 유치하기 위해 애쓰고 있다. 2022년, 그리스는 은퇴한 부부의 얼굴과 "다시 '20'으로 돌아가고 싶나요?"라는 슬로건을 내건 홍보 캠페인을 펼쳤다.

그리스의 겨울 평균 기온 20°C를 20대 청춘에 빗댄 전략이다. 포르투갈은 매력적인 세금 제도를 내세웠다. 유럽연합(EU) 규정에 따르면 셍겐(Schengen)조약 가입국에 6개월 이상 거주 시 의무적으로 세금을 내야 한다. 하지만 포르투갈은 외국인 거주자에게 10년간 세금 면제를 보장했다. 덕분에 포르투갈은 많은 고령자와 재택근무자를 유치할 수 있었다. 하지만 부유층 유입 증가로 포르투갈은 2014년 외국인에 대한 세제 혜택을 폐지했다.

스페인의 국세는 프랑스보다 높기 때문에 스페인 거주지에서 불법으로 6개월 이상 거주하는 프랑스 연금 수령자들도 있다. 스페인과 프랑스를 오가며 거주하는 경우는 매우 흔하다. 프랑스어 사용자 대상 부동산 중개업체 '스페인 부동산 매입(J'achète en Espagne)' 창립자 토마 루에는 "여력이 되는 사람들은 스페인과 프랑스에 모두 거주지를 두고 오가며, 세금은 프랑스에 낸다"라고 설명했다.

하지만 이와 같은 탈세자의 정확한 수는 알 수 없다. 신규 이민자 정착을 돕는 웹사이트 중 하나인 '국경 없는 은퇴자(Retraite sans frontières)'를 개설한 폴 델라우트르는 "이민의 주원인은 기후가 아니라 구매력이다. 프랑스 은퇴자들은 연금 수령액은 적은데 세금은 계속 인상된다는 사실을 깨달았다. 이들은 은퇴 후 적절한 수준의 삶을 영위하기 위한 방법으로 해외 이주를 선택한다"라고 분석했다. 은퇴 후 해외에서 보내는 노후는 오랫동안 부유층의 전유물로 여겨졌지만 이제 보다 적은 예산으로도 실현 가능한 노후대책이 됐다.

자녀가 없는 67세 독신 브리지트 루지에는 스페인에서 노년을 보내게 될 줄은 상상도 못했다. 보르도 소재 럼주 공장에서 일했던 그녀는 은퇴 후 1,500유로의 연금을 받고 있다. 33년간 공장에서 일한 탓에 팔과 손이 불편한 루지에는 "오른쪽 팔은 완전히 망가졌다"라고 탄식했다.

"프랑스와는 이제 끝이다! 돌아가지 않을 계획"

프랑스 서부 샤랑트 출신 루지에는 건강상의 이유로 은퇴한 후 이동식 주택을 구매했다가 5년 전 "무작정" 코스타 블랑카로 왔다. "한 프랑스인 부부를 알고 있는 친구들이 이곳으로 오라고 조언했다. 당시 건강도 좋지 않았고 막 반려견과 작별한 후라 떠나기가 조금 겁이 났다. 이곳에 아는 사람도 전혀 없었다."

하지만 루지에는 후회하지 않는다. "프랑스와는 이제 끝이다! 돌아가지 않을 계획이다. 이곳 생활에 만족한다. 보르도에 살 때는 항상 옷차림, 헤어스타일, 외모로 평가받아서 불편했다. 스페인 사람들은 친절하고 겉모습에 아무도 신경 쓰지 않는다." 루지에는 "여유로운 생활"을 중시한다. "일주일에 한 번은 외식을 한다. 매일 아쿠아로빅 수업도 듣는다." "겨울에도 난방을 할 필요가 없기 때문에" 에너지 비용이 줄어들었다. 그녀는 전기 자전거를 타고 내륙 마을의 시장에서 장을 본다.

"멜론 3개가 1유로다. 2유로면 체리 1kg을 살 수 있다!"

이 채소나 과일들은 인근 마을이나 '유럽의 채소밭'으로 불리는 집약농업 지역 무르시아주에서 재배된 것이다. 무르시아의 황야는 타호강에서 농업용수를 끌어오는 온실 재배가 성행하는 농업지역으로 발전했다. 루지에는 "6유로면 일주일 치 채소를 살 수 있다"라고 설명했다.

고국에서의 식습관을 유지하길 원하는 외국인은 외국계 식품 체인점에서 다양한 제품을 구매할 수 있다. 알리칸테에는 독일계 체인 알디(Aldi), 리들(Lidl), 영국계 체인 오버시즈(Overseas), 프랑스계 체인 오샹(Auchan), 까르푸(Carrefour) 등 다양한 외국계 식품 체인이 영업 중이다.

찬란한 햇빛이 쏟아지는 이 해안마을을 선호하는 것은 프랑스 은퇴자들만이 아니기 때문이다. 루지에는 매일 다른 "기리스(guiris, 타 유럽 주민을 뜻하는 스페인어 속어)"를 마주친다. 인구 520만 명의 발렌시아주에 거주하는 외국인 수는 25년 전보다 8배 이상 증가한 80여만

◀ 〈사람과 사람들〉, 2018 - 아드비예 발

179   겨울, 냉혹한 디아스포라

명에 달한다.[6] 특히 EU 출신 중 가장 수가 많은 영국인은 발렌시아주 뿐만 아니라 스페인 전역에 대규모로 거주하고 있다. 영국, 네덜란드, 벨기에인은 수십 년 전 태양을 쫓아 스페인으로 온 최초의 유럽 은퇴자들이다. 해안 도로를 따라 치과, 개인병원 (영어) 광고판이 즐비하게 늘어서 있다. 고령자를 위한 주거지 '시니어 리빙(Senior Living)' 주민도 여럿 눈에 띈다. 노르웨이인이 많이 거주하는 마을 알파스 델 피에는 창밖으로 바다와 시에라 엘라다의 짙은 녹음이 내려다보이는 아파트 단지 '더 컴(The Comm)'이 있다.

주로 북유럽 출신인 300여 명의 주민들은 65세 이상 전용 아파트에서 수영장, 정성스럽게 손질된 정원, 체육관, 고급 레스토랑을 즐기며 살고 있다. 이곳의 최소 임대 기간은 20년이며 초기 매입 가격은 12만 5,000유로였다. 발코니 아래에서는 굴삭기가 사이프러스 나무 사이로 땅을 파 엎고 있다. 분양이 완료된 '더 컴'은 지금도 계속 지어지고 있으며 입주민 수는 곧 492세대에 달할 예정이다. '더 컴'과 같은 호화 주거단지뿐만 아니라 저렴한 가격의 매력적인 부동산 시장 역시 프랑스 은퇴자의 스페인 이주를 부추기는 요소다. 루지에는 바닷가 소나무 공원 근처 "정원이 딸린" 집에 3년째 살고 있다. '라 마리나(La Marina)'라는 이름의 주택 단지에 위치한 이 집의 임대료는 월 450유로다. 길을 따라 늘어선 흰색 주택들에는 대부분 수영장이 딸려있다. 이곳에서 프랑스 친구들을 사귄 루지에는 "프랑스인 입주민 수는 점점 늘고 있다. 우리는 함께 점심을 먹고 페탕크(쇠로 된 공을 교대로 굴리면서 표적을 맞히는 프랑스 남부지방의 놀이—역주) 게임을 하며 세월이 가는 줄 모르게 지내고 있다"라며 만족스러워했다.

루지에와 친구들은 프랑스 정치 이야기는 피한다. "정치 이야기는 짜증난다. 그저 내 삶을 즐기고 싶다." 카스티야어를 배우기 시작한 루지에는 "노력은 하고 있지만 정말 어렵다. 내 나이가 되면 기억력이 예전 같지 않다. 어느 정도 알아듣기는 하지만 스페인 사람들이 속사포처럼 빨리 말하면 전혀 못 알아듣는다"라며 웃었다. '라 마리나'의 거리는 유명 예술가나 유럽 수도의 이름이 붙여져 있어 기억하기가 쉽다. 연중 7,000명이 이 단지에 거주하며 이중 상당수가 외국인이다. 구도심과 야자수가 심어진 광장에 주민 3,000명이 거주하는 산 풀겐시오에 속한 '라 마리나'는 이 마을보다 더 큰 규모를 자랑한다.

은퇴후 파리 교외 대신, 발렌시아로 이주를 선택

66세 도미니크 콩보와 그의 아내인 63세 크리스틴 파스키에는 모두 전직 공무원으로 은퇴후 파리 교외 대신 '라 마리나'를 선택했다. 두 사람은 3년 전 7만 5,000유로에 집을 구매했다. 라 마리나 인근 한 부동산 중개인에 따르면 알리칸테의 부동산 가격은 프랑스 중부 툴과 비슷한 수준으로 1㎡당 2,000유로가 조금 넘는다. 코스타 블랑카 일부 마을의 부동산 가격은 하락하고 있다.

콩보는 "스마트폰 번역 앱을 사용하면 레스토랑에서 의사소통이 가능하다"라고 흡족해했다. 기술 덕분에 그는 프랑스와도 계속 연락을 유지하고 있다. 무료 메신저 애플리케이션과 소셜네트워크를 통해 가족 및 친구들과 연락을 주고받으며 "프랑스 TV도 시청"할 수 있다.

스페인에서는 코스타 블랑카의 육지와 해안선을 잠식하는 '라 마리나'와 같은 주택 밀집 단지를 신흥 주택지(urbanización)로 부른다. 빠른 속도로 늘고 있는 신흥 주택지는 거의 동일한 형태로 지어진 별장으로 구성된 소규모 교외 주거단지로 학교, 도서관 등의 공공시설이 거의 없는 곳도 있다. 여름철 '라 마리나'는 다양한 곳에서 온 모든 남녀노소 관광객으로 붐빈다.

겨울이 되면 주로 노인들만 남는다. 산 풀겐시오의 관광 담당 시의원 파울리노 에레로는 "앞으로 더 많은 은퇴 외국인을 유치할 수 있길 희망한다"라고 말했다. 산 풀겐시오는 거동이 불편한 고령 인구에 적합한 환경을 만들기 위해 많은 노력을 기울였다. 휠체어가 다닐 수 있도록 인도 폭을 넓혔으며 차량 운행 속도를 시속 30km로 제한했다. 평온한 생활환경도 조성했다.

이 주택단지들은 프랑코 독재 시절(1936~1975)인 1960년대부터 변화하는 농업지역에 관광객을 유치하기 위해 지어졌으며 스페인이 부동산 열풍에 휩싸였던 1990년대 말 급속도로 증가했다. 2000년에는 지금의 5배에 달하는 55만 건의 건축 허가가 발급되기도 했다.[7] 이 주택단지들은 또한 스페인 '베이비붐' 세대의 주택 마련을 위한 장치이기도 했다.

지역 의회는 부동산 개발업자들과 담합해 과도한 건설공사를 묵인했다. 2003~2011년 발렌시아 주지사 프란시스코 캄스에 따르면 "(주도)발렌시아를 세계에 알리려는" 현지 우파 정치 엘리트들도 이를 장려했다. 공사비 일부를 공공 자금으로 조달한 대형 건설공사의 사업비는 천정부지로 치솟았다. 완공에 3년이 걸린 카스테욘 데 라 플라나 공항 건설비는 1억 5,000만 유로에 달했다.

주택 매입한 외국인들 늘어난 반면, 정작 스페인 주민들은 주택난에 직면

3억 유로가 투입된 알리칸테의 영화 촬영 단지 시우다드 데 라 루스(Ciudad de la Luz), 시우다드 델 시네(Ciudad del Cine)는 불법 지원금 수령으로 2012년 EU로부터 폐쇄 명령을 받았으며 이후 부분적으로 재개장했다. 이처럼 상식을 벗어난 지역 경영은 2008년 부동산 거품이 꺼지면서 치명적인 타격을 입었다. 빚더미에 앉은 이 지역은 2012년 긴축 정책을 시행했고 그 피해는 주민들에게 돌아갔다.

발렌시아주 도로 모퉁이에 폐허로 남아 있는 주택 단지들은 이 위기 사태의 잔재로 부동산 붐이 끝난 후 부동산 개발업자들의 몰락을 상기시켜준다. 2018년, 한동안 발길을 끊었던 외국인 매수자들이 다시 돌아오면서 부동산 시장은 활기를 되찾았다.

2023년 스페인에서 체결된 주택 매매 계약의 19.3%는 헐값에 주택을 구입한 외국인 매수자가 차지했다. 이는 거의 역대 최고 비율로, 2007년 7.1% 대비 큰 폭으로 증가한 수치다.[8]

스페인 현지 부동산 시장은 활기를 되찾았지만 대가가 뒤따랐다. 부동산 중개인 토마 루에는 "부동산 가격이 상승하고 있다. 젊은 학생과 스페인 주민이 살 곳을 구하기가 점점 어려워졌다. 특히 알리칸테의 부동산 평균 매입 가격은 2022~2023년 7% 상승했다. 2000년대 열풍에 비할 바는 아니지만 계속 주택을 짓고 있다. 구매자의 평균 연령은 50~55세이며 평균 거주 기간은 7년으로 길지 않다. 개인적인 이유로 이사를 하거나 거주 중 사망하는 경우도 있다"라고 설명했다.

마요 데후앙비가레이 알리칸테 대학교 마케팅학 교수는 외국인 투자가 증가하고 북아메리카 출신이 새롭게 유입되면서 다른 문제점도 생겨날 것으로 예측했다.

"신흥 주택지 대부분은 애초에 중상류층 외국인을 위해 지어졌다. 서구인을 위한 요새로 설계된 이 주택 단지의 주민들은 선거 및 지역 활동 참여도가 낮다. 상시 거주자가 부족한 것은 지역 공동체 및 네트워크 발전을 방해할 수도 있다."

베니돔은 외국인을 위해 설계된 도시의 첫 번째 사례다. 38㎢ 면적의 이 도시는 런던, 밀라노 다음으로 고층 건물 밀집도가 높다. 베니돔의 화려한 건축물의 정점은 외관이 황금빛 창문으로 둘러싸인 에디시오 인템포 빌딩이다.

높이 192m의 이 아치형 고층빌딩은 미래 지향적 스타일과 저속한 휴양지 스타일이라는 평가가 동시에 존재한다. 작은 어촌 마을이었던 베니돔은 1950~1967년 시장을 지낸 페드로 사라고사 오르츠가 추진한 외국인 유치 사업으로 25년 만에 대량 관광 도시로 탈바꿈했다.

오르츠 시장은 유럽 전역을 돌며 외국인 노동자 계층을 상대로 항공편, 호텔, 식사가 포함된 '올 인클루시브(all inclusive)' 관광 상품을 홍보했다. 2023년 알리칸테 지방의회 의장으로 선출된 인민당(PP) 소속 안토니오 페레스는 프랑코 정권이 한창일 당시 가장 보수적인 가톨릭 신자들의 해변을 비키니 관광객으로 채운 오르츠 시장에 감탄했다.

여전히 관광객 유치에 열을 올리는 베니돔은 계속 건물을 짓고 있다. '수직 생태계'를 주장하는 시 당국은 "고층건물은 단독 주택보다 오염을 적게 유발한다. 예를 들어 400명의 입주민이 하나의 수영장을 공유한다"라고 설명하며 고층건물을 옹호했다.

보통 8월이 되면 비치 타월이 모래사장을 뒤덮고 40만 명이 도시를 공유한다. 현지 주민들은 주체하지 못할 정도로 취한 관광객을 곳곳에서 마주친다. 대부분은 외국인 관광객으로 현지인들은 이들의 행태를 "음주 관광(turismo de borrachera)"으로 비난한다.

겨울이 되면 주민 수는 7만 2,000명으로 줄어든다. 이 중 수만 명은 단기 체류 노인들이다. 마이클 잭슨 음악이 흘러나오는 술집 앞 부두의 보행자들은 은퇴자들이 모는 사륜 전동 스쿠터를 피해 다닌다. 도시 곳곳에 스쿠터 대여소가 있다. 페레스 시장은 "시의 모든 공공건물에 자동문을 설치하고, 도로에는 음향 및 전동 신호등을 두고, 3개 국어로 된 오디오 가이드를 제작해 배포할 예정이다"라고 밝혔다.

겨울, 냉혹한 디아스포라

태양을 쫓아온 은퇴자들, 무더위를 피해야 하는 아이러니

"이동성 향상 투자"로 베니돔에 많이 거주하는 영국 은퇴자의 삶은 더욱 편리해질 것이다. 영국에서는 베니돔의 이름을 딴 시트콤이 나올 정도로 이곳 해안 리조트의 인기가 높다. 곧 은퇴를 앞둔 영국 여행사 직원 제프 가틀랜드는 "많은 영국인이 은퇴 전에는 휴가를, 은퇴 후에 노년을 이곳에서 보낸다"라고 설명했다.

아일랜드 수호성인을 기념하는 성 패트릭의 날을 앞두고 녹색 깃발로 장식된 '타파스 앨리(Tapas Alley)'에서 만난 그는 왁자지껄한 거리에서 소리치듯 말했다. 이 거리의 스페인 이름은 '칼레 데 로스 바스코스'이다. 가틀랜드는 "대로와 거리 이름을 영어로 바꿔 훨씬 찾기 쉽다! 게다가 이곳에서는 모두가 영어를 한다"라고 설명하며 2020년 영국 브렉시트 이후 "영국 계절 노동자들"의 방문에 제약이 생긴 것을 아쉬워했다. 예전만큼 꾸준하진 않지만 그래도 은퇴한 영국인들은 계속 베니돔을 찾고 있다. 가틀랜드는 "스페인 법이 바뀌어 3개월 이상 연속 체류가 가능했으면 좋겠다. 관광객이 지역 경제에 기여하는 바가 크다"라고 덧붙였다.

발렌시아주 당국은 지역 경제의 원동력인 연중 관광 활성화를 반기고 있다. 발렌시아주 정부 산업관광 장관인 인민당 소속 누리아 몬테스는 "관광은 외국인 투자를 유치하고 건설 및 서비스 분야 일자리를 창출해 지역 경제 발전에 기여한다. 외국인 주민이 창출하는 문화적 다양성은 우리 지역 사회를 풍요롭게 한다"라고 자부했다.

외국인은 환경문제에 무신경… 도시화에 따른 온난화도 큰 문제

심각한 환경오염을 일으키는 관광 산업을 비판하는 이들도 있다. 스페인은 심각한 물 부족을 겪고 있다. 카탈루냐를 비롯한 일부 지역에서는 지난 3년간 비가 거의 또는 전혀 내리지 않았다. 스페인 그린피스의 훌리오 바레아는 "발렌시아주의 물 부족은 심각한 단계는 아니지만 관광객 유입으로 물 소비가 계속 증가하는 반면 수자원은 점점 고갈되고 있다"라고 경고하며 "지역 주민 대부분이 관광업에 종사하고 있기 때문에 물 부족에 항의하는 주민은 거의 없다"라고 유감을 표했다.

외국인을 상대로 환경문제에 대한 경각심을 높이는 것은 어려운 과제다. 바레아는 "요즘 주민들은 환경문제에 어떤 생각을 갖고 있는지 파악하기 힘들다. 국적에 따라 환경문제에 대한 인식 수준이 다르다"라고 설명하며 지역 당국의 역할이 크지만, 당국의 정책은 모범을 보이는 것과는 거리가 멀다고 덧붙였다. "계속 건물을 짓고 있다. 이미 위험 수준을 넘어섰다. 고급 아파트를 짓느라 땅과 산은 황폐해졌다. 절벽이나 자연보호지역에 지어진 아파트도 있다." 부동산 중개인 루에 역시 이에 동의했다.

"부동산을 구매하는 외국인은 환경 문제에 크게 신경 쓰지 않는다."

대규모 주택 건설은 온난화도 악화시킨다. 2018년 그린피스는 30년 사이 스페인 해안지역 도시화가 두 배 이상 진척됐다고 지적했다. 올여름에도 스페인은 견디기 힘들 정도로 뜨거운 폭염에 시달리고 있다. 삶의 활기를 되찾기 위해 태양을 쫓아온 은퇴자들은 그토록 꿈꿨던 태양을 피해 숨어야 할 신세가 됐다.

글 · 엘리사 페리게르 Élisa Perrigueur

번역 · 김은희

1   익명을 원한 인터뷰 대상자는 성을 제외한 이름만 표기.
2   발렌시아주 자치정부에서 제공한 2024년 5월 수치.
3   유럽연합 회원국에 거주하는 프랑스인은 프랑스 사회보장제도 대신 현지 사회보장제도의 적용을 받는다.
4   Elisa Silió, 「La fuga de miles de médicos agrava el déficit de especialistas en España」, 〈El País〉, Madrid, 2022년 10월 17일.
5   프랑스 노령보험공단(Cnav), 「Recueil statistique du régime général – Édition 2023 일반연금통계모음집-2023년판」, www.statistiquesrecherche.lassuranceretraite.fr
6   Rafel Montaner, 「Los residentes extranjeros se han multiplicado por ocho en un cuarto de siglo」, 〈Levante El Mercatil Valenciano〉, 2024년 3월 3일.
7   Ángel Gavilan, 「El mercado de la vivienda en España : evolución reciente, riesgos y problemas de accesibilidad」, 스페인은행, 2024년 4월 23일, www.bde.es
8   Ibid.(같은 책에서)

이스라엘, 팔레스타인 사람들 쫓아내고 나무 심는다

아이다 델퓌슈 Aïda Delpuech

환경전문기자. 환경 문제, 국제 갈등과 같은 주제에 관심을 가지며
여러 매체에 탐사 기사와 분석을 기고하고 있다.

1948년 나크바(Nakba, 팔레스타인 주민들의 강제이주 '대재앙') 동안 주민이 추방된 아랍 마을들의 폐허를 이스라엘은 어떻게 지울 수 있었을까? 네게브 지역의 베두인들을 어떻게 강제 이주시킬 수 있었을까? 답은 나무를 심는 것이다. 유대민족기금(FNJ)의 임무 중 하나는 바로 이러한 방식의 조림이다. 자발적 조림은 이스라엘의 새로운 지리적 경계를 그리며, 팔레스타인 존재의 흔적을 지우는 역할을 한다. 이 과정에서 중요한 환경적 위험을 감수하게 된다.

2022년 1월 어느 날 아침, 이스라엘 남부 네게브 사막의 바람이 불어오는 가운데, 약 백 명의 베두인들이 모여 분노를 외쳤다. 수십 년간 이스라엘에서 가장 소외된 소수 민족 중 하나인 이들은 자신들의 조상 대대로 내려온 땅을 이스라엘이 폭력적으로 빼앗는 것에 항의해왔다.

이 봉기의 뿌리에는 오늘날 중단된 유대 민족 기금(FNJ)의 나무 심기 프로젝트가 있었다. 이 기관은 이스라엘 대부분의 숲을 관리하는 민간단체. 베두인 권리 변호사이자 활동가인 칼릴 알아무르는 이렇게 회상했다.

"어느 날 아침, 그들이 사와(Sawa) 마을에 와서 집들 사이에 나무를 심기 시작했어요. 그곳에 숲을 만들려고 한 거죠. 말도 안 되는 일이었습니다."

당시 현 극우 성향의 이타마르 벤그비르 국가안보부 장관이 이 프로젝트를 지지하며 마을 주변에 나무를 심기 위해 직접 방문하기도 했다. 네게브의 미승인 아랍 마을 지역 협의회(RCUV) 회장인 아티아 알아삼은 이 프로젝트를 두고 "그들은 우리의 몸에 암 덩어리를 주입

하려 했다"라고 외쳤다.

이 시위들은 이스라엘 경찰에 의해 폭력적으로 진압되었으며, 이는 팔레스타인 베두인 주민들을 쫓아내고 그들의 땅을 빼앗으려는 이스라엘의 오랜 정책에 맞선 투쟁의 연장선이었다. 이스라엘은 사막화를 막는다는 명목으로 이러한 정책을 정당화하고 있다. 알아무르는 "베두인 가족이 땅에서 쫓겨날 때마다, 그들은 그 땅에 다음 날 바로 나무를 심으러 옵니다"라고 설명했다.

이스라엘 최대 인공 숲 야티르, 폐허 도시에 명명된 흑역사

사와에서 몇 km 떨어진, 이스라엘에 의해 공식적으로 인정받지 못한 베두인 마을 움 알히란(Umm Al-Hiran) 역시 2003년부터 철거 위협을 받아왔다. 이스라엘 국가 계획 및 건설위

팔레스타인 옛 마을의 지워짐

- 1949년 국경 내 이스라엘
- 1947년에서 1949년 사이에 파괴된 팔레스타인 마을 및 마을 집단
- 이스라엘에 의해 방치된 팔레스타인 마을 및 마을 집단
- 건축된 구역
- 숲 지역
- 팔레스타인 옛 마을을 가리는 주요 공원 및 숲
- 이스라엘 점령 지역
- 오슬로 협정 II(1995년) A 및 B 구역
- 고속도로
- 주요 도로망

레바논
납달리 산
비르야 숲
하이파
갈릴리 호
갈릴리
나자렛
호프 하카르멜 숲
라마트 메나세 공원
제닌
네타냐
나블루스
지중해
텔아비브
서안 지구
벤 쉐멘 공원
라말라
아얄론 캐나다 공원
예루살렘
아슈켈론
하루빗 숲
라빈 공원
베이트 이타브 국립공원
브리타니아 공원
플루갓 숲
헤브론
사해
가자
히란(건설 중인 식민지)
움 알 히란
야티르 숲
사와
베르세바
요르단
네게브 사막

0   25   50 km

Sources : OpenStreetMap Israel ;
www.adalah.org/en ; www.zochrot.org

CÉCILE MARIN

겨울, 냉혹한 디아스포라

회가 같은 장소에 유대인 정착촌 건설을 승인했기 때문이다. 이 마을의 700명도 채 되지 않는 주민들 주변에는 이스라엘에서 가장 큰 인공 숲인 야티르 숲이 펼쳐져 있다. FNJ의 설명에 따르면, 이 숲은 "폐허가 여전히 남아 있는 레위 도시를 기리기 위해 명명된 것"이다.[1]

1964년에 처음 나무가 심어진 이후, 야티르 숲은 프랑스, 벨기에, 독일, 이탈리아, 남미에서 온 기부금 덕분에 확장되었다. 끝없이 펼쳐진 침엽수림, 피크닉을 즐기기 위한 시설, 하이킹 애호가들을 위한 산책로가 마련되어 있어 네게브 반사막 지대의 입구부터 유럽의 분위기를 자아낸다.

이 소나무 숲의 확장은 주변 베두인 마을들의 운명을 예고하고 있다. 수년 동안 야티르 숲에는 유대인 정통파 공동체가 거주하고 있고, 이들은 베두인들이 추방되기를 기다리며 히란(Hiran) 정착촌을 세워 네게브의 '유대화'를 이어가려 한다.

추방된 베두인 가족들은 현재 FNJ 미국 지부가 후원하는 카라반에서 살고 있다. 알아무르는 "FNJ가 단순히 나무를 심고 사막을 '꽃피우는' 일을 한다고 하지만, 사실 그들은 이스라엘의 정착 정책과 식민화의 중요한 축이다"라고 주장했다.

나무 문제는 이스라엘–팔레스타인 갈등과 자주 연결되지 않지만, 뉴욕 버팔로 대학의 인류학자이자 법학 및 지리학 교수인 이루스 브라버만은 "사실 유대 민족 기금(FNJ)은 역사상 가장 중요한 시온주의 조직일지도 모른다"라고 말했다.[2]

유대인 민족 기금(FNJ)은 웹사이트에서 "19세기 말 이스라엘 땅에 도착한 첫 유대인 개척자들은 그늘조차 없는 황폐한 풍경을 마주했다"고 설명한다. 1901년에 설립된 이 비영리 단체는 지금까지 약 2억 5천만 그루의 나무를 심었다고 자랑하고 있다.

오늘날 FNJ는 이스라엘의 주요 토지 개발 조직이며, 국가의 가장 큰 산림 관리 기관이기도 하다. FNJ의 초기 목표는 "유대인을 정착시키기 위한" 토지 확보였으며, 그 근거로 구약성경 『레위기』의 구절(25:23)을 인용했다.

"땅은 영구히 팔리지 않는다. 땅은 내 것이다..."

1948년 이스라엘 국가가 설립되고 나크바(아랍어로 '대재앙') 동안 팔레스타인 주민이 강제 추방된 이후, FNJ는 이미 10만 헥타르의 땅을 소유하고 있었다. 신생 이스라엘 국가는 "버려진" 땅을 점유하고 이를 FNJ와 이스라엘 토지 관리국(ILA)에 관리하도록 맡겼다.

이스라엘 숲의 아버지 '요세프 바이츠', 팔레스타인 주민 강제 추방에 앞장서

조경가이자 활동가인 나다브 조페는 "1948년부터 국가적 사업 중 하나가 바로 대규모 나무 심기였다. 가능한 한 빠르게 대량으로 나무를 심어야 했다"라고 설명한다. 그는 '팔레스타인/이스라엘에서의 조림이 시온주의 프로젝트의 무기'로 활용되었다는 연구의 공동 저자다.

FNJ의 임무는 설립 이후 변하지 않았고, 그 규정에 따르면 유대인들을 위해서만 토지를 임대하고 개발하도록 되어 있다. "FNJ는 자신을 유대 민족만의 이익을 대변하는 기관으로 간주하며, 그 결과 토지는 유대인에게만 판매되어야 한다는 입장을 고수한다"고 한다. 이스라엘 인구의 약 25%가 유대인이 아님에도 불구하고 이러한 정책이 유지되고 있다.

역사학자 일란 파페가 말한 바와 같이, FNJ는 진정한 "시온주의 식민화 도구"로 여겨지며, 1932년부터 1966년까지 FNJ를 이끈 요세프 바이츠는 '숲의 아버지'로 불렸지만, 동시에 팔레스타인 주민들의 추방을 주도한 '이주 위원회'의 핵심 인물 중 한 명이었다.[3]

"우리는 정화 작업을 시작했다. 잔해를 치우고, 마을들을 경작과 식민화를 위해 준비했다. 그중 일부는 공원이 될 것이다"라고 요세프 바이츠는 1948년 5월 30일, 이스라엘 국가가 설립된 지 15일 후 자신의 일기에 썼다. 나다브 조페는 "요세프 바이츠를 통해 자연 정비와 식민화의 연관성을 분명히 알 수 있다"고 분석했다.

2022년 FNJ의 공식 예산은 약 5억 달러에 달했으며, 이 기구는 유대인 디아스포라의 지속적인 후원을 받고 있다. 특히 블루 박스를 통해, 1904년부터 전 세계 수백만 유대인 가정에 배포된 이 파란 상자는 FNJ를 위한 기금 모금 도구로 사용되었다.

FNJ는 또한 '투 비슈바트(나무의 새해)'라는 명절의 중요성을 강화하여 매년 이스라엘 가정들이 나무를 심도록 독려하고 있다. 조페는 "사람들은 이미 준비된 땅으로 셔틀버스를 타고

겨울, 냉혹한 디아스포라

이동한 후 묘목을 심고 '내가 이스라엘에 나무를 심었습니다'라는 깃발을 들고 돌아간다"라고 설명했다.

팔레스타인 주민의 흔적을 지운 나무 심기

텔아비브와 예루살렘을 연결하는 1번 도로를 따라 펼쳐진 아얄론-캐나다 공원은 1,200헥 타르 이상에 걸쳐 있다. 이곳은 자연 수영장과 수많은 하이킹 및 산악 자전거 코스로 매년 30 만 명의 방문객이 찾는 인기 휴양지이다.

공원 곳곳에 설치된 정보 표지판은 방문객들이 이곳을 탐방하며 시대를 거슬러 올라가도록 돕는다. 여기에서는 제2성전(기원전 516년~서기 70년) 시기 유적과 로마 시대의 목욕탕과 수로가 발견되었다. FNJ가 국가 전역에서 적용한 공원 조성 모델에 따르면, 실비 프리드먼 인류학자는 "나무 심기는 과거의 존재를 상기시키고, 이 공간에 성경에서 따온 이름을 부여함으로써 창세기의 이야기를 환경에 재기입하는 방법"이라고 분석했다.[4]

그러나 이 표지판들은 1967년 이스라엘이 6일 전쟁 동안 점령한 지역에서, 팔레스타인 분할을 규정한 1948년 유엔 경계 밖에 있는 임와스, 얄루, 베이트 누바 등 팔레스타인 마을의 존재를 언급하지 않고 있다.

이 마을들에서 약 6,000명의 주민이 추방되었고, 그해 대부분의 집이 철거되었다. 5년 후, 1972년 공원이 공식적으로 개장하면서 새로 심은 나무들이 팔레스타인 주민들의 흔적을 완전히 지웠다. 가다 사사는 "모든 것이 팔레스타인 사람들이 결코 존재하지 않았던 것처럼 묘사된다"라고 말하며, 캐나다 맥마스터 대학교에서 팔레스타인의 '녹색 식민주의'에 대한 논문을 썼다.

아얄론-캐나다 공원의 역사는 고립된 사례가 아니다. 이스라엘의 공원, 숲, 자연 보호구역은 1948년 파괴된 약 200개의 팔레스타인 마을들을 포함하고 있다고, 팔레스타인 마을 파괴에 관한 책을 저술한 이스라엘 연구자 노가 카드만이 주장했다.[5]

식물 방벽으로 설계된 숲, 팔레스타인 주민의 귀환을 막아

이 현대사의 흔적을 감추는 것 외에도, 조림은 추방된 팔레스타인 주민의 귀환을 막고 있다. 이스라엘의 존재를 유지하기 위한 식물 방벽처럼 설계된 숲은 식민지화된 지역의 경계를 설정하는 데 이용되고 있다. 브라버만은 "나무를 심는 것은 그 지역에 존재를 심는 것과 같다. 이는 직접적인 폭력적 소유 박탈과 연관되지 않고도 정착할 수 있게 한다"고 설명한다. "즉, 한쪽의 뿌리 뽑힘이 다른 쪽의 뿌리내림을 가능하게 한다"는 것이다. 일부 경우 나무는 주택이나 다른 기반 시설로 대체될 때까지 임시 점령 수단으로도 사용되었다.

이러한 고의적인 망각에 맞서 싸우기 위해, 이스라엘의 NGO인 조크롯(Zochrot)은 20년 넘게 나크바의 역사와 그 결과에 대한 이스라엘 대중의 인식을 개선하는 사명을 수행해오고 있다. 이 단체의 자원봉사자들은 나크바의 생존자나 후손들과 함께 이스라엘 공원에서 안내 투어를 진행하며, 이 지역들에 대한 대안 역사를 전달한다.

에이탄 브론스타인 조크롯 설립자는 "시온주의는 땅과 그 역사를 아는 것을 매우 강조하지만, 팔레스타인의 역사를 이야기하지 않으면 그 역사는 불완전하다"라고 설명했다. 2005년, 조크롯은 FNJ의 공원 안내 표지판 관행을 고발하며 이스라엘 대법원에 소송을 제기했고 승소했다. FNJ는 일부 표지판을 수정해야 했지만, 수정된 지 얼마 지나지 않아 일부 표지판이 신비롭게 사라졌다.

예루살렘 소나무를 심는 이유

가다 사사 연구자가 정의한 '녹색 식민지'인 FNJ가 심은 대부분의 숲은 소나무, 특히 예루살렘 소나무(핀스 알레포)로 이루어져 있다. 이 나무 선택은 우연이 아니다. 나다브 조페는 "이 나무는 시온주의 영토 확장의 야망을 실현하기에 이상적인 나무"라며, 건조한 기후에도 강하고, 빠르게 자라며, 연중 식생을 제공한다고 설명했다.

겨울, 냉혹한 디아스포라

이 소나무는 이스라엘 국가 확장의 중요한 도구가 되었고, 동시에 경관을 변화시키는 역할을 한다. 브라버만은 "소나무는 유대-이스라엘이 그 땅을 통제하고 있음을 나타내는 상징이지만, 올리브 나무는 팔레스타인 주민들의 지역적이고 농업적인 존재를 상징한다"라고 말했다.

1967년 이후, 80만 그루 이상의 팔레스타인 올리브 나무가 이스라엘 당국과 정착민들에 의해 뽑혀나갔다. 최근 들어 올리브 나무는 이스라엘에 의해 점점 더 '수용'되고 있다. 비록 팔레스타인인들의 땅에 대한 애착을 상징하는 나무지만, 2022년 FNJ는 올리브 나무를 '올해의 나무'로 선정하며 "올리브 나무는 이스라엘에서 가장 상징적인 나무 중 하나로, 축복, 건강, 뿌리내림을 상징한다"라고 주장했다. 이제, 올리브 나무조차도 이스라엘의 전유물로 간주하려는 시도로 비친다.

비록 FNJ의 나무 심기 프로젝트가 "친환경적"인 것으로 소개되지만, 소나무 단일재배는 환경 보호 단체들 사이에서 논란을 일으키고 있다. 가다 사사는 "일부 사람들은 이 숲을 '소나무 사막'이라고 부를 정도로, 생태계를 황폐하게 만들었다"고 지적한다. 소나무 잎이 숲 바닥을 덮어 토양을 산성화시키고, 이로 인해 토착 동식물이 자라지 못하게 만든다.

이 정책은 이스라엘의 주요 환경 보호 단체인 자연 보호 협회(SPNI)로부터도 강한 비판을 받았다. 이 협회에 따르면, "자연 지역에 무분별하게 조성된 조림은 토양 보호와 기후 변화 완화에 기

◀ 〈사람과 사람들〉, 2019 - 아드비예 발

여하지 않으며, 오히려 화재 위험을 증가시킨다"고 한다.

    2021년 8월, 예루살렘 인근에서 발생한 화재로 2,000헥타르 이상의 소나무 숲이 파괴되었다. 불길이 사그라진 후, 최근 숲에 묻힌 팔레스타인 마을과 농지의 흔적이 재로 드러났다. 오늘날 올리브밭과 그 농장을 가꾸는 팔레스타인 가족들은 서안지구와 예루살렘에서, 이스라엘 정착민들과 당국의 공격에 가장 취약한 대상이 되었으며, 2023년 10월 7일 이후 이러한 폭력은 더욱 극심해졌다. 2023년 올리브 수확 기간 동안 3,000그루 이상의 올리브 나무가 뽑혀 나갔다고 팔레스타인 당국은 보고하고 있다. 나무 전쟁은 여전히 계속되고 있다.

글 · 아이다 델퓌슈 Aïda Delpuech

번역 · 박순성

1 Ariel Dloomy, 「The 'new Zionism' is turning Negev Bedouin into a myth」, 〈+972 Magazine〉, 26 juin 2015.

2 『Planted Flags : Trees, Land, And Law In Israel/Palestine, Cambridge University Press』, 2009.

3 Ilan Pappé, 『Le nettoyage ethnique de la Palestine 팔레스타인의 민족 청소』, Paris, La Fabrique, 2024.

4 Sylvie Friedman, 「Planter un arbre en Israël : une forêt rédemptrice et mémorielle 이스라엘에서 나무를 심는 것: 구속과 기억의 숲」, , n° 21, Presses universitaires du Mirail, Toulouse, 2013.

5 『Erased from Space and Consciousness. Israel and the Depopulated Palestinian Villages of 1948』, Noga Kadman, Indiana University Press, 2015.

〔만화〕가스통 "내가 죽고 싶을때 죽겠어, 나!"

"가스통은 내 삶의 모델이다. 늘 이것저것 만들면서도 과하지 않게 하려 노력하지." 나르도가 영향을 받은 주요 인물 중 프랑캥이 있다면, 그건 바로 이런 상징적 캐릭터를 통해 보여준 삶의 태도 때문이다. 그는 종종 노동이라는 함정에 빠지지 않기 위해 일을 더욱 줄이고자 했다.

1981년생인 그는 그르노블 대학에서 저널리즘 학위(2005)를 받은 뒤 France Bleu Isère 방송국 인턴십에 지원했다. 하지만 첫 고용계약(CPE) 반대 운동 중에 지역 라디오 점거 시위에 적극 가담하면서 이 꿈은 좌절됐다. 이후 Montagnes Magazine과 Charlie Hebdo에서 일했는데, 특히 Charlie Hebdo에서는 "생애 처음으로 지치지 않고" 시사만평을 그렸다고 한다. 그러나 그가 진정한 의미의 글쓰기를 시작한 곳은 현재는 문을 닫은 풍자 사이트 Bakchich였다. 그의 그림체는 확연히 Reiser의 영향을 보여줬고, 사람들도 자주 그렇게 말했다. "나는 내가 누구인지 알기 위해 그에서 벗어나려 노력하지만, 결국 항상 그로 돌아오게 돼."

현재 나르도는 주로 Le Postillon에 글을 쓰고 그림을 그린다. 이 그르노블 비평지는 공동체의 활력과 지역 현안을 독특한 시각으로 다루는 것이 특징이다. 그는 La Décroissance에도 매달 만화를 몇 컷씩 연재하고 있다. 알프스 자전거 여행을 다룬 만화책을 직접 출판한 후에는 시간제로 자전거 수리 일도 하고 있다. "항상 이것저것 만드는 것"을 좋아하는 나르도는 여전히 과하지 않게 하려 애쓰고 있다.

글 · 기욤 바루 Guillaume Barou

이어서 ➡

겨울, 냉혹한 디아스포라

〈마니에르 드 부아르〉 한국어판의 제 18호 발간에 도움을 주신 후원자 여러분께 감사드립니다.

곽민준	이경숙
권수지	이소리
권지원	정지원
김아름	조은수
김현수	지혜손
김효정	최민정
박노을	최재원
백동현	허지윤
서쌍용	DS테크
성대현	Etienne Son
시수경	jinbba96
아오	lemonmelba
안태현	mangumungo
오주석	Sunny Ka
우보람	White Bear
유예지	YEZY
윤대한	yoo jiho

Manière de voir

지금 정기구독을 신청하시면 편리하게
MANIÈRE DE VOIR를 만나실 수 있습니다.

 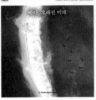    

정기구독 문의

① 홈페이지
www.ilemonde.com

② 이메일
info@ilemonde.com

③ 페이스북 · 인스타그램
ilemondekorea
lediplo.kr

④ 전화
02-777-2003

**정기구독을 원하시는 분들은
다음사항을 기입해 주십시오.**

이름	
주소	
휴대전화	
이메일	
구독기간	vol. 호부터 년간

정기 구독료

1년 65,000원
(낱권 18,000원 · 연 4회 발행)

입금 계좌번호

신한은행 100-034-216204
예금주 (주)르몽드코리아

*양식을 작성하여 이메일로 보내주세요. 전화로도 신청 · 문의 가능합니다.

글의 출처

서문   Philippe Descamps, 'Trop d'humains ou trop peu d'humanité?' (미게재)
책을 내며 성일권, '문제는 휴머니즘!'(미게재)

[1부] 봄, 인류가 그 수를 두려워 할 때
       Henri Leridon, 'L'Afrique, énigme démographique', 〈르몽드 디플로마티크〉 프랑스어판 2015년 11월
       Razmig Keucheyan, 'Ce qu'on appelle génocide', 〈르몽드 디플로마티크〉 프랑스어판 2024년 7월
       Jean-Arnault Dérens et Laurent Geslin, 'Cet exode qui dépeuple les Balkans', 〈르몽드 디플로마티크〉 프랑스어판
       2018년 6월
       Philippe Descamps, 'La Russie en voie de dépeuplement', 〈르몽드 디플로마티크〉 프랑스어판 2011년 6월
       Gérard-François Dumont, 'Fausses évidences sur la population mondiale', 〈르몽드 디플로마티크〉 프랑스어판
       2011년 6월

[2부] 여름, 운명을 스스로의 손에
       Corentin Léotard et Ludovic Lepeltier-Kutasi, 'Un fonds de commerce pour les nationalistes hongrois', 〈르몽드 디플
       로마티크〉 프랑스어판 2018년 6월
       Paul Boyer et Rémi Carton, 'Lusaka, plaque tournante des migrations africaines', 〈르몽드 디플로마티크〉 프랑스어
       판 2024년 1월
       Kajsa Ekis Ekman, 'Errements de l'adoption internationale', 〈르몽드 디플로마티크〉 프랑스어판 2023년 5월
       Margot Hemmerich et Clémentine Méténier, 'À la Réunion, l'exil comme horizon', 〈르몽드 디플로마티크〉 프랑스
       어판 2022년 3월

[3부] 가을, 균형인가? 붕괴인가?
       Marine Leduc, 'En Roumanie, immigrés dans un pays d'émigration'(미게재)
       Géraldine Giraudeau, '"Grand jeu" dans le Pacifique sud', 〈르몽드 디플로마티크〉 프랑스어판 2024년 8월
       Cédric Gouverneur, 'En Tanzanie, les Masaïs expulsés pour le tourisme et la chasse', 〈르몽드 디플로마티크〉 프랑스어판
       2023년 4월
       Aïssa Diarra, 'Comment réussir la transition démographique au Sahel',〈르몽드 디플로마티크〉 프랑스어판 2019년 7월
       Morvan Burel, 'Les deux visages de la frontière', 〈르몽드 디플로마티크〉 프랑스어판 2023년 6월

[4부] 겨울, 냉혹한 디아스포라
       Léa Ducré, 'Grève des ventres pour le climat'(미게재)
       Jean-Arnault Dérens et Laurent Geslin, 'Trieste, la conscience d'une frontière', 〈르몽드 디플로마티크〉
       프랑스어판 2023년 9월
       Akram Belkaïd, 'Maghreb-Californie, une migration réussie', 〈르몽드 디플로마티크〉 프랑스어판 2019년 11월
       Élisa Perrigueur, 'Comment l'Espagne est devenue la maison de retraite de l'Europe', 〈르몽드 디플로마티크〉 프랑
       스어판 2024년 8월
       Aïda Delpuech, 'En Israël, l'arbre est aussi un outil colonial', 〈르몽드 디플로마티크〉 2024년 10월

※〈마니에르 드 부아르〉 한국어판 vol.18의 『인간붕괴, 지구의 위기』는 프랑스어판 167호
   의 〈La bombe humaine〉를 기본 텍스트로 삼았습니다.

LE MONDE
diplomatique

유수의 필자들과 함께 엮은 르몽드코리아 문화평론집!

『탈궤도의 문화읽기
– 현대 사회를 읽는 키워드 13』
김정희, 서곡숙, 이지혜 외 | 15,500원

『탈궤도의 문화읽기』는 사회 각계의 다양한 문화 현상을 네 가지 코드를 통해 해석하는 여정을 담은 책입니다. '문화와 다양성', '문화와 공생', '문화와 권력', 그리고 '문화와 모순'. 이 네 개의 코드는 현대 사회가 직면한 복합적인 쟁점들을 문화 현상을 통해 깊이 있게 들여다보고 성찰하고자 기획되었습니다.

『우리는 왜 피로한가
–제로섬 게임과 피로감수성』
김민정, 김정희, 서곡숙 외 | 15,000원

급격한 경제발전, 무한경쟁, 성과주의, 비교문화… K-피로에 대해 이미 많은 사람이 저마다의 진단과 해법을 제시해 왔습니다. 여기에 하나를 더 보태는 것이 어쩌면 우리 사회에 '피로'를 가중하는 일인지도 모르겠습니다.

겨울, 냉혹한 디아스포라

LE MONDE
diplomatique

유수의 필자들과 함께 엮은 르몽드코리아 영화평론집!

『영화와 권력
– 멀고도 가까운…』
김경욱, 서곡숙, 송영애 외 | 16,000원

근대 이후의 '권력'은 구체적이면서 추상적이고, 끊임없이 영향을 미치면서도 명확하게 감지되지 않는 속성을 가졌다. 다시 말해서, 우리 시대의 권력은 노골적으로 잘 드러나지는 않지만, 한편으로는 매우 미시적으로 인간의 신체와 개인의 내면 깊숙이 정교하게 침투하고 있다.

『영화와 가족
– 그렇게 가족이 된다』
김경욱, 서곡숙, 최재훈 외 | 16,000원

가족이 없는 사람은 있어도 가족이 없었던 사람은 없다. "당신의 어린 시절은 어떠했습니까?" 이런 질문을 받으면 어떻게 대답해야 할까? 만일 다른 부모, 다른 가정에서 태어나 자랐다면, 내 인생은 지금보다 180도 달라졌을까? 정말 가족이 달랐다면, 나는 다른 사람이 되었을까? 한 사람의 운명에서 가족은 너무나 큰 영향을 미친다.

구독 문의　www.ilemonde.com　|　02 777 2003